공과 윤리

반야중관에 대한 오해와 이해

김성철

도서출판 오타쿠

책머리에

정년퇴임을 몇 년 앞두고 그 동안 발표했던 논문들을 주제별로 묶어서 단행본으로 발간하는 작업을 하고 있다. 그 첫 번째 책이 2019년 5월에 발간했던 나의 박사학위논문 『용수의 중관논리의 기원』이었다. 같은 해 11월 『역설과 중관논리 – 반논리학의 탄생』이라는 제목으로 중관논리의 정체와 형성 과정에 대해 연구한 논문들을 모아서 두 번째 책을 출간했다. 그리고 이번에는 중관사상의 이해와 실천, 그리고 응용과 관계된 논문 아홉 편을 추려서 다시 한 권의 책으로 꾸몄다.

서두에 실은 논문 「공과 윤리」는 고려대장경연구소(당시 소장 종림스님)에서 주최한 '공과 연기의 현대적 조명'이라는 이름의 학술세미나(1998년)에서 발표했던 논문이다. 지금이야 불교 관련 학술회의에서 활발한 토론이 이루어지고 있지만, 내가 동국대 대학원에 입학했을 당시에는 불교학계에서 토론문화가 활성화 되어 있지 않았다. 고려대장경연구소에서 개최한 '공과 연기의 현대적 조명' 세미나는 우리나라의 불교 관련 학술회의 가운데, 논평자를 지정하고 청중과 함께 활발한 토론을 벌였던 최초의 학술세미나였던 것으로 기억한다. 당시 나의 발제에 대한 청중들의 반응도 좋았고, 이듬해에 출간된 『공과 연기의 현대적 조명』이라는 제목의 논문모음집에 실려서 세상에 선을 보였지만, 「공과 윤리」는 그때 새롭게 쓴 것이 아니었다. 그로부터 근 10년 전인 1989년 『인도철학』 창간호(『인도학·인도철학』)에 투고했다가 심사에서 탈락하여 게재하지 못하고, 그대로 묵혀 두었던 나의 논문 「진제와 속제의 딜레마와 그 극복」을 수정, 보완한 논문이었다.

지금으로부터 30여 년 전인 1987년 동국대 대학원에 입학하여 불교를 전문적으로 공부하면서 꼭 풀고 싶은 의문이 있었다. 모든 것이 공하기에 선(善)도 악(惡)도 없는 것이라면, 악행을 해도 되는 것 아닌가? 선악을 가리지 않는 막행막식의 무애행(無碍行)이 깨달음의 징표인가? 그럴 수는 없을 것

같았다. 용수의 『중론』을 소재로 석사학위를 받았기에, 용수의 저술에서 공(空)이나 무(無)와 같은 부정적인 사상이 아니라, 무언가 현실을 긍정하는 사상을 찾고 싶었다. 그래서 용수의 저술 가운데 분량이 가장 많은 『대지도론(大智度論)』을 읽기 시작했다. 『대지도론』은 『마하반야바라밀경』에 대한 문답 형식의 주석으로 권수로는 100권, 대정신수대장경으로는 총 700쪽에 달하는 방대한 문헌인데, 위의 의문을 해결하기 위해서 근 6개월에 걸쳐서 문답 하나하나를 정독하면서 특기할 내용들을 노트에 정리하였다. 석사학위를 받은 직후인 1989년의 일이었다. 그 당시 탄허 스님의 영향으로 화엄은 절대긍정, 반야는 절대부정의 사상이라는 공식이 뇌리에 박혀있었는데, 『대지도론』에서 화엄적인 절대긍정의 사상을 찾아보려고 노력하였다. 그러던 어느 날 드디어 의문이 풀리었다. 『대지도론』에서 현실을 긍정하는 사상을 찾았던 것이다. 그런데 그것은 화엄적인 절대긍정의 사상이 아니라, '진속 이제(二諦)' 가운데 속제의 가르침이었다. 진작부터 알고 있던 교리였다.

『대지도론』에서는 질문자가 불교교리 가운데 상충하는 가르침을 발견하여 그 문제점을 지적하면 답변자는 진제와 속제의 틀을 이용하여 교리의 모순을 해결하였다. 그 일부를 예시하면 다음과 같다.

> **질문: 만일 부처님 가르침에서 모든 법들이 공하다고 말한다면, 어디에도 '자아'가 없어야 할 텐데, 어째서 불경의 서두에서 "이와 같이 내가 들었다(如是我聞)."라고 ['내가'라는 자아를] 말하는가?**
> **답변: 세속의 법도에 따라서 '자아'를 설하는 것이지, 실재하는 '자아'가 아니다.**

> **질문: 만일 시간이란 게 없다면 어째서 "제 시간에 식사하라."고 청하는가?**
> **답변: [시간이란] 세계의 명자법(名字法)에서 존재하는 것이지, 실재하는 법이 아니다.**

여기서 진제와 속제라는 용어는 사용하지 않지만, '공'이나 '무'와 같은 부정적인 가르침이 '자아'나 '시간'과 같은 분별적 가르침과 충돌할 경우, 부정적 가르침은 진제, 분별적 가르침은 속제에 해당한다는 설명을 통해서 교리의 상충을 화해시킨다. 범주(Category)가 다른 가르침이란 답변이었다. 두 인용문 가운데 위의 문답에서는 '세속의 법도'가 속제, '실재'라는 표현이 진제에 해당하며, 아래 문답에서는 '세계의 명자법'이 속제 '실재'가 진제에 해당한다. 나 역시 진속이제에 대해 익히 알고 있었지만, 『대지도론』을 정독하면서 비로소 이제설의 진정한 효용을 숙지하게 되었다. 즉, 모든 것을 부정하는 공사상은 이제 가운데 진제의 가르침일 뿐이었다. 이와 달리 "악을 행하지 말고 선을 행하라."는 윤리지침이든지 "오후에 식사하지 말라."는 율의 조항이든지 "자등명, 법등명하라."는 부처님의 유훈과 같이 선악을 구분하고, 오후라는 시간이나, 자아와 법 등의 존재를 설하는 분별적 가르침은 모두 속제에 속하였다. 보시, 지계, 인욕, 정진, 선정 등의 분별적 실천은 모두 속제적 지침이며, 이들의 실천에 반야바라밀의 진제적 통찰이 결합할 때 '보시바라밀, 지계바라밀 … 선정바라밀'과 같이 진(眞)과 속(俗)이 균등한 육바라밀로 나타나는 것이다. 보시나 지계와 같이 세속적 선행(善行)의 실천에 충실한 사람이, 자신이 그런 선을 행한다고 자각조차 하지 않는 무주상(無住相)의 선(善)으로 향상할 때 진제가 소용되는 것이었다. 『대지도론』을 정독하면서, 교학적으로든 실천적으로든 진제와 속제의 의미를 새롭게 알게 되었다. 그래서 그 학문적 감흥을 「진제와 속제의 딜레마와 그 극복」이라는 논문으로 완성하였다. 이 논문은 석사학위 취득 후 처음 쓴 논문으로, 불교의 실천과 관련하여 진정한 문제의식에서 연구를 시작했고, 확실한 결론을 얻었기에 연구의 기쁨 또한 컸던 논문이었지만, 『인도철학』 창간호에 투고했다가 탈락한 이유는, 선행연구에 대한 검토나 자료의 섭렵, 논지의 전개 방식 등이 제도권에서 통용되는 '일반적인 논문'의 틀에서 많이 벗어났기 때문이었던 것 같았다. '심사탈락'이라는 충격적 사건을 계기로, 나는 불교 연구의 방향을 재정립하였다. 충실한 원전 독해력에 기반하고 선행 연구를 섭렵한 후 논지를 전개하는 방식으로 연구방식을 바꾸었다. 그래서 작성한 논문이 1992년 발간한 『불교연구』 제8집에 실린 「팔부중도(八不中道)사상의 시원으로서의 도간경(稻芉經)과 연기(緣起)의 중도적 의미」라는 논문이었다.

이 책에 실은 논문 가운데 「중관사상에 대한 마츠모토의 곡해」와 「용수의 중관학으로 분석한 마음」의 두 편 역시 청중이나 독자의 반응이 좋았다. 앞의 것은, 일본에서 '부라쿠민(部落民)' 문제로 실추된 조동종(曹洞宗)의 명예를 회복하기 위한 목적에서 조동종의 종립 코마자와(駒澤) 대학을 중심으로 일어났던 '비판불교운동'의 음모적 성격을 드러내면서 그 선봉장이었던 마츠모토 시로(宋本史郞) 교수의 학문적 능력과 불교관을 비판한 논문이다.

뒤의 것은 서울대 철학사상연구소에서 주최한 공개강연 시리즈 '마음에 대한 철학적 성찰'에서 강의자료로 배포했던 논문이다. 나와 안성두 교수, 두 사람이 강의했는데, 안 교수는 불교 유식학에서 본 마음에 대해 강의했고, 나는 중관학에서 본 마음에 대해 강의했다. 서울대학교 학보인 ≪대학신문≫에서 이를 취재하여 얼마 후 강연 사진과 함께, 강연장의 분위기와 강의의 요점을 상세하게 소개했다. 수십 차례에 걸쳐서 개최했던 '마음에 대한 철학적 성찰' 공개강연 시리즈 가운데 ≪대학신문≫에 실린 몇 안 되는 강연 가운데 하나였다고 한다.

「무르띠의 중관 해석; 비판적 절대론」은, 가산불교문화연구원으로부터 용수의 중관사상에 대한 현대 연구서 가운데 대표적인 것을 소개하는 서평논문 집필을 부탁 받고서 작성한 논문이다. 이 부탁을 받고서 나는 인도의 베나레스 힌두 대학 교수였던 T.R.V. Murti가 저술한 *The Central Philosophy of Buddhism — A Study on Mādhyamika System*에 대한 서평논문을 쓰기로 결정하였다. 그 동안 중관학을 공부하면서 간간이 들춰보던 책이었는데, 논문 제출 마감일이 여러 달 남아 있었기에, 서평논문을 쓰기 전에 먼저 이 책 전체를 우리말로 번역해도 좋을 것 같았다. 이 책의 분량은 총 372쪽인데 단순하게 산술 계산하여 매일 3쪽씩 번역할 경우 총 네 달 정도 지나면 모두 번역할 수 있고, 혹시 좀 늦어지더라도 번역을 마치고 나서 서평논문을 집필할 시간이 충분히 있을 것 같았다. 그러나 이 책을 모두 번역하는 데 6개월 이상의 시간이 소요되었고, 막상 논문을 쓰려고 하니 원고 마감일이 얼마 남지 않아서 무척 서둘러서 작성했고 흡족하지 못한 논문이 되고 말았다. 이 논문을 쓰기 위해서 번역한 책은 『불교의 중심철학』(경서원 간, 1995년)이라는 제목으로 지금도 시중에서 유통되고 있다.

「Nāgārjuna의 운동부정론 - 『중론』 관거래품을 중심으로」는 나의 석사학위논문이다(동국대대학원, 1988년). 내가 동국대 대학원에 입학하게 된 원래 목적은, 동국대 도서관에서 불교 책을 빌려보기 위한 것이었다. 치과의사를 생업으로 삼으면서 남는 시간에 불교를 공부하고 참선하면서 살아가는 것이 젊은 시절에 세웠던 나의 인생계획이었다. 그런데 그 당시 시중의 서점에 우리말로 된 불교 책이 별로 없었다. 『불교학개론』, 『구사학』, 『유식철학』 등 김동화 박사님의 저술들이 거의 전부였다. 동국대 대학원을 졸업하여 동문이 되면 동국 도서관을 평생 이용할 수 있을 것으로 기대하였다. 대학원에 입학하기 직전 학기에, 고(故) 이기영 교수님께 연락을 드리고 허락을 얻어서 대학원 강의를 청강했는데, 3주 정도 지나서 이기영 교수님이 인도철학과 소속이라는 점을 알게 되었다. 동국대에 인도철학과라는 학과가 있다는 사실 역시 그 때 처음 알았다. 잠시 당황했으나, 인도철학과에서 인도불교를 전공하면 된다는 말을 듣고서 안도하였다. 내가 불교원전언어에 대한 소양을 갖출 수 있었던 것은 산스끄리뜨어, 티벳어, 한문 등으로 쓰여진 불교원전을 교재로 삼았던 인도철학과의 수업 방식 덕분이라고 생각된다. 30여 년 전 동국대 대학원 인도철학과에 입학하게 된 인연에 감사할 뿐이다. 빨리 석사학위를 취득하는 것이 목적이었기에 대학원 졸업이 가능한 4학기째에 논문을 제출하였다. 치과에서 환자를 보면서 중간중간에 논문을 쓰는 것이 여간 어려운 일이 아니었다. 그래서 3일 동안 병원 문을 닫고서 학교의 대학원생 열람실에서 논문 작성에 집중했다. 3일이 지난 후 논문 전체가 대충 완성되었다. 그 후 치과에서 틈틈이 문장을 수정하고, 주석을 정리하면서 논문을 마무리하였다. 그 당시에는 컴퓨터가 보급되어 있지 않았기에 800자 원고지에 펜으로 논문을 쓰고, 그 원고를 '공타' 인쇄소에 의뢰하여 책으로 만들었다. 원래 제목은 「『중론』 제2장 관거래품 연구」였는데, 심사위원이셨던 고(故) 이지수 교수님께서 제목이 멋이 없다고 말씀하시면서 「Nāgārjuna의 운동부정론 - 『중론』 관거래품을 중심으로」으로 바꾸어 주셨다. 이 논문은 애착이 많이 가는 논문이다. 나의 첫 논문이기도 하지만, 그 내용 가운데 '움직임'에 대한 지각을 수학의 미분학과 연관시켜서 설명한 부분은 지금도 나의 다른 글이나 강의에서 자주 소개할 정도로 객관적 설득력을 갖는다.

「중관논리란?」은 1999년 경서원에서 발간한 용수의 『회쟁론(廻諍論)』 번역서에 후기로 실었던 글이다. 짤막한 글이긴 하지만, "언어와 분별로 이루어진 종교적, 철학적 의문에 대해 답을 내는 것이 아니라, 그런 의문 [illegible]는 논리적 오류를 지적함으로써 종교적, 철학적 의문을 해소시킨다."는 점에 중관사상의 취지가 있다는 것을 처음으로 공표한 글이었다. 중관사상에 대한 독자의 이해에 일조(一助)할 것이라는 생각에서 이 책에 함께 실었다.

그리고 용수의 중관학이 부처님의 무기설을 계승, 발전시킨 것이라는 점을 교증(教證)하고 논증(論證)한 「용수의 무기관(無記觀)」, 중관학의 연기론을 환경문제, 사회규범, 심리상담과 접목한 「중관적 연기론과 그 응용」, 『중론』 주석가 가운데 안혜(安慧)와 청변(淸辯)과 월칭(月稱) 논사가 연기의 의미에 대해 어떻게 이해하고 있었는지 비교 분석한 「『중론』 주석가들의 연기관 - 귀경게 주석에 등장하는 연기의 어의분석에 대한 연구」 등 세 편의 논문을 추가하여 이렇게 한 권의 책으로 만들었다. 도서출판 오타쿠에서 2019년에 발간했던 『용수의 중관논리의 기원』(박사학위논문)과 『역설과 중관논리 - 반논리학의 탄생』(논문모음집), 그리고 『공과 윤리 - 반야중관에 대한 오해와 이해』라는 제목을 붙인 이 책까지 합하여, 세 권의 책에 인도 중관학과 관련한 나의 논문들이 총 망라되어 있다. 앞으로 출간할 네 번째 책은 동아시아의 중관학인 삼론학(三論學)과 관련한 논문 모음집이 될 것이다. 이 책에 실린 논문 대부분이 전문적인 학술논문들이기에 일반독자들이 이해하기는 쉽지 않을 것이다. 그러나 논지에 비약이나 억지는 없다. 찬찬히 정독할 경우 중관사상에 대해 깊이 있고 정확하게 이해할 수 있을 것이다.

머리글을 마무리하면서, 이 책을 포함하여 그 동안 발간한 내가 쓴 책을 애독해 주시는 독자제현께 깊이 감사드리며, 불·보살님들의 가피가 항상 함께 하시기를 기원한다.

2021년 4월 19일

도남(圖南) 김성철(金星喆) 합장(合掌)

차 례

『중론』 주석가들의 연기관 - 귀경게 주석에 등장하는 연기의 어의분석에 대한 연구

무르띠의 중관 해석; 비판적 절대론

중관논리의 이해

Nāgārjuna의 운동부정론 - 『중론』 관거래품을 중심으로

용수의 무기관(無記觀)

중관논리란?

중관논리의 응용

중관적 연기론과 그 응용

용수의 중관학으로 분석한 마음

찾아보기

공과 반야중관에 대한 오해와 이해

공과 윤리

Ⅰ. 들어가는 말 - 공과 윤리는 갈등하는가?

불교인이건 비불교인이건, 공(空)의 교설을 접하게 되는 경우 늘상 떠오르는 의문들이 있다. 일체가 공하여 선악이 없다면 선을 행할 것도 없지 않은가? 세속이 곧 열반[1]이라면 수행도 필요 없고 막행막식해도 되는 것 아닌가? 공에 대한 니시다니 게이지(西谷啓治)의 해석[2]에 토대를 두고 민중불교의 이론적 근거를 회의하는 길희성의 다음과 같은 비판 역시 이러한 의문을 대변한다.

> 깨달은 선사의 눈에 모든 색(色)이 공(空)으로 비친다면 윤회하는 경험세계를 어떤 부분은 악(惡)으로 부정하고 어떤 부분은 선(善)으로 선택할 근거는 어디서 찾을 수 있겠는가? 차안과 피안의 전적인 동일시는 세상의 모든 것을 무차별의 긍정으로 이끌 뿐만 아니라 이상과 현실, 규범과 실재 사이의 긴장을 무너뜨림으로써 [비][3]윤리적 행위를 비난할 초월적 기준을 상실케 하는 것이다.[4]

---

1) 윤회는 열반과 조금도 구별되지 않는다. 열반은 윤회와 조금도 구별되지 않는다(na saṃsārasya nirvāṇātkiṃ cidasti viśeṣaṇam/ na nirvāṇasya saṃsārātkiṃ cidasti viśeṣaṇam// 涅槃與世間 無有少分別 世間與涅槃 亦無少分別(龍樹, 『中論』 第25 觀涅槃品 第19偈).

2) 西谷啓治, 『宗教とはなにか』, 西谷啓治著作集, 創文社, 東京, 1987.

3) [비]는, 인용문의 의미를 명료하게 만들기 위해서 필자가 삽입한 것이다.

4) 길희성, 「민중불교 禪 그리고 사회윤리적 관심」, 『종교연구』 제4집, 서울, 한국종교학회, 1988, p.36.

만일 선이나 악, 옳다거나 그르다는 분별을 모두 떠난 것이 불교의 공사상이라면, 불의를 시정하기 위한 불교인들의 사회 참여는 분명 반불교적인 행위일 것이다.

또, 일반적인 불교 교설에서는 이 세상에는 인과응보의 이치가 엄연히 있다고 말한다. 모든 길흉화복은 과거에 지었던 업의 과보로 나타나는 것이며, 지금의 일거수일투족은 우리의 미래나 내생의 삶의 조건을 결정한다는 것이다. 타인에 대한 선행은 삼계(三界) 내에서의 향상의 삶을 보장하고 악행은 삼계 내에서의 추락으로 귀결된다. 그러나 공의 교설에서는, 그러한 업과 과보의 이론이 논리적으로 성립할 수 없다고 말한다. 『중론(中論)』 제17 관업품(觀業品)에서 용수(Nāgārjuna, 150-250 C.E.)는 업의 실체성에 대해 다음과 같이 비판한다.

> 만일 업이 자성(自性, 실체)을 갖는 존재라고 한다면 의심의 여지없이 [그것은] 상주(常住)하리라. 또 업은 지어지지 않는 것이 되리라. 왜냐하면 상주하는 것은 지어지지 않기 때문이다.5)

> 만일 지어지지도 않은 업이 존재한다면 짓지도 않았는데 [과보를] 받는다는 두려움이 있게 되리라. 그리고 그 경우에는 범행(梵行)에 머물지 않는다는 오류에 빠지게 된다.6)

> 번뇌들과 업들과 신체들 또 업의 주체들과 과보들도 신기루의 자태를 띠고 있으며 아지랑이나 꿈과 같다.7)

---

5) karma svabhāvataścetsyācchāśvataṃ syādasaṃśayam/ akṛtaṃ ca bhavetkarma kriyate na hi śaśvatam// 若業有性者 是則名爲常 不作亦名業 常則不可作(『中論』, 17-22)

6) akṛtābhyāgamabhayaṃ syātkarmākṛtakaṃ yadi/ abrahmacaryavāsaśca doṣast atra prasajyate// 若有不作業 不作而有罪 不斷於梵行 而有不淨過(『中論』, 17-23)

7) kleśāḥ karmāṇi dehāśca kartāraśca phalāni ca/ gandharvanagarākārā marīcisv apnasaḥnibhāḥ// 諸煩惱及業 作者及果報 皆如幻與夢 如炎亦如嚮(『中論』, 17-3

이것만이 아니다. 심지어 매일 매일의 불교 의식에서 독송되는 『반야심경』에서조차 불교의 핵심 교설일 뿐만 아니라 윤리설도 내포하고[8] 있는 〈사성제〉와 〈십이연기〉의 교설에 대해서까지 부정적 표현[9]을 구사하고 있는 것이다.[10]

이렇게 모든 것의 실체성을 부정하는 공의 교설은 세속적 윤리와 무관한 것일까? 아니, 오히려 세속적 윤리를 부정하는 교설일까? 사실, 극히 일부에 국한된 이야기이긴 하지만, 과거에 막행막식적 무애행을 견성의 징표로 착각했던 수행인들이 터득했던 공은, 그들로 하여금 세속적 윤리를 부정하게 만들었던 것 같아 보인다.

그러나 『중론』이나 『대지도론』[11]등의 논서를 보면 공에 대한 이런 식의 오해를 경계하는 구절들이 도처에서 발견된다. 공과 세속적 윤리가 갈등하는 것으로 보는 관점은, 용수가 사견이라고 부르며 우려했던 관점으로, 후대 유식불교도들에 의해서도 철저하게 비판받았던 악취공(惡取空)적 공견(空見)인 것이다. 용수는 이런 공견을 우려하여 다음과 같이 경고하고 있다.

> 공성이란 일체의 견해에서 벗어나는 것이라고 여러 승자(勝者)들에 의해 교시되었다. 그러나 공성의 견해를 가진 사람들은 구제불능이라고 말씀하셨다.[12]

그런데, 어째서 불교 내외의 많은 사람들이 공의 의미에 대해 위와 같은 악취공적 오해를 범하게 된 것일까? 필자는 본 논문을 통해, 공에 대한 그런

---

3)

8) 〈사성제〉 중의 〈道諦〉와, 〈십이연기설〉의 三世兩重的 因果應報觀에 토대를 둔 有情類의 행동이 〈세속적 윤리〉에 해당된다.

9) … 無無明 亦無無明盡 乃至無老死 亦無老死盡 無苦集滅道 …

10) 사실 이것은 '以毁佛語 承佛眞意'의 苦肉策이다.

11) 龍樹의 저술이지만 번역자 鳩摩羅什이 가필한 부분이 많다.

12) śūnyatā sarvadṛṣṭīnāṃ proktā niḥsaraṇam jinaiḥ/ yeṣāṃ tu śūnyatādṛṣṭistāna sādhyān babhāṣire(『中論』, 13-8)// 大聖說空法 爲離諸見故 若復見有空 諸佛所不化(『中論』, 13-9)

오해를 시정함과 아울러, 진정한 윤리란 오히려 철저한 공관(空觀)에 토대를 두어야 가능할 수 있다는 점을 밝혀 보고자 하였다. 이를 위해 먼저 제2장을 통해 세속적 윤리의 근거를 공사상 내에서 모색해 보았다.

위에 인용한 『중론』의 게송에서 보듯이 인과응보의 이론과 공의 논리는 상충하는 듯이 보인다. 공사상에서는 인과응보의 이치가 엄존하는 이유에 대해 도저히 설명할 수는 없는 것일까? 필자는 제3장을 통해 공의 논리와 인과응보 사상의 구조적 동질성에 대해 논의함으로써 이에 대해 답해 보았다.

그리고 제4장에서는 제2장과 제3장에서 도출된 결론에 토대를 두고 공에 대한 다양한 이해의 수준에 따라, 각 개인의 윤리관이 어떻게 달라질 수 있는지에 대해 검토해 보았다.

Ⅱ. 윤리의 공관적 근거

1. 교리적 근거 - 세속제(世俗諦)

『대지도론(大智度論)』의 적대자는 도처에서 다음과 같은 문제를 제기한다; "어째서 어느 곳에서는 과거 현재 미래의 삼시(三時)가 모두 불가득공(不可得空)이라고 말하다가 다른 곳에서는 삼시의 존재를 말하는가?" "어째서, 어느 곳에서는 자아가 없다고 하다가 다른 곳에서는 자아가 있다고 하는가?" "어째서 어느 곳에서는 선근공덕(善根功德)에 소득이 없다고 설하고 다른 곳에서는 선근공덕의 소득이 있다고 설하는가?" … 이런 물음들에 대해 답하면서 용수는 진속이제설(眞俗二諦說)을 제시한다. 즉, 삼시의 불가득공이나 무아설 또 선근공덕이 무소득이라는 교설은 진제적인 교설이고, 삼시가 있다거나 자아가 있다거나 선근공덕이 유소득이라는 교설은 속제적 교설이라는 것이다.[13] 이 밖에도 속제에서는 생사도 있고, 동서남북의 방위도 있으며 중생도 있지만, 진제에서는 생사도 없고 방위도 없고 중생도 없다고 말한다.[14] 『대지도론』의 경문 한 곳을 인용해 보자.

> 질문: 만일 시간이란 것이 존재하지 않는다면 어째서 제 시간에 식사하는 것만을 허용하고 제 시간이 아닐 때 식사하는 것은 금하는 것이냐?
> 답변: 나는, 세계명자법(世界名字法)은 실체가 있는 법이 아닌 경우도 있다고, 앞에서 이미 설명한 바 있다. 그러니 그대는 비난하지 말지어다. 더욱이 이것은 율장에서 규정해 놓은 계법이기도 해서 속제적(俗諦的) 세계 내에서는 진실되지만 제일의제적(第一義諦的)으로 진실된 법상은 아닌 것이다. 왜냐하면 자아나 법의 상(相)이 실제로는 불가득이기 때문이다.[15]

적대자가 오후불식의 계율과 공의 교리가 상충된다고 항의하자, 용수는 이제설을 통해 이를 화해시킨다. 즉, 과거, 현재, 미래가 모두 공하다면 오후랄 것도 없고 식사 시간이랄 것도 없는데 어째서 오후불식을 하라는 것이냐는 의미의 적대자의 물음에 대해, 용수는 계율이란 제일의제에서는 공하지만, 세속제에서는 엄연히 진실한 규범이라고 답하고 있다.

『중론』에서도 일상적 교설과 공의 교설이 충돌할 때 용수는 이제설을 통해 양자를 화해시키고 있다. 제24 관사제품(觀四諦品)에서 논적이 공의 교설은 인과(因果)와 사성제(四聖諦)와 삼보(三寶)등 모든 불법을 파괴한다고 비판[16]하자 용수는 다음과 같이 답한다.

> 부처님들의 교법은 이제(二諦)에 의거한다. 세속제(世俗諦)와 승의제(勝義諦)이다.[17]

---

13) 大正25, p.66a, 64a, 197c.
14) 大正25, p.117c, 133b, 162c.
15) 問曰 若無時 云何 聽時食 遮非時食 是戒 答曰 我先已說 世界名字法有時非實法 汝不應難 亦是毘尼中結戒法 是世界中實 非第一實法相 吾我法相實不可得故… (大正25, p.66a.)
16) 『中論』, 第24 觀四諦品 第1偈~第6偈.
17) dve satye samupāśritya buddhānāṃ dharmadeśanā/ lokasaṃvṛtisatyaṃ ca satyaṃ ca paramārthataḥ// 諸佛衣二諦 爲衆生說法 一以世俗諦 二第一義諦(『中

따라서 파상적(破相的)인 공의 교설은 진제적 교설에 속하고 윤리는 속제적 규범에 속하기에, 공에 대한 조망을 터득했다고 해서 세속적 윤리가 부정되는 것은 결코 아닌 것이다. 용수의 저술 중 『중론(中論, Mādhyamika-śāstra)』, 『육십송여리론(六十頌如理論, Yukti-ṣaṣṭikā)』, 『공칠십론(空七十論, Śūnyatā-saptati)』, 『회쟁론(廻諍論, Vigraha-vyāvartanī)』, 『광파론(廣破論, Vaidalya-Prakaraṇa)』 등의 오여리론(五如理論)에서는 모든 법에 대한 실체적 집착을 비판하는 진제적 공사상이 천명되어 있지만, 『보행왕정론(寶行王正論, Ratnāvalī)』이나 『권계왕송(勸戒王頌, Suhṛllekha)』등의 논서에서는 아비달마적인 세속적 수행과 실천이 강조된다. 용수는 결코 아비달마 교학이나 윤리를 부정하지 않았다. 다만 아비달마 교학체계에서 말하는 법수(法數)에 대한 실재론적 태도를 비판했을 뿐인 것이다. 아비달마 교학에서 말하는 사연설(四緣說)에 대한 용수의 다음과 같은 설명 역시 이를 뒷받침한다.

> 보살은 제법이 사연(四緣)에서 생하는 것을 알아서 관찰하지만 사연 가운데에서 정상(定相)을 취하지 않는다. … 반야바라밀 가운데에서는 다만 사견을 제거하는 것이지 사연을 破하지 않는다.[18]

사연이란 제법의 발생의 조건이 되는 인연(因緣)과 연연(緣緣)과 차제연(次第緣)과 증상연(增上緣)인데, 분명 용수는 『중론』 제1 관인연품(觀因緣品)을 통해 그에 대해 비판한 바 있다.[19] 그러나, 위와 같은 『대지도론』의

論』, 24-8).

18) 菩薩觀知諸法從四緣生而不取四緣中定相 … 般若波羅蜜中但除邪見而不破四緣(『大智度論』, 大正25, p.297b-c)

19) 因緣 비판: 어떤 존재(法)가 있을 때 그것은 있던 것이 나타나는 것도 아니고 없던 것이 나타나는 것도 아니며 있기도 하고 없기도 했던 것이 나타나는 것이 아니라면 그처럼 나타난 것에 〈因緣〉이 있다는 생각이 도대체 어떻게 타당하겠느가?(梵頌, 1-7)/ 緣緣 비판: 실로 존재하는 이런 법은 攀緣되는 것이 아니라고 교시되었다. 그래서 攀緣되지 않는 法이라면 다시 어떻게 攀緣이 있겠는가?(梵頌, 1-8)/ 次第緣 비판: 사물들이 [아직] 발생하지 않았다면 소멸은 성립하지 않는다.

설명에 비추어 보면 이는 사연(四緣) 하나하나가 실체를 갖는다는 사고방식인 사견을 비판하는 것일 뿐이지, 모든 사물의 연기적 발생을 설명하기 위해 동원되는 사연설을 부정하는 것은 아님을 알 수 있다. 사연설은 엄연히 불교 교법으로서의 효용을 갖는 것이다. 이렇듯이 공은 세속이나 윤리를 부정하지 않는다. 다만 세속과 윤리에 대한 우리의 실재론적(Realistic) 태도를 시정할 뿐이다. 교리적으로 보더라도 공의 교설과 윤리의 교설은 결코 상충될 수 없다. 이를 상충된다고 보는 것은 공사상의 핵심 교리인 이제설을 간과한 데서 비롯된 오해인 것이다.

2. 논리적 근거 - 자타평등(自他平等)과 이고득락(離苦得樂)

모든 것을 무차별하게 부정하는 듯한 공의 교리이지만, 위에서 보았듯이 세속적 윤리는 이제설을 통해 철저하게 긍정된다. 그러나 공사상에서 긍정되는 세속적 윤리가 보다 확고한 토대를 갖기 위해서는 공과 윤리의 양자 사이에 논리적 가교가 놓아져야 할 것이다.

제1장의 각주에서 설명했듯이 대승불교의 윤리는 상구보리(上求菩提)를 위한 자리(自利)의 윤리와 하화중생(下化衆生)을 위한 이타(利他)의 윤리로 양분된다. 이런 구분을 공사상에 대입하면, 자리의 윤리란 '공성을 터득하기 위해 지켜야 되는 윤리'를 말하고 이타의 윤리란 '공성을 터득한 이후에 시현되는 윤리'를 말한다고 볼 수 있을 것이다.[20] 고요한 곳에서 홀로 수행하는 구도자는 계·정·혜 삼학을 통해 깨달음에 도달한다. 그런데 계율과 선정(禪

그러므로 계속된다는 것(次第性)은 타당하지 않다. 또 소멸했다면 무슨 緣이 있겠느냐?(梵頌, 1-9)/ 增上緣 비판: 무자성한 존재물들에는 존재성이 없기 때문에 〈이것이 있음에 이것이 있다〉고 하는 이 사실 또한 성립되지 않는다.(梵頌 1-10)

20) 엄밀히 말하면 모든 계율은 自利의 측면과 利他의 측면을 공유하고 있기에 自利卽利他라고 말해야 하겠지만 본 논문은 속제적 입장에서 기술하는 것이기에 위와 같이 양자를 구분한다.

定)과 지혜는 항아리에 담긴 물에 비유된다. 항아리의 물이 잔잔해야 달의 모습을 있는 그대로 비출 수 있는데 여기서 "달의 모습을 있는 그대로 비춘다."는 것은 〈지혜〉에 대비되고, '물의 잔잔함'은 〈선정〉에 대비되며, '그 양자의 토대가 되는 항아리'는 〈계율〉에 해당된다. 항아리가 깨지면 물도 담을 수 없는 것이기에 달의 존재조차 알 수가 없을 것이다. 이렇게 자리의 윤리인 계율과 공성으로서의 지혜는 불가분리의 관계에 있다.

그러면 이타적 윤리의 당위성은 그 근거를 어디서 찾을 수 있을 것인가? 어째서 타인을 위한 선행이 지고의 가치 중 하나가 되는 것일까? 김동화는 이러한 도덕적 행위의 당위성의 근거로 만물일체(萬物一切)와 만물상의성(萬物相依性)의 원리를 든다.[21] 즉, 본체적으로 본다면 만물이 일체(一體)이고 무차별하게 평등하며, 현상적 측면에서 보더라도 모든 존재는 서로 의존해 있는 것이기에 나와 남의 구별이 있을 수 없으며 일거수일투족이 도덕적 행위일 것이 요구된다는 것이다. 즉, 불교적 윤리설은 무조건적인 지상명령이 아니라 우주와 인생의 실상에 토대를 둔 합리적 요구이다.[22] 후기 중관파의 학승인 적천(寂天, Śantideva) 역시 이타적 윤리의 철학적 근거를 다음과 같이 압축적으로 설명하고 있다.

> **자신에게도 타인에게도 공포와 고통은 싫은 것이기 때문에, 내가 타인을 버리고 자신만을 수호할 근거는 전혀 없다.**[23]

적천(Śantideva)은 이를 주석하면서, 보살은 먼저 자타의 구별을 없애야

---

21) 金東華, 『佛教倫理學』, 寶蓮閣, pp.133-149 참조.
22) 金東華, 위의 책.
23) 이는 田村智淳의 意譯(「中觀の實踐」, 『講座大乘佛教7, 中觀思想』 참조)으로 直譯을 하면 다음과 같다: '나건 남이건 [모두] 공포와 고통을 좋아하지 않는 것이라면, 다른 쪽은 말고 한 쪽만 보호하는 차별이 어떻게 나에게 있을 수 있겠는가?(yadā mama pareṣāṃ ca bhayaṃ duṣkhaṃ ca na priyaṃ/ tadātmanaḥ ko viśeṣo yattaṃ rakṣāmi netaraṃ)', *Bibliotheca Buddhica* Ⅰ, Śantideva, *Śikṣāsamuccaya*, p.2. Cecil Bendall Ed.

한다(parātmasamatā: 自他平等)고 말한다. 자타의 구별이 없어진 보살은 타인에게 공포나 고통이 발생하는 것을 보게 되면 자연히 그것을 제거하는 노력을 하게 된다. 즉 자타의 구별이 해체된 자의 경우, 타인에게 자비를 시현하고자 하는 보살심이 자연히 일어난다는 것이다. 여기서 자타의 구별이 해체되는 것, 즉 〈자타불이의 증득〉은 바로 〈공성에 대한 자각〉에 해당된다. 그리고 모든 중생은 고통에서 벗어나 즐거움을 얻고자 하는 것(離苦得樂)이기에 그 누군가에게 고통이 있는 경우에 그 누군가를 타인으로 보지 않는 아공(我空)을 터득한 보살은 그의 고통을 제거하기 위해 노력하게 되는 것이다. 이는 유식불교에서 말하는 평등성지(平等性智)의 경지에서 이루어지는 행위라고 볼 수 있을 것이다. 부처의 지위에 이르게 되면 우리의 마음을 구성하는 총8식은 모두 지혜로 바뀌게 되는데[24] 그 중 우리의 자의식과 이기심의 원천이었던 제7 말나식(末那識, mano vijñāna)은 자타의 구별이 사라진 평등의 지혜로 바뀐다. 긍정적으로 표현하면, 다른 중생과 한 몸(同體)이라는 실상에 대한 자각을 하게 되는 것이라고 볼 수 있다. 이 경우 다른 중생에 대한 대비심(大悲心)은 논리적이고 자연적인 귀결이다. 보살의 경지에 이르지는 못했다고 하더라도 어린 자식을 구하기 위해 자동차에 뛰어드는 어머니의 모습에서 우리는 〈동체대비(同體大悲)〉를 실증할 수 있다. 또 눈앞에서 무참하게 살해당하는 짐승을 볼 때 아무 느낌 없이 담담할 수 있는 사람은 드물 것이다. 심지어 지렁이를 밟아도, 꽃나무가 꺾어져도, 산허리가 잘려 나가도 우리의 가슴은 반응한다.

Ⅲ. 공과 윤리의 구조적 동질성

24) 轉識得智: 眼, 耳, 鼻, 舌, 身識이라는 前5識은 成所作智로, 第6 意識은 妙觀察智로, 第7 末那識은 平等性智로, 第8 阿賴耶識은 大圓鏡智로 전환한다.

1. 공의 역설적 구조 - 자가당착

이 세상 모든 것은 연기적(緣起的)이다. 따라서 이 세상 그 어떤 사태건 분할할 수가 없다. 즉, 오릴 수가 없다. 예를 들면 눈(能見)과 시각대상(所見)을 나눌 수가 없고, 나와 세상을 나눌 수가 없으며, 긴 것과 짧은 것을 나눌 수가 없고, 삶과 죽음을 나눌 수가 없다. 그러나 연기실상을 위배하고 우리의 사유가 어떤 사태에 대해 분할을 가할 경우 논리적 오류가 발생한다. 그런 오류를 지적해 주는 논리가 바로 〈공의 논리〉이다. 공의 논리는 우리의 구성적(constructive) 사유에 의해 이루어진 〈판단〉이나 〈추론〉의 절대적 타당성을 비판한다는 점에서 〈반논리(反論理)〉라고 부를 수가 있으며, 모든 〈개념〉의 독립적 실재성을 해체(deconstruct)시킨다는 점에서 〈열반의 논리〉라고 부를 수가 있을 것이다.[25] 또한 공의 논리는 연기실상에 대한 자각으로 인해 도출된 논리이기에 〈연기의 논리〉라고 부를 수가 있고, 사유의 이율배반[26]적 속성을 비판하는 논리이기에 〈중도의 논리〉라고 부를 수도 있으며, 〈중관논리〉라고 부를 수도 있다.

불교 논서 중 공의 논리가 극명하게 표출되어 있는 논서가 바로 용수의 『중론』이다. 『중론』의 논리는 초기불전의 연기설에 토대를 두고 있다. 연기설은 "이것이 있으면 저것이 있고 이것이 생하기에 저것이 생한다. 이것이 없으면 저것이 없고 이것이 멸하기에 저것이 멸한다."[27]는 연기공식으로 표현되는데, 이 중 "이것이 있으면 저것이 있고 이것이 생하기에 저것이 생한다."는 구절은 연기의 구성적(constructive) 측면인 유전문(流轉門)의 원리를

---

25) 불교 수행자가 이러한 空의 논리를 터득해야 하는 이유는 무엇일까? 걱정을 없애기 위해서이다. '살아 있다'는 생각 '죽음이 있다'는 생각 등이 모두 우리의 분별적 사유가 구성해 낸 착각임을 자각케 함으로써 모든 걱정을 해소시켜 준다. 空의 논리를 통해 모든 分別苦가 消滅된다. 즉, 분별로 인해 야기된 고통이 열반에 든다(苦滅).

26) 칸트적 의미의 이율배반(antinomy). 불교에서는 二邊이라고 부른다.

27) imasmiṃ sati idaṃ hoti, imassuppādā idam uppajjati, imasmim asati idaṃ na hoti imassanirodhā idam nirujjhati(*Saṃyutta-Nikāya* Vol.Ⅱ, 37.5, P.T.S., p.65).

나타낸 것이고 “이것이 없으면 저것이 없고 이것이 멸하기에 저것이 멸한다.”는 구절은 연기의 해체적(deconstructive) 측면인 환멸문(還滅門)의 원리를 나타낸 것이다. 용수는 이 중 환멸문의 연기설만을 논리적 오류가 없는 연기의 표현으로 간주한다.[28] 그래서 『중론』에서 갖가지 〈판단〉에서 논리적 오류를 지적하는 경우 그 토대로서 제시되는 연기설은 환멸문의 형식으로 기술된다. 몇 가지 예를 들어 보자.[29]

> 만일 〈가는 자〉를 떠난다면 〈가는 작용〉은 성립되지 않는다. 〈가는 작용〉이 없다면 도대체 어떻게 〈가는 자〉가 성립하겠는가?[30]

> 〈색(色)의 인(因)〉이 없으면 색은 포착되지 않는다. 색이 없어도 〈색의 인〉은 보이지 않는다.[31]

> 그런데 〈보는 작용〉이나 〈듣는 작용〉 따위 그리고 〈감수 작용〉 등이 속해 있는 그것(= 근본 주체)이 만일 존재하지 않는다면 이것들(= 〈보는 작용〉 等) 역시 존재하지 않으리라.[32]

---

28) 연기관계를 연기공식의 유전문에서와 같이 긍정적으로 표현하게 되면 논리적 오류에 빠진다. 용수는 제1 관인연품에서 심지어 “이것이 있으면 저것이 있다.”는 연기공식조차 비판한다. 모든 사물은 그 자성이 없기에, ‘이것’이건 ‘저것’이건 실재하는 것이 아닌데 연기공식을 긍정적으로 표현하는 경우 우리는 ‘이것이 있으면’이라고 말함으로써 ‘이것’의 실재성을 前提해야하기 때문이다. “무자성한 존재물들에는 존재성이 없기 때문에 〈이것이 있으면 저것이 있다〉고 하는 이 사실 또한 성립되지 않는다.”[bhāvānāṃ niḥsvabhāvānāṃ na sattā vidyate yataḥ/ satīdamasmin bha vatītyetannaivopapadyate// 諸法無自性 故無有有相 說有是事故 是事有不然: 『中論』, 〈1-12〉]).

29) 위에 인용한 예 이외에도 『中論』 〈6-2〉, 〈7-30〉, 〈9-5〉, 〈19-6〉, 〈21-8〉, 〈23-4〉게송 등에서도 환멸연기적 표현이 등장한다.

30) gantāraṃ cettiraskṛtya gamanaṃ nopapadyate/ gamane 'sati gantātha kuta eva bhaviṣyati// 若離於去者 去法不可得 以無去法故 何得有去者(『中論』, 2-7).

31) rūpakāra anirmuktaṃ na rūpamupalabhyate/ rūpeṇāpi na nirmuktaṃ dṛśyat e rūpakāraṇam// 若離於色因 色則不可得 若當離於色 色因不可得(『中論』, 4-1).

32) darśanaśravaṇādīni vedanādīni cāpyatha/ na vidyate cedyasya sa na vidyant a imānyapi// 若眼耳等根 苦樂等諸法 無有本住者 眼等亦應無(『中論』, 9-11).

이렇게 비판의 대상이 되는 개념쌍의 환멸연기적 관계에 대해 선언을 함으로써 각 개념들의 독립적 실재성(= 自性: svabhāva)을 비판한 다음 용수는 두 개념쌍으로 이루어진 〈판단〉에서 논리적 오류를 도출시킨다. 위에 인용한 제2 관거래품의 경우 "〈가는 자〉가 간다."는 판단에 대해 용수는 다음과 같이 두 가지로 비판한다.

> **〈가는 자〉가 간다고 주장하는 자에게는, 〈가는 작용〉 없이 〈가는 자〉가 있다는 오류가 있게 된다. [왜냐하면] 〈가는 자〉에 소속된 〈가는 작용〉이 요구되기 때문이다.**[33]

> **만일 〈가는 자〉가 다시 간다면 〈가는 작용〉이 두 개인 오류가 있게 된다. [그 두 가지는] 〈가는 자〉라고 부르게 만드는 것과, 가고 있는 존재인 〈가는 자〉이다**[34]

일례로 지금 누군가가 걸어가고 있다고 할 때, 거기서 〈가는 자〉와 〈가는 작용〉을 분할하여 "〈가는 자〉가 간다."고 표현하게 되면 논리적 오류가 발생한다는 것이다. 〈가는 자〉라는 주어 속에 〈가는 작용〉이라는 술어의 의미가 내포되어 있다고 보면, 가는 작용이 두 개로 되는 '중복의 오류'에 빠지고, 배제되어 있다고 보면 '사실에 위배되는 오류'에 빠진다는 것이다.

한국어로는 "가는 자가 간다."는 표현이 생경하기에 다른 비근한 예로 바꾸어 이런 오류에 대해 설명해 보기로 하겠다. "바람이 분다."는 표현의 경우 '바람'이 없으면 '분다'는 작용도 있을 수 없으며 '분다'는 작용이 없으면 '바람'도 있을 수 없다. '바람'과 '분다'는 작용은 연기적이다. 그런데 연기성을

---

33) pakṣo gantā gacchatīti yasya tasya prasajyate/ gamanena vinā gantā ganturga manamicchataḥ// 若謂去者去 是人則有咎 離去有去者 說去者有去(『中論』, 梵頌 2-10)

34) gamane dve prasajyete gantā yadyuta gacchati/ ganteti cocyate yena gantā sanyacca gacchati// 若去者有去 則有二種去 一謂去者去 二謂去法去(『中論』, 梵頌, 2-11)

위배하고 '바람'과 '분다'는 작용을 분할한 후, "바람이 분다."는 발화(發話)를 하는 경우 논리적 오류가 발생한다. "바람이 분다."는 것은 분할 불가능한 하나의 사태인데 〈생각의 가위〉에 의해 바람을 오려낼 경우(= 分別), 우리는 '분다'는 작용이 '바람'이라는 개념에 내포되어 있는지 배제되어 있는지 물을 수가 있다. 이 때 그 어떤 쪽의 대답을 한다고 하더라도 다음과 같은 논리적 오류에 빠진다. 먼저, '분다'는 술어의 의미가 '바람'이라는 주어 속에 내포되어 있다는 생각의 토대 위에서 "바람이 분다."는 발화를 하게 되면 이미 '불고 있는 바람이 다시 분다'는 말이 된다. 즉, 바람이 두 번 분다는 '중복의 오류'에 빠진다. 그와 반대로, '분다'는 술어의 의미가 '바람'이라는 주어 속에서 배제되어 있다고 본다면 '불지 않는 바람이 있다'는 뜻이 되는데 그런 바람은 이 세상 어디에도 없기에 '사실에 위배되는 오류'에 빠지고 만다. "바람이 분다."는 말을 하는 경우 '분다'는 의미는 '바람' 속에 〈내포〉되어 있을 수도 없고 〈배제〉되어 있을 수도 없다.

이를 고대 인도의 '세계 발생 이론'에 대비시키면 〈내포〉적 관점은 인중유과론(因中有果論)[35]적 세계관과 통하고 〈배제〉적 관점은 인중무과론(因中無果論)[36]적 세계관과 통한다. 엄밀히 말하면 "〈가는 자〉가 간다.", 또는 "바람이 분다."는 판단에 대한 그런 두 가지 이해 방식은 주중유술론(主中有述論, 주어 속에 술어의 의미가 내포되어 있음)과 주중무술론(主中無述論)이라고 부르는 것이 옳을 것이다. 상단(常斷)의 이변설(二邊說)과 비교하면 인중유과론은 원인이 결과로 그대로 이어진다는 상견에 해당되고 인중무과론은 원인과 결과는 단절되어 있다는 단견에 해당된다. 이를 다시 사구(四句)와 비교하면 상견은 어떤 사태에 대한 제1구적인 해석이고 단견은 제2구

---

35) satkārya-vāda: 결과로서의 현상 세계는 원인자에 내재한다는 세계관으로 상캬(sāṃkhya)의 쁘라끄리띠(prakṛti) 轉變說이 그 예이다.

36) asatkārya-vāda: 이는 결과로서의 현상 세계는 원인자에 내재해 있던 것이 아니라 새롭게 창출되는 것이라는 세계관으로 와이셰시까(vaiśeṣika)의 積聚說이 그 예이다.

적인 해석이라고 볼 수 있을 것이다. 불교에서 말하는 중도(中道)에는 두 가지가 있다. 실천적 중도와 사상적 중도가 그것이다. 고행과 쾌락의 양극단(=二邊)을 떠난 팔정도(八正道)의 수행이 '실천적 중도의 수행'이라면 상견과 단견의 양 극단(= 二邊)을 떠난 십이연기설은 '사상적 중도설'인 것이다. 그래서 십이연기설에서는 인중유과론적 상견도 비판하고 인중무과론적인 단견도 비판한다. 용수는 십이연기설의 인과론적 중도성을 주어와 술어로 이루어진 판단에 적용하여 술어의 의미가 주어 속에 내포되어 있다고 볼 수도 없고 배제되어 있다고 볼 수도 없다는 점을 지적함으로써 연기의 중도성을 드러낸다.[37]

비단, '바람'이나 '부는 작용'뿐만 아니라 우리가 사용하는 모든 개념들이 이렇게 분할 작용에 의해 탄생된 것들이다. '더러움'이라는 개념은 '깨끗함'이라는 개념과 함께 발생하였고, '인식수단(pramāṇa: 能量)'이라는 개념은 '인식대상(prameya: 所量)'이라는 개념과 함께 발생하였으며, '불'이라는 개념은 '연료'라는 개념과 함께 발생한 것이다. 즉, 가치개념이건 인식개념이건 존재개념이건 모두 대응쌍과 함께 발생한 것이기에 독립적으로 존재하는 것이 결코 아니다. 즉, 그 자성이 없으며 공하다. 그런데 우리가 어떤 판단을 내리기 위해서는 그런 개념들이 독립적으로 존재하는 것처럼 분할을 한 후 다시 양자를 연결하는 행위가 선행해야 한다. 즉, 개념을 오려내야 한다. 그러나 이렇게 오려진 개념들은 허구이다. 허구의 개념들을 조합하여 만들어낸 판단들은 필연적으로 논리적 오류에 빠지지 않을 수 없는 것이다.

그런데 이렇게 공의 논리에 의해 어떤 〈판단〉의 사실성이 비판되는 과정

---

37) 두 개의 개념이 〈주어〉와 〈술어〉로서 만나면 하나의 〈판단〉이 이루어지게 되는데, 칸트(Kant)는 판단을 〈분석판단〉과 〈종합판단〉으로 구분한다. 분석판단이란 술어의 의미가 주어 개념 중에 내포된 판단을 말하고 종합판단이란 술어의 의미가 주어 개념 중에 내포되어 있지 않은 판단을 말한다. 위에서 말하는 主中有述論的인 제1구적인 이해는 분석판단적 이해라고 볼 수 있고 主中無述論的인 제2구적인 이해는 종합판단적 이해라고 볼 수 있을 것이다. 그러나 龍樹는 그런 두 가지 이해를 모두 비판한다.

은 〈역설(逆說, paradox)〉적 명제가 논리적 오류로 귀결되는 과정과 그 구조가 동일하다.[38] 예를 들어 보자.

전형적 역설인, 에피메니데스의 역설의 경우 "크레타 사람은 모두 거짓말쟁이다."라는 말을 한 〈에피메니데스〉가 〈크레타 사람〉 가운데에 내포되기에 '자가당착의 오류'에 빠지며, 이와 달리 〈에피메니데스〉만은 〈크레타 사람〉이 아니라고 한다면 '사실에 위배되는 오류'에 빠지는 것이다. 즉, 〈에피메니데스〉는 〈크레타 사람〉에 내포시킬 수도 없고, 〈크레타 사람〉에서 배제시킬 수도 없다. 여기서 에피메니데스 역시 크레타 사람에 내포된다는 사실은 사구판단 중 제1구적인 판단과 같은 구조를 가지며, 에피메니데스만은 크레타 사람에서 배제된다는 생각은 사구판단 중 제2구적인 판단과 같은 구조를 갖는다.

많은 불교적 명제들 또한 자가당착에 빠져 있다. 문자를 세우지 말라며 문자를 세우는 〈불립문자(不立文字)〉, 입만 열면 그르친다면서 입을 열고 있는 〈개구즉착(開口卽錯)〉. 마음을 비운다는 마음으로 마음을 채우고 있으며, 욕심을 버리겠다는 욕심을 내고 있다. 아무리 좋은 말이라고 하더라도 이와 같이 역설을 도출시킬 수 있다. 이 중 "문자를 세우지 말라."는 명제의 경우 "문자를 세우지 말라."는 바로 그 말 역시 문자의 범위에 내포되고 말기에 역설이 발생되는 것이다. 즉, 타자를 향해 부정적인 발화를 하였는데 그것이 다시 자신에게로 회귀하는, 마치 부우메랑을 던진 것과 같은 자가당착이 발

---

38) 논리적 역설을 이용하여 상대의 주장을 자가당착에 빠지게 만드는 비판법도 공의 논리에 속한다. 용수는 『회쟁론』에서 논적의 비판을 논박하며 다음과 같이 논리적 역설을 이용한다: '만일 존재하고 있는 것만이 부정될 수 있는 것이라면, 이와 같은 空性적 부정은 존재하는 것 아닌가? 왜냐하면 그대는 '[空性的 부정인] 사물에 自性이 없다는 것'을 부정하기 때문에(sata eva pratiṣedho yadi śūnyatvaṃ nanu pra siddham idam/ pratiṣedhayate hi bhavān bhāvānāṃ niḥsvabhāvatvam//: 『廻諍論』, 第61頌.)' '만일 그대가 空性을 부정하고, 또 그런 空性은 존재하지 않는다면 존재하는 것에 대해서만 부정이 있을 수 있다고 하는 그대의 이런 말은 파괴된다(pr atiṣedhayase 'tha tvaṃ śūnyatvaṃ tacca nāsti śūnyatvam/ pratiṣedhaḥ sata iti te nanveṣa vihīyate vcādaḥ//: 『廻諍論』, 第62頌.)'

생한다. "문자를 세우지 말라."는 말 역시 문자에 포함된다는 사실은 제1구적인 것이고 "문자를 세우지 말라."는 것은 문자에 포함되지 않는다는 생각은 제2구적인 것이다.

이와 같은 예에서 보듯이 상관하는 두 사체(事體) [能과 所] 중 어느 하나[所]를 다른 하나[能]에 내포(inclusion)시킬 수도 없고 배제(exclusion)시킬 수도 없다는 것이 〈중관 논리〉와 〈역설〉의 공통점이다.39) 그리고 이것이 우리의 사고의 한계이다.40)

그러면 이런 역설이 발생하는 이유는 무엇일까? 럿셀(Russell)은 〈자기지칭(自己指稱, self-reference)〉41) 이라고 말하며 이런 자기지칭으로 인해 일종의 악순환(惡循環, vicious-circle)이 야기된다고 주장한 바 있다.42) 필자 역시 이에 일부 동의한다. '불립문자'라는 말을 한 순간 자기지칭이 발생하고, 에피메니데스가 "크레타 사람은 모두 거짓말쟁이다."라는 말을 한 순간 자기지칭이 발생한다. 그러면 어째서 자기지칭이 일어난 것일까? 한 마디로 말해, '위와 같은 발화를 하면서 문제가 되는 사태를 분할했기 때문'이다. 즉, 분할 행위가 자기지칭에 선행한다. 분할이란 선을 긋는 것이다. 크레타 사람 전체가 거짓말쟁이인데 자신만은 거짓말쟁이가 아니라고 자신과 크레타 사람 사이에 선을 긋고, 불립문자라는 발화 역시 문자에 속하는데 불립문자만은 문자가 아니라고 불립문자라는 문자와 다른 문자들 사이에 심정적으로 선을 그었기에 무심코 역설적 발화를 하게 되는 것이다. "바람이 분다."는

---

39) 이 중 내포는 因中有果論, 배제는 因中無果論的 사고방식에 해당된다.
40) 럿셀(Russell)은 계형이론을 통해, 또 타르스키(Tarski)는 언어를 대상언어(object-language)와 메타언어(meta-languge)로 양분함으로써 역설에서 벗어나고자 하였다. 그러나 수잔 하크(Susan Haak)는 이런 해결책은 형식적 해결책은 될지언정 철학적인 해결책은 아니며, 그 유용성은 있다고 하더라도 그런 식의 해결이 직관적으로 정당화될 수 있을지는 의문스럽다고 말한다(수잔 하크, 김효명 역, 논리철학, 종로서적, p.187).
41) 〈자기 언급〉(金容雲·金容局, 앞의 책, p.393), 또는 〈자기 부정을 포함하는 전체〉(末木剛博, 앞의 책, p.151).
42) Russell & Whitehead, *Principia Mathematica* I, London, 1925, p.37.

하나의 사태에서 '바람'과 '분다'를 분할하는 경우 '중복의 오류'와 '사실에 위배되는 오류'가 발생하듯이, 불립문자라는 발화 역시 그 발화만은 문자가 아니라고 문자의 세계에서 분할해 내었기에 '자가당착의 오류(prasaṅga sama)'와 '사실에 위배되는 오류(pratidṛṣṭānta sama)'가 발생한다.[43]

이와 같이 공의 논리에서는, 〈분할 불가능한 하나의 사태[44]〉를 우리의 사고가 주어와 술어, 주체와 작용, 실체와 현상 등으로 오려낸 후(=분할, 분별) 어떤 발화를 하는 경우 자기지칭을 야기하게 되며, 결국 〈논리적 자가당착〉이 발생한다는 점을 지적한다.[45]

---

43) 여기서 말하는 prasaṅga sama와 pratidṛṣṭānta sama는 『니야야 수뜨라(Nyāya-sūtra)』에 등장하는 자띠(Jāti) 논법에 속하는 것으로 논리적 역설(paradox)을 이용하여 상대방의 이론을 비판할 때 구사하는 논법이다. 위에서는 '자가당착의 오류'와 '사실에 위배되는 오류'라고 번역하였으나 '無窮相似(prasaṅga sama)'와 '反喩相似(pratidṛṣṭānta sama)'라고 번역되기도 한다(金星喆, 『龍樹의 中觀 論理의 起源』, 東國大 博士學位 論文, 1996, pp.49-60 참조).

44) ○: 一圓相.

45) 그러면 不立文字나 開口卽錯은 역설에 빠진 말이기 때문에 결코 사용해서는 안 되는 것일까? 그렇지는 않다. 문자나 말에 의한 공부만이 성행할 때 이를 시정해 주기 위해 발화된다면 不立文字나 開口卽錯이라는 선언은 효용을 갖는다. 즉, 應病與藥과 같이 문자나 말의 病이 先行할 때 마치 藥과 같이 쓰인다면 이런 言明은 문자나 말의 병을 치료해 준다는 의미에서 가치가 있는 것이다. 그러나 만일 이런 言明들이 마치 하나의 도그마(dogma)와 같이 간주된다면 自家撞着에 빠지고 만다. 예를 들어 아무도 낙서하고 있지 않는 상황에서 자신의 집 담벼락에 〈낙서금지〉라는 글을 쓰게 되면 이는 자가당착에 빠진 웃음거리가 되고 만다. 그러나 동네 아이들이 죄책감 없이 낙서를 자행하고 있는 상황에서 그 글이 쓰여진다면 이는 앞으로의 다른 낙서를 방지해 주는 효과를 갖는 글이 될 것이다. 즉, 자가당착에 빠짐에도 불구하고 그 역할은 有意味할 수 있다(金星喆, 「逆說과 中觀論理」, 『伽山學報』 第6號, 가산불교문화연구원, 1997, p.158 참조). 첨언하자면, 이 경우 〈낙서금지〉라는 글귀에 의해 낙서가 방지되기 위해서는 그 글귀를 쓴 사람의 권위에 대한 믿음이 전제되어야 할 것이다. 이와 같이, 응병여약과 같은 불교 교설이라고 하더라도 그에 대한 믿음이 있는 자에 한해 도움을 줄 수 있는 것이다. 치밀한 反論理的 논리에 의해 쓰여진 『中論』도 처음(歸敬偈)과 마지막(第27 觀邪見品 第30 歸敬頌)은 다음과 같이 부처님에 대한 믿음과 歸依의 게송으로 포장되어 있다: '소멸하지도 않고 생겨나지도 않으며 항상되지도 않고 단절된 것도 아니며 동일한 의미도 아니고 다른 의미도 아니며 오는 것도 아니고 가는 것도 아닌 (緣起), 희론을 寂滅하며 吉祥인 緣起를 가르쳐 주신 正覺者, 제일의 설법자이신 그 분께 예배합니다.(anirodham

2. 윤리의 역설적 구조 - 인과응보

세속적인 선행을 해야 한다는 당위성의 근거가 인과응보 사상이다. 모든 분별을 비판하는 공사상에서는, 선을 행하면 복을 받고 악을 행하면 화를 입는다는 인과응보의 이치에 대해 어떻게 설명할 수 있을까? 제1장에서 살펴보았듯이 『중론』에서는 업과 과보의 실체성에 대해 비판하고 있다. 『중론』에서 말하듯이 과보에 이르기까지 이어질 수도 없고(不常), 매 찰나 소멸할 수도 없는(不斷) 업인데 그것이 어째서 과보를 초래하는 것일까? 선행이건 악행이건 나의 행위는 분명히 타인을 향해 이루어졌는데 그것이 차후에 다시 나에게 돌아온다는 것은 분명 통상적인 인과관계와 그 구조가 다르다. 그러나 불교는 물론 대부분의 종교에서는 선인락과(善因樂果) 악인고과(惡因苦果)의 인과응보의 이치를 가르친다.

그런데 타자를 향해 던져진 행위가 자신을 향해 회귀한다는 인과응보의 구조는 타자를 향해 던진 비판이 자신을 향해 돌아온다는 불립문자의 역설과 그 구조가 동일하다. 불립문자라는 문자나 다른 일반적인 문자는 모두 문자일 뿐인데, 불립문자만은 문자가 아니라고 심정적으로 무심코 선을 그은 후 불립문자라는 발화를 하게 되면 결국 자가당착에 빠지고 마는 〈논리적 역설〉46)이 발생하듯이, 나와 남은 〈분할 불가능한 하나의 전체〉인데 이를 분할하여 남에게 증오와 해악을 끼치게 되면 마치 부우메랑과 같이 그 작용이

---

anutpādam anucchedam aśāśvatam/ anekārtham anānārtham anāgamam anirgamam// yaḥ pratītyasamutpādaṃ prapañcopaśamam śivam/ deśayāmāsa saṃbuddhastaṃ vande vadatāṃ varam// 不生亦不滅 不常亦不斷 不一亦不異 不來亦不出: 『中論』, 歸敬偈)' '(잘못된) 모든 견해를 제거하기 위해 연민을 갖고 正法을 설해 주셨던 가우따마 그분께 귀의합니다(sarvadṛṣṭiprahāṇāya yaḥ saddharmamadeśayat/ anukampāmupādāya taṃ namasyāmi gautamam// 瞿曇大聖王 憐愍說是法 悉斷一切見 我今稽首禮: 『中論』, 27-30).

46) 램지(Ramsey)는 역설을 〈논리적 역설(= 집합론적 역설)〉과 〈인식론적 역설(= 의미론적 역설)〉로 양분하는데, 本稿에서 사용하는 〈논리적 역설〉이란 術語는 知的인 차원에서 발생하는 역설에 대한 통칭일 뿐 램지적 구분과는 무관하다.

나에게 돌아오는 〈행위의 역설〉이 야기되는 것이다. 이는 선행의 경우도 마찬가지다.[47] 나와 남을 분할한 이후의 악행과 선행은 그 행한 만큼 자기 자신에게로 회귀한다. 누워서 침뱉기와 같다. 논리적 역설에서와 같이 이 경우에도 자기지칭(self-reference)이 발생한다.

다른 예를 들어 보자. 비단 타인을 향한 행동뿐만 아니라 주변 환경을 향한 우리의 행동 역시 역설을 야기한다. 서구 프로테스탄티즘과 함께 발달한 자본주의는 인류사에 대량 생산과 대량 소비라는 직선적 세계관을 심어 놓았다. 그 결과 오늘날의 지구는, 인류 역사 이래 유례가 없는 환경오염으로 몸살을 앓고 있다. 대량 소비의 부산물인 내가 버린 쓰레기(= 분할)는 영원히 나와 결별할 줄 알았는데 그렇질 않고 다시 나에게로 돌아와 공해가 된다. 즉, 이 세상은 직선적인 것이 아니라 순환적이라는 사실(= 자기지칭)이 체험적으로 확인된다. 따라서 환경오염을 예방하기 위해서는 쓰레기를 버리기 이전에 미리 활용하는 인위적 순환이 요청된다. 아이러니컬하게도 환경문제를 초래한 장본인이었던 서구인들을 중심으로 최근들어 쓰레기의 재활용이라는 순환적 세계관이 다시 보급되고 있다. 우리는 쓰레기와 함께 살아 가야 한다. 소화 과정을 거친 밥은 똥으로 변하지만, 그 똥이 비료가 되어 다시 밥으로 변한다. 밥이 똥이 되고 똥이 밥이 된다. 우리의 인식에도 전환이 일어나야 한다. 환경문제는 더러움과 깨끗함을 분할한 후 깨끗한 것만 자신의 주변에 놓고 더러운 것은 밀쳐 버리려고 하는 우리의 이분법(= 분할)적 가치관에 그 원인이 있다.[48] 원래 더러움도 없고 깨끗함도 없다.[49] 더러움과 깨끗함은

---

47) 善行은 공중에 떡을 던지는 것에 비유된다: 『大智度論』에서는 제사의 공덕을 설명하면서 공중에 떡을 던지는 비유를 들고 있다. 윤회하여 다른 곳에 태어난 조상에 대한 祭祀 공덕은 마치 공중에 떡을 던지는 것과 같이 祭主 자신에게로 돌아온다는 것이다.

48) 貪心이란 대상을 깨끗하다(淨)고 착각하고 자신을 향해 끌어당기는 마음이고 瞋心이란 대상을 더럽다(不淨)고 착각하여 배척하는 마음이다. 『中論』에서는 다음과 같이 말한다: 淨이 존재하고 있지 않다면 어떻게 貪慾이 존재하겠는가. 不淨이 존재하지 않는다면 어떻게 瞋恚가 존재하겠는가?(avidyamāne ca śubhe kuto rāgo

연기적으로 발생된 허구인 것이다. 이러한 인식의 전환이 선행해야 환경문제에 대한 근본적인 해결이 가능할 것이다.

이 이외에도 끝없이 세균을 박멸하려고 하는 현대 의학 역시 '병은 나쁜 것, 건강은 좋은 것'이라는 이분법(= 분할)적 가치관에 토대를 둔 것이기에 결국은 자가당착에 빠지고 말 것이다. 즉, 항생제에 의해 우리 몸에서 추출된 세균은 강화되어 다시 우리 몸으로 돌아온다(= 자기지칭). 최근 들어 아토피성 피부염이 급증하는 이유는, 과거에 우리 몸속에 함께 살던 기생충이 박멸되었기 때문이라는 연구 결과가 발표되었다. 병원 간판마다 그려진 十字 표시에서 보듯이 현대의 의료 문화는, 치병(治病)이 지고의 가치인 것처럼 착각케 한 기독교적 세계관의 결과이다. 우리는 적당한 병과 함께 살아가다 죽어야 한다. 우리는 적당한 기생충과 함께 살아가다 죽어야 한다. 『보왕삼매론(寶王三昧論)』[50]의 다음과 같은 구절은 이러한 공존과 순환의 가치관을 대변한다.

> 몸에 병 없기를 바라지 말라. 몸에 병이 없으면 탐욕이 생기기 쉽다. 그래서 성인이 말씀하시기를 "병고로써 양약을 삼으라." 하셨느니라.

3. 공과 윤리의 합일 - 동체대비(同體大悲)

〈분할 불가능한 하나의 사태〉인데 이를 분할한 후 어떤 문장이나 이론을 구성해 내는 경우 우리는 자가당착적 역설(paradox)에 빠지게 된다. 이와 마찬가지로 나와 남, 나와 세상은 〈분할 불가능한 하나의 전체(同體)〉인데 이를 분할하여 어떤 행위를 할 경우 자업자득의 인과응보의 이치가 작용한다.

---

bhaviṣyati/ aśubhe 'vidyamāne ca kuto dveṣo bhaviṣyati// 若無有淨者 何由而有貪 若無有不淨 何由以有恚: 『中論』, 23-12).

49) 不垢不淨

50) 이 小論은 明의 妙叶이 편집한 『寶王三昧念佛直指』의 내용 중의 일부(大正47, pp.373c-374a)를 풀어 해석한 것이다.

선행(善行)이라고 하더라도 나와 남을 분할한 이후의 선행은 결국 자기만족일 뿐이며, 삼계 내에서의 일시적 향상만 보장할 뿐이다. 진정한 윤리란 자타불이(自他不二)의 공관(空觀)에 토대를 둔 것으로, 나와 남을 분할한 이후의 윤리행이 아니라 분할 이전의 동체대비적 윤리행이어야 한다. 즉, 〈동체〉라는 자타불이의 공관적 자각이 있어야만, 〈대비〉라는 진정한 윤리행이 시현될 수 있는 것이다.[51] 이것은 마치 부모가 자식을 대하듯이 남의 고통을 자기 자신의 고통인 듯이 여기는 모습이다.[52]

Ⅳ. 공에 대한 네 가지 이해와 윤리

1. 아유법유(我有法有) - 위선적 윤리

대부분의 세속 사람들은 아유법유(我有法有)적인 세계관을 갖고 있다. 즉, 이 세상이나 다른 사람들과 구분되는 나의 자아도 실재하고(我有), 그런 자아가 구사하는 갖가지 개념들도 실재한다(法有)는 것으로 공에 대한 자각이 결여된 세계관이다. 이런 세계관 위에서의 선행은 위선이 된다. 즉, 아무리 남을 위해 선행을 한다고 하더라도 그 궁극적인 목적은 자신을 위하는 것이 되고 말기 때문이다. 이는 베푸는 자(施者)도 있고 받는 자(受者)도 있으며 베푸는 물건(施物)도 있다는 생각 위에서의 선행이며 그 목적도 자기 자신의 이득에 있다.[53] 『대지도론』에서는 〈부정시(不淨施, 청정하지 못한 보시)〉라

---

51) 上求菩提卽下化衆生

52) 『대반열반경』에서는 이를 다음과 같이 설명한다: "비유하자면 부모는 자식이 아픔을 당하는 것을 보고는 마음에서 고뇌를 생한다." 『大般涅槃經』, 제16권.

53) 龍樹의 직제자 阿利耶提婆 역시 〈不淨施〉에 대해 다음과 같이 설명한다: '外道: 부정시란 무엇을 말하는가? 提婆: 보상을 바라는 보시가 부정한 것이다. 마치 시장에서의 거래와 같기 때문이다(外曰 何等名不淨施 內曰 爲報施是不淨 如市易故: 『百論』, 大正30, p.169c)'.

는 이름 하에 이와 같은 위선적 보시행을 다음과 같이 나열한다.

> ①재물을 구하기 위해 ②사람이 두려워서 ③책망받기 싫어서 ④칭찬을 받으려 ⑤죽음이 두려워서 ⑥부자가 되려고 ⑦말싸움에서 이기려고 ⑧질투심에서 ⑨교만심에서 ⑩명예를 위해 ⑪소원을 이루기 위해 보시한다.[54]

2. 아공법유(我空法有) - 형식주의적 소승윤리

『대지도론』에서는 바라밀행이 안 된, 소승불교의 형식적 지계(持戒)에 대해 다음과 같이 비판한다.

> … 혹, 계율을 지키더라도 다른 중생을 괴롭히지 않으며 마음에 회한이 없다. 그러나 만일 상을 취해 집착을 생한다면 다툼이 일어나게 된다. 이런 사람은 비록 이전에는 다른 중생에게 대해 화를 내지 않았지만 법에 대해 싫어하거나 좋아하는 마음이 있기 때문에 다른 중생에게 화를 낸다. 그러므로 만일 다른 중생을 괴롭히지 않으려면 제법을 평등하게 실천해야 한다. 만일 이것은 죄가 되고 이것은 죄가 되지 않는다고 분별을 하게 되면 이는 지계바라밀을 행하는 것이 아니다. …[55]

'무아의 진리(我空)'를 추구하기 위해 지계라는 자정(自淨)의 윤리를 행하지만, 그런 윤리적 덕목에 대해 집착(法有)을 하게 되면, 그 선을 넘는 자에 대해 화(瞋)를 내는 자기모순에 빠지고 만다. 삼독심(三毒心)인 탐심(貪心)과 진심(瞋心)과 치심(癡心)은 그 뿌리가 하나이다. '내가 있다'고 착각(=치심)하기에 좋다(淨)고 생각되는 것은 나를 향해 끌어당기고(=탐심) 싫다(不淨)고 생각되는 것은 밀어 버린다(=진심). 따라서 지계행을 통한 무아의 수

---

54) 大正25, pp.140c-141a.

55) 或有持戒 不惱衆生 心無有悔 若取相生著則起諍競 是人雖先不瞋衆生 於法有憎愛心故 而瞋衆生 是故若欲不惱衆生 當行諸法平等 若分別是罪是無罪 則非行尸羅波羅蜜(大正25, p.196c.)

행을 한다고 해도, 계율을 어긴 자에 대해 진심을 일으키게 되면 도리어 아상(我相)이 강화될 뿐이다. 다시 말해, '계율이라는 법'의 공성(法空)에 대한 터득이 없으면 무아(我空)의 실상 역시 체득될 수 없는 것이다.

3. 아유법공(我有法空) - 막행막식적 비윤리

『대지도론』에서는 악취공적인 공견을 가진 사견인(邪見人)과 공을 올바로 파악한 관공인(觀空人)을 다음과 같이 비교한다.[56]

〈사견인〉

①모든 법을 단멸시켜 공이 되게 한다.
②모든 법의 공상(空相)을 취해 희론한다.
③비록 입으로는 일체가 공하다고 하지만 탐심, 진심, 자만심, 치심을 발한다.
④금세에 폐인이 되고 내세에 지옥에 떨어진다.
⑤공공삼매(空空三昧)가 없다.
⑥다른 공덕 없이 생각 속에서 空만 얻으려 한다.

〈관공인〉

①모든 법이 원래 진공(眞空)이라서 파괴되지 않음을 안다.
②모든 법의 공함을 아나 공상을 취하지 않고 희론도 하지 않는다.
③공을 올바로 알아 마음이 움직이지 않으며 번뇌도 생하지 않는다.
④금세에 명예를 날리고 후세에 부처가 된다.
⑤공공삼매가 있다.
⑥먼저 무량한 보시와 지계, 선정(禪定)을 행한 후 진공을 얻는다.

여기서 말하는 사견인이란 죄도 없고 복도 없다고 생각하는 사람으로 이들은 금세는 있으나 후세는 없다고 생각한다.[57] 즉, 내세가 없기에 인과응보

56) 大正25, pp.193c-194a.
57) … 無罪無福人 不言無今世 但言無後世 如草木之類自生自滅 或人生人殺 止於現在更無後世生 …(大正25, 『大智度論』, p.193c.)

의 이치도 없다. 따라서 그 어떤 행동을 하더라도 거리낄 것이 없다. 비윤리적 행동을 하고도 죄책감을 느끼지 않는다. 관념적으로 파악된 공, 다시 말해 무아의 실상에 대한 실천적 증득 없이 이해된 법공은 다만 모든 가치판단을 상실케 할 뿐이다. 용수는 이러한 공병(空病)을 우려하여 다음과 같이 말한다.

> **잘못 파악된 공성은 지혜가 열등한 자를 파괴한다. 마치 잘못 잡은 뱀이나 잘못 닦은 주술과 같이**[58]

소승불교의 위빠싸나(vipassanā) 수행은 매 찰나 명멸(明滅)하는 法들에 주시함으로써, 우리가 그 존재를 당연시하던 일상적 자아가 사실은 거짓되게 구성된 것임을 체득하게 해 주는 수행법이다. 즉, 무아를 자각케 하는 아공의 수행이다. 아공에 대한 철저한 체득은 법공에 대한 조망도 수반하는 것이겠지만, 미숙한 위빠싸나 수행자는 수단과 목적을 혼동하여 과거의 아비달마 논사들처럼 법유론(法有論)적 세계관[59]을 갖게 되기 쉽다. 그와 반대로 『중론』은 법공의 이치에 대해 기술한 논서이다.[60] 북방불교의 전통적 수행법 중의 하나인 간화선의 경우 수행자는 화두를 타파하여 법공을 자각하게 된다. 물론, 법공에 대한 진정한 자각을 통해 아공 역시 체득되어야 할 것이다. 그러나 미숙한 간화선 수행자나 중관행자는 자칫하면 모든 가치판단이 상실된 악취공자가 될 수도 있다. 악취공자는 선과 악, 윤회와 열반, 부처와 중생, 깨끗함(淨)과 더러움(不淨), 옳고(是) 그름(非) 등 모든 개념(法)에 대한 고착

---

58) vināśayati durdṛṣṭā śūnyatā mandamedhasam/ sarpo yathā durgṛhīto vidyā vā duṣprasādhitā// 不能正觀空 鈍根則自害 如不善呪術 不善捉毒蛇(『中論』, 24-11)

59) 自我는 없지만 자아의 구성 요소는 존재한다는 세계관. 예를 들어 五蘊 중 그 어떤 것도 자아가 아니지만, 五蘊인 色受想行識이라는 法들은 존재한다는 세계관.

60) 『中論』의 第9 觀本住品이나 第18 觀法品에서 我空에 대한 논의를 벌이고 있긴 하지만 이 때 논파되는 자아는 체험적 자아가 아닌 관념적 자아이다. 이는 法我, 즉, 개념으로서의 자아이다.

에서는 벗어났으나, 탐심과 진심의 구심점인 아상은 남아 있기에 아무 죄책감 없이 막행막식을 하기 쉽다. 막행막식은 다만 공병의 한 증상일 뿐이다. 『중론』을 불교의 핵심으로 간주해 온 티벳 불교계나, 간화선을 최고의 수행법으로 간주하는 한국 불교계의 일부에서 가끔 막행막식의 수행자가 발견되는 이유가 바로 여기에 있을 것이다.[61)]

4. 아공법공(我空法空) - 무주상적(無住相的) 대승윤리

진정한 대승보살은 자타불이의 아공을 터득하였기에 동체대비의 무량한 자비심으로 충만해 있으며, 모든 개념이 해체되는 법공을 터득하였기에 무엇을 어떻게 한다는 분별을 내지 않는다. 보시행의 경우 무엇을 남에게 준다는 분별을 내지 않는다. 즉, 〈무주상의 보시〉를 행하게 되는 것이다. 이를 보시바라밀이라고도 하는 바 보시를 행하되 무소득으로 하는 것을 말한다. 비단 보시행뿐만 아니라 다른 여러 가지 덕목의 윤리행도 무소득으로 행하여야 한다는 것이 무주상적 대승윤리의 요체이다. 다시 말해 〈무소득〉이라는 진제적 측면과 〈윤리행〉이라는 속제적 측면이 균형을 이룬 상태의 삶이 바로 대승 보살의 윤리적 삶인 것이다. 삼론학(三論學)의 거장 길장은, 소승의 아공법유적 수행자와, 대승 내의 아유법공적 사견인 모두에 대해 다음과 같은 비판을 가하고 있다.

> … 십이연기법이나 오온 따위의 확고한 모습을 구하려고 하는 사람들은 제일의제(第一義諦)를 모르는 사람들이고 이와 반대로 대승의 필경공이라는 말을 듣고 "그렇다면 죄도 없고 복도 없고 인과응보도 없다."고 하는 사람들은 세속제(世俗諦)를 모르는 사람들이다.[62)]

---

61) 위빠싸나를 수행하는 남방의 소승불교권에는 대승의 法空 사상이 보급되어야 하고 法空의 수행이 강조되는 북방의 대승불교권에는 소승의 我空 수행, 즉 위빠싸나 수행이 보급되어야 할 것이다. 즉, 오늘날의 대승불교 문화와 소승불교 문화가 서로 만나야 부처님의 참뜻을 부흥시킬 수 있을 것이다.

진정한 대승보살은 아공에서 비롯된 속제적 윤리와 법공에서 터득된 진제적 관조가 균형을 이룬 무주상의 윤리를 시현하게 된다. 이것이 바로 육바라밀행(六波羅蜜行)인 것이다. 내가 어떤 사람에게 무엇을 준다는 생각을 낸다면 그것은 단순한 보시행(布施行)일 뿐 바라밀은 아니다. 내가 어떤 계율을 지킨다고 생각한다면 그것은 단순한 지계행(持戒行)일 뿐 바라밀은 아니다. 내가 누군가의 괴롭힘을 참는다고 생각한다면 그것은 단순한 인욕행(忍辱行)일 뿐 바라밀은 아니다. 내가 어떤 일을 위해 부지런히 노력한다고 생각한다면 이는 단순한 정진행(精進行)일 뿐 바라밀은 아니다. 내가 어떤 특정한 선정을 닦는다고 생각한다면 이는 단순한 선정(禪定)일 뿐 바라밀은 아니다. 내가 어떤 지혜를 얻는다고 생각한다면 이는 단순한 지혜(智慧)일 뿐 바라밀은 아닌 것이다.[63] 바라밀의 조망이 결여된 보시 등의 세속적 공덕들은 다만 세간적 과보만 초래할 뿐이다.[64] 즉, 그런 공덕들은 하늘나라(天上)나 인간계에서의 삶을 보장할 뿐 결코 열반의 길잡이가 될 수는 없다. 여섯 가지 덕목을 행하되, 그것이 공성의 토대 위에서 이루어지는 육바라밀행만이 성불을 향한 보살의 길이 될 수 있는 것이다. 그래서 보살은 보시를 행하되 주는 자나 받는 자나 줄 물건이 있다는 생각을 하지 않고, 계율을 지키되 계율이나 지계인이나 파계인이 있다는 생각을 하지 않으며, 나아가 지혜를 추구하되 지혜나 지혜가 있는 자나 없는 자가 있다는 생각을 하지 않는다.[65]

진정한 〈공의 윤리〉란, 아공법공에 토대를 둔 것으로, 육바라밀에서와 같이 세속적 윤리와 공성에 대한 관조가 균형을 이루는 〈중도의 윤리〉이며,

---

62) 吉藏, 『二諦義』, 大正45, p.83a.

63) 布施時作是念我與彼所受施者物 是名得檀那不得波羅蜜 我持戒此是戒 是名得戒 不得波羅蜜 我忍辱爲是人忍辱 是名得忍辱不得波羅蜜 我精進爲是事勤精進是名得精進不得波羅蜜 我修禪那所受是禪那 是名得禪那不得波羅蜜 我修慧所修是慧 是名得慧不得波羅蜜(『摩訶般若波羅蜜經』, 大正8, p.295a).

64) 布施等離般若波羅蜜 但能與世間果報(『大智度論』, 大正25, p.191a).

65) 菩薩盡行六波羅蜜法 以無所得故 行檀那波羅蜜 不得施者不得受者不得財物 行尸羅波羅蜜 不得戒不得持戒人不得破戒人 乃至行般若波羅蜜 不得智慧不得智慧人不得無智慧人(『摩訶般若波羅蜜經』, 大正8, p.293a.).

나와 남을 분할하지 않는 〈연기의 윤리〉인 것이다.[66]

V. 끝맺는 말 - 공은 진정한 윤리를 산출한다

공과 윤리는 결코 갈등하지 않는다. 교리적으로는 공사상의 이제설에서 엄연히 세속적 윤리를 인정하고 있으며, 논리적으로는 자타가 불이(不二)하기에 우리는 이타적이지 않을 수가 없다. 오히려 공에 대한 철저한 자각이 선행되어야 진정한 윤리가 가능한 것이다.

진정한 윤리란, 공에 대한 집착이 야기한 막행막식적 〈무애행(無碍行)〉도 아니고 아상의 토대 위에서 이루어지는 위선의 윤리도 아닌, "내가 무엇을 한다."는 생각이 없는 〈무애심(無碍心)〉에 입각한 육바라밀의 윤리이다. 진제적 공관(空觀)과 속제적 선행(善行)이 함께하는 육라라밀의 실천이야말로 '이기심이 해체(我空)'된 상태에서 '분별 없이(法空)' 행해지는 무주상의 〈공의 윤리〉인 것이다.

또, 세속적 윤리는 무조건적인 지상명령이 아니다. 만물의 실상인 공성에서 필연적으로 도출되는 것이 바로 세속적 윤리이다. 따라서 공성에 대한 자각의 깊이에 부응하여, 그 윤리의 차원도 심화된다. 왜냐하면 공과 윤리는 마치 동전의 양면과 같이 동일한 구조의 다른 측면일 뿐이기 때문이다. 우리

---

66) 空卽緣起, 緣起卽中道, 空卽中道임을 선언하는 다음과 같은 『廻諍論』과 『中論』의 구절은 위와 같이 空의 윤리에도 적용할 수 있다: '空性과 緣起와 中道가 하나의 의미임을 선언하셨던 분, 함께 견줄 이 없는 붓다이신 그 분께 예배 올립니다(yaḫ śūnyatāṃ pratītyasamutpādaṃ madhyamāṃ pratipadaṃ ca/ ekārthāṃ nijagāda praṇamāmi tamapratimabuddham//: 『廻諍論』, 第71頌)'. '緣起인 것 그것을 우리들은 空性이라고 말한다. 그것(= 공성)은 의존된 假名이며 그것(= 공성)은 실로 中道이다(yaḫ pratītyasamutpādaḫ śūnyatāṃ tāṃ pracakṣmahe/ sā prajñaptiru pādāya pratipatsaiva madhyamā// 衆因緣生法 我說卽是無 亦爲是假名 亦是中道義: 『中論』, 24-18)'.

의 사고가 능소불이(能所不二)의 공성을 위배하여 분별을 시작할 경우 〈자가당착〉이라는 〈논리적 역설〉에 빠지듯이, 우리의 행위가 자타불이(自他不二)의 공성을 위배하여 애증을 표출할 경우, 우리는 〈인과응보〉라는 〈행위의 역설〉에 빠진다. 누군가가 선행이나 악행을 하였을 경우 어떤 절대자가 있어서 그에 상응하는 상벌을 내리는 것이 아니다.[67] 이 세상의 역설적 구조로 인해 인과응보가 발생된다. 인과응보의 이치가 정연하기에 숨을 곳도 없다. 나의 행동을 내가 보고 있기 때문이다.

『순수이성비판』을 통해 이론이성(理論理性)의 한계를 지적한 칸트(Kant)는, 우리가 윤리적이어야 하는 실천이성(實踐理性)의 근거를 '우리 마음속의 도덕률'에서 찾았다. 칸트는 논리적 사변을 통해서는 결코 윤리와 도덕의 당위성이 도출될 수 없다고 생각했던 것이다. 그러나 불교의 공사상에서 양자는 합일된다. 즉, 〈공성에 대한 지적인 자각〉을 통해 〈도덕률〉이 도출되는 것이다. 티벳의 밀교에서는 이를 남녀가 교합한 모습의 합체존으로 형상화하였다. 반야 지혜로서의 어머니(般若母)와 자비 방편으로서의 아버지(方便父)가 남존(男尊, yab)과 여존(女尊, yum)의 모습으로 교합하고 있는 모습은 〈이론이성〉의 극단에서 발견되는 공성과 〈실천이성〉의 원동력인 대비심(大悲心)이 합일한 대락구현(大樂具現)의 경지를 상징화한 것이었다.[68]

공성을 체득한 보살은 결코 무차별과 무분별의 피안에 안주하고 있는 것이 아니다. 그 어느 때 그 어느 곳에서든, 그 때 그 곳에 가장 알맞는 차별과 분별로써 이타의 대비행(大悲行)을 시현한다.

---

67) 設或, 天神의 啓示나 恩寵, 治病, 救援 또는 懲罰에 대한 종교적 체험이 있다고 하더라도 이는 인간보다 위대하고 온갖 신통력을 갖추었지만, 愛憎을 갖고 三界 내에서 윤회하는 衆生神인 人格神의 행위(業)일 뿐이다.

68) 大樂具現形의 秘密集會만다라는 二重의 동심원과 三重의 동심방형으로 이루어져 있기에 태장만다라와 유사하지만, 佛·菩薩이 護敎와 降魔를 상징하는 忿怒尊의 모습을 띠고 있고, 大悲와 空性의 合一, 또는 方便과 般若의 합일, 또는 禪定과 智慧의 合一을 상징하는 合體尊(= 交合像)이 등장하는 것이 그 특징이다(金容煥, 『만다라 - 깨달음의 靈性世界』, 悅話當, 1991. 참조).

일체법의 공성을 관조하신 관세음보살께서는 그래서 천만억의 화신으로 나타나신다.

- 『공과 윤리의 현대적 조명』(공저), 고려대장경연구소, 1998년

중관사상에 대한 마츠모토의 곡해

Ⅰ. 들어가는 말

현재 우리나라 불교학의 성과물 중 많은 내용들이 일본 불교학자들의 기초적인 작업에 토대를 두고 이루어진 것이라는 점은 어느 누구도 부인할 수 없는 자명한 사실이다. 일본의 불교학계에 대해 많은 빚을 지고 있음에도 불구하고 우리들은 흔히 일본의 불교학은 분석적이고 문헌학적이긴 하지만 종합적 조망을 결여하고 있다고 폄하하기도 한다. 사실 그렇다. 비단 불교학 분야만 그런 것이 아니고 일본 학계의 전반적인 학풍은 소위 '큰 얘기'를 하는 데 대해 무척 조심스럽다.

그런데 10여년 전부터 일본 불교학계의 일각에서 소위 '큰 얘기'가 시작되고 있다. 하카마야 노리아키(袴谷憲昭)와 그 후배인 마츠모토 시로(松本史朗), 일본 불교 조동종(曹洞宗)의 종립 대학인 고마자와(駒澤) 대학을 졸업하고 모교에서 교편을 잡고 있는 이들은 초기불교를 위시하여 중관, 유식, 밀교, 화엄, 선종에 이르기까지 불교 사상의 전 분야를 대상으로, 비판의 칼부림을 벌이고 있다. 그리곤 말한다. "여래장은 불교가 아니다." "유식은 불교가 아니다." "밀교는 불교가 아니다." "화엄은 불교가 아니다." "선은 불교가 아니다."

스완슨(Paul L. Swanson)은 이들이 위와 같은 비판 활동을 벌이는 목적에 대해 다음과 같이 세 가지 측면에서 조망한다.

①불교학적인(Buddhological) 측면에서, 하카마야와 마츠모토는 '불성(佛性)'이라는 개념과 '본각사상(本覺思想)'이 연기(pratītyasamutpāda)와 같은 불교의 근본 교설과 조화를 이룰 수 있는지 여부를 의문시한다. 이들은 문헌적이고 학술적인 논의를 이용하여, 불성 사상(dhātu-vāda)이 보다 근본적인 불교의 다른 가르침과 양립할 수 없음을 입증하려고 시도한다.

②종파적인 측면에서, 이들은 자신들이 소속되어 있는 조동종에서 도겐(道元)의 가르침에 대해 잘못 이해하고 있다고 생각하여 이를 시정하려 한다. 그리고 도겐의 가르침, 그 중 특히 불성에 대한 생각을 재평가함으로써 종단을 개혁하려고 한다.

③사회 비판적 측면에서, 이들은 일본 사회가 불성 사상, 또는 본각사상적인 에토스(ethos)를 수용함으로써 부당한 사회 구조와 태도를 초래하고 말았으며, 그를 시정하기 위해서는 이런 에토스의 위험을 인지하는 것이 필요하다는 점을 보여주려고 한다.[1)]

그러면, 이와 같은 비판적 불교 운동이 초기에 진압되지 않고 지금까지 계속되고 있는 이유는 무엇일까?

첫째 '불성사상', 또는 '본각사상'을 비판하는 이들의 논문이 문헌학적 지식에 토대를 두고 객관성을 표방하며 작성되었기 때문이며, 둘째 이들의 비판활동의 동기가 된, 조동종단과 일본 사회의 윤리적 문제점들이 현재에도 엄존한다는 점에 대해서 많은 사람들이 공감하고 있기 때문일 것이다.

하카마야가 시동을 건 소위 '비판불교' 운동은, 곧이어 마츠모토가 동승함으로써 하나의 세력을 이루게 되는데, 그 이론적 구도의 많은 부분이 불교의

---

1) Paul L. Swanson, "Why the say Zen is not Buddhism", *Pruning the Bodhi Tree*, Hubbard & Swanson Ed.(University of Hawaii Press, 1997), pp.27-28.

근본적인 문제에 대해 보다 학구적으로 접근하는 마츠모토에 의해서 고안된 다.[2] 자신의 불교관의 전체 구도를 단일한 논문을 통해 긍정적으로 피력한 적은 없지만, 마츠모토의 논문 중 특히 「縁起について(연기에 대하여)」[3]에서 발견되는 다음과 같은 구절들을 통해 우리는 그의 독특한 불교관의 형성 동기와 입지를 추측할 수 있다.

> 종교에 있어서 시간만큼 본질적인 것은 없다.(p.14)
>
> 아담과 이브에 의한 원죄, 그리스도의 십자가에 의한 부활이라는 생각에는 종교적 시간에서의 마이너스와 플러스의 모멘트가 잘 나타나 있다.(p.15)
>
> 법화경의 장자궁자(長者窮子)의 비유는 … 종교적 시간을 빼어나게 문학화한 것이다.(p.15)
>
> 불교의 종교적 시간론은 법화경에서 완성되고 완결된다. 법화경 이상의 경전은 없고 법화경 이외에 불교는 없다. 따라서 법화경을 믿지 않고서 불교도인 것은 도저히 불가능하다.(p.16)
>
> 죄의 의식을 갖지 않는 사람이 다른 사람을 존경할 리는 없다. 다른 사람을 사랑할 리는 없다.(p.18)

기독교적 종교관에 대해 공감하고 이와 유사한 종교관을 『법화경』 내에서 찾아낸 마츠모토는 이를 십이지연기설(十二支緣起說)과 무아설에 대입한다.

> 나는 십이지연기를 법과 법의 전적인 시간적 인과관계라고 이해한다.(p.22)
>
> 십이지연기가 다루는 것은 그렇게 평범하고 일상적이며 소박한 현실이 아니

2) Sueki Fumihiko, “Reexamnation of Critical Buddhism”, *Pruning the Bodhi Tree*, pp.323-326.
3) 『縁起と空』, pp.11-97.

라, 존재하는 것이 확실한 근거를 갖지 않는 위기적인 삶인 것이다.(p.24)

문제가 되는 것은 우리들의 일상적 시간이 아니라 극히 주관적이고 위기적인 종교적 시간인 것이다.

[십이지연기에서] 순관의 「생기」〈타죄(墮罪)〉와 역관의 「멸」〈부활(復活)〉은 그 종교적 시간의 마이너스와 플러스의 모멘트라고 말할 수 있다.(p.64)

그리고 무아설은 이타적 사회 윤리의 불교적 근거로 제시되는 것이다. 감성은 이성에 선행하는 것일까? 어떤 세계관이나 인생관에 대한 호, 불호의 감정이 선행한 후, 이성은 그를 합리화하는 시종의 노릇을 할 뿐인가? 마츠모토는 기독교의 원죄와 부활의 신화구조를 『법화경』에 등장하는 장자궁자의 실향과 귀향의 드라마에 대비시킨 후, 결국 십이연기설에 대한 해석에까지 적용하여, 십이지연기란 법과 법의 시간적 인과 관계를 의미하는 위기적이고 종교적인 시간에 대한 조망이라고 선언하는 것이다.[4] 그리곤 장소적, 공간적 기미가 보이는 불교 교리에 대해 그 동안 그가 쌓아 온 문헌학적 소양을 동원하여 비판의 필봉을 휘두른다. 다양한 해석이 가능한 경문에 대해서는 자신의 불교관에 부합되도록 그 의미를 재해석하고[5], 자신의 불교관과 어긋나는 구절에 대해서는 후대에 삽입된 것이라거나 조작된 것이라고 간주하여 폐기해 버린다.[6] 그래서, 초기불전의 수많은 경문들과 대승불교 교리의 대부분이 비불교적인 것으로 매도되고 마는 것이다.

마츠모토의 전공분야는 원래 중관사상이다.[7] 따라서 중관사상에 대한 마

4) 이는 四聖諦 중 苦諦에 대한 자각에 대비될 뿐이라고 말할 수 있을 것이다.
5) '… 나는 열반을 기본적으로 'nir + √vā'가 아니라, 'nir + √vṛ(장애를 제거하다)' 라는 동사의 파생어라고 이해하는 것이다. …', 『緣起と空』, 「解脫と涅槃」, p.198.
6) '『相應部』의 經文으로 돌아가 보자. 거기서는 緣起라는 추상명사가 등장하는데, 그것은 제불의 出世, 不出世와 상관없이 보편적으로 존재하는 理法이라고 말한다. 이런 사고방식은 실재론으로의, 비불교로의 전락을 의미한다는 점을 …'(緣起と空, p.49).
7) Paul L. Swanson, 앞의 책, p.7.

츠모토의 해석의 타당성 여부에 대한 검토는 '비판불교' 이론의 타당성 여부를 판가름하는 관건이 된다고 하겠다. 마츠모토가 발표한 논문들 중 중관사상에 대한 견해가 담겨 있는 것은 「縁起について(연기에 대하여)」, 「般若經と如來藏思想(반야경과 여래장사상)」, 「空について(공에 대하여)」[8]와 「三論教學の批判的考察(삼론교학의 비판적 고찰)」[9] 등이다. 그는 「연기에 대하여」라는 논문을 통해 연기에 대한 동시관계적 해석과 연기의 이법성(理法性)을 비판하며, 「반야경과 여래장사상」이라는 논문을 통해 『반야경』 편집 과정에 혼입되는 여래장 사상의 정체를 '폭로'하고, 「공에 대하여」라는 논문을 통해 공성에 대한 공간적 이해를 '경계'하며, 「삼론교학에 대한 비판적고찰」이라는 논문을 통해 길장의 삼론학을 공사상에 대한 다뚜-와다(dhātu-vāda)적 곡해라고 몰아붙인다.

필자는 이들 논문들 중 중관사상에 대한 마츠모토의 견해가 가장 많이 표명되어 있는 「공에 대하여」라는 논문을 중심으로 그가 제시하는 논지에 대해 면밀히 검토해 보기로 하겠다.

「공에 대하여」라는 논문은 다음과 같이 총 네 개의 장으로 이루어져 있다.

제1장 공사상의 의의
제2장 『중론』의 연기(縁起)와 공
제3장 『중론』에서의 자성(自性)과 실의(實義)
제4장 『중론』 제26장 관십이인연품의 의의

Ⅱ. 「공에 대하여」에 대한 비판적 검토

8) 이상은 『縁起と空』(大藏出判, 東京, 1989)에 실림.
9) 『禪思想の批判的研究』(大藏出版, 東京, 1994)에 실림.

1. 공사상의 의의

제1장 〈공사상의 의의〉에서 마츠모토는 공사상에 대한 카지야마 유우이치(梶山雄一)의 해석과 자신의 종조 도겐(道元)의 말을 대비시키며 논문을 열어 간다. 이는 다음과 같다.

> 카지야마 유이치: 『반야경』은 모든 것, 행위도 그 과보도 실은 공인 점을 설하고, 더 나아가서는 윤회와 열반이 하나인 점을 설하여, 업보의 법칙을 초월할 것을 가르친다. … [대승불교의 회향의 사상은] 업도 과도 본질적으로 실체가 없고 공인 것이기 때문에 가능하다. …부처도 중생도 함께 공이고 불이이기 때문에 가능할 수 있는 것이다. … 공사상은 회향의 사상에 논리를 가한 것임을 알 수 있다.

> 도겐: 업장이 왜 본래 공인가 … 업장의 당체(當體)를 움직이지 않으면서 공이라고 하는 것은 외도의 견해다. … 세간, 출세의 인과를 파하는 것은 외도(外道)이다. … 세존이 가르치는 것은 선악업이 모두 끝나면 아무리 백천만겁을 지난다 해도 불망(不亡)이다. 만약 인연을 만나면 반드시 감득한다. …

마츠모토는 위와 같은 카지야마의 해석을 공에 대한 '낙천주의적 해석'이라고 규정한 후, 그와 같은 경우 공은 '일체를 가능하게 하는 논리'가 되며, 일체의 곤란을 한꺼번에 해소시키는 마법의 지팡이와 같이 되고 만다고 비판한다. 그리고 공에 대해 이런 해석이 발생하는 원인을 공이라는 단어가 가진 공간적 성격 때문이라고 설명한다.

필자 역시 공이 소위 '낙천적으로' 오해될 수 있다는 마츠모토의 지적에 대해 공감하며, 이런 지적을 통해 종파주의적 일본 불교계 내에 불교의 본질에 대한 관심을 불러일으킨 비판불교 운동자들의 공로는 인정받아야 한다고 생각한다. 그러나 필자는 공에 대한 낙천적 해석이 비판되어야 하는 것과 마찬가지로 도겐류의 실재론적 세계관10) 역시 경계되어야 한다고 생각한다.

『중론』 제17 관업품(觀業品)에서 논적은 다음과 같이 말한다.

> 자신을 억제하고 타인을 이익되게 하는 자애로운 마음은 [사람이 행해야 할] 법도이다. 그것은 금세에도 후세에도 과보의 씨앗이다.[11]

> [견도(見道)의 사제(四諦) 관찰을 통한 끊음인] 단(斷)에 의해 끊어지지 않고 실로 수도(修道)에 의해서 끊어진다. 그러므로 불실법(不失法)에 의해 갖가지 업의 과보가 발생된다.[12]

> 두 가지 종류의 모든 업 하나하나의 경우 현재 눈앞에서 그 법이 생하기도 하지만, [과보가] 익을 때[까지] 존속하기도 한다.[13]

즉, 선업이나 악업을 짓는 경우 수도(修道)의 단계 이전까지는 그 업이 망실되지 않고 불실법(不失法)으로서 남아 있다가 인연이 무르익으면 과보로서 나타난다는 말이다. 『중론』 내에서 이는 실재론자인 논적의 발언으로 간주되지만 분명 앞에서 인용했던 도겐의 말과 논조가 같다. 『중론』의 저자는 위와 같은 업 상주론(常住論)적 주장에 대해 논파한 후 다음과 같이 선언한다.

> 번뇌들과 업들과 신체들 또 업의 주체들과 과보들도 신기루의 자태를 띄고 있으며 아지랑이나 꿈과 같다.[14]

---

10) 이는 마츠모토에 의해 해석되어 필자에게 비친 도겐의 세계관을 말하는 것이다.
11) ātmasaṃyamakaṃ cetaḥ parānugrāhakaṃ ca yat/ maitraṃ sa dharmastadbīj aṃ phalasya pretya ceha ca// 人能降伏心 利益於衆生 是名爲慈善 二世果報種(*MK.*, 17-1).
12) prahāṇato na praheyo bhāvanāheya eva vā/ tasmādavipraṇāśena jāyate karm aṇāṃ phalam// 見諦所不斷 但思惟所斷 以是不失法 諸業有果報四諦(*MK.*, 17-15).
13) karmaṇaḥ karmaṇo dṛṣṭe dharma utpadyate tu saḥ/ dviprakārasya sarvasya vipakve 'pi ca tiṣṭhati // 如是二種業 現世受果報 或言受報已 而業猶故在(*MK.*, 17-18).

그렇다면 일본 조동종의 종조 도겐은 『중론』에서 철저하게 비판되는 실재론자일 뿐이란 말인가? 카지야마와 도겐의 인용문 전후의 문맥을 확인할 수 없기에 양자의 말이 어떤 취지에서 발화된 것인지 알 수는 없지만, 공에 대한 낙천적 해석이 배격되어야 한다고 해서, 도겐류의 실재론적 업설이 결코 그 대안이 될 수는 없을 것이다.

마츠모토는 도겐이 말하는 인과(因果), 업보(業報), 삼세(三世), 선악(善惡)이 연기라는 하나의 사상의 이명(異名)일 뿐이라고 주장한다. 그러나 연기설에 토대를 두고 작성된 『중론』에서는 인과[15]와 업보[16]와 삼세[17]의 실재성을 모두 비판하고 있다. 그렇다면 인과설, 업설 등과 공사상은 결코 조화를 이룰 수 없는 것일까? 우리는 인과설, 업설 등의 실재론적 교설과 공의 교설 중에서 양자택일을 해야 하는 것일까? 『중론』 제24 관사제품의 논적 역시 공사상을 비판하며 다음과 같이 도겐적 논조로 말한다.

> **공성(空性)을 주장한다면 그대는 과보(果報)의 실재와 비법(非法)과 법과 세간에서의 일체의 언어관습을 파괴하게 된다.[18]**

그런데 우리는 이에 대한 용수의 답변에서 실재론적 교설과 공의 교설이 공존할 수 있는 대안을 발견하게 된다. 나가르주나는 위와 같은 논적의 비판에 대해 다음과 같이 답하는 것이다.

---

14) kleśāḥ karmāṇi dehāśca kartāraśca phalāni ca/ gandharvanagarākārā marīci svapnasaḥnibhāḥ// 諸煩惱及業 作者及果報 皆如幻與夢 如炎亦如嚮(*MK.*, 17-33).
15) 『中論』, 第20 觀因果品.
16) 『中論』, 第17 觀業品.
17) 『中論』, 第19 觀時品.
18) śūnyatāṃ phalasadbhāvamadharmaṃ dharmameva ca/ sarvasaṃvyavahārāṃ śca laukikān pratibādhase// 空法壞因果 亦壞於罪福 亦復悉毀壞 一切世俗法(*MK.*, 24-6).

여기서 우리들은 말한다. "그대는 空性에서 [그] 동기와 공성과 공성의 의의를 알지 못한다. 그러므로 그대는 그처럼 저항한다."[19]

부처님들의 교법은 이제(二諦)에 의거한다. [그것은] 세간에서 행해지는 진리와 승의(勝義)로서의 진리이다.[20]

즉, 업과 과보, 비법과 법 등의 교설은 세간에서 행해지는 진리(= 속제)이고 공성의 교설은 승의의 진리(= 진제)라는 말이다. 속제적 교설에서는 비단 업과 과보의 교설뿐만이 아니라 과거, 현재, 미래라는 삼시의 존재, 자아의 존재, 생사, 방위 등의 존재가 모두 긍정되며, 진제적 교설에서는 삼시도 없고, 자아도 없으며 생사와 방위도 모두 부정된다.[21] 즉, 파상적(破相的) 공의 교설과 일상적 분별에 입각한 교설이 충돌할 때 이제설이 이를 화해시킨다.

이에 비추어 볼 때, 마츠모토가 소위 '낙천적 해석'이라고 표현한 명제들은 '진제적 차원의 발화'일 경우 유의미할 수 있으며, '업과 과보 등과 같은 교설'은 '속제적 차원에서 세간의 언어관습에 부응하여 이루어진 발화'일 경우에 한해 유의미한 것이라고 볼 수 있을 것이다.

중국적 중관학인 삼론학의 거장 길장이 말하듯이 공사상을 올바로 파악하는데 필수적인 두 축은 '공'과 '이제'이다. 만일 도겐이 『중론』의 진제적 공에 대해 무지하여 위와 같은 발언을 했다면 도겐은 천박한 실재론자가 될 뿐이며, 카지야마의 발언이 속제에 대해 무지하여 발화된 것이라면 카지야마는 위험한 악취공자가 될 뿐이다. 그러나 악취공자를 향해서 도겐의 발화는 유

---

19) atra brūmaḥ śūnyatāyāṃ na tvaṃ vetsi prayojanam/ śūnyatāṃ śūnyatārthaṃ ca tata evaṃ vihanyase//汝今實不能 知空空因緣 及知於空義 是故自生惱(*MK.*, 24-7).

20) dve satye samupāśritya buddhānāṃ dharmadeśanā/ lokasaṃvṛtisatyaṃ ca sat yaṃ ca paramārthataḥ//諸佛依二諦 爲衆生說法 一以世俗諦 二第一義諦(*MK.*, 24-8)

21) 金星喆, 「空과 倫理」(『空과 緣起의 현대적 조명』, 고려대장경연구소, 1999), pp. 112-113 참조.

효하며, 실재론자를 향해서 카지야마의 발언은 유효하다. 이렇게, 불교적 발언은 그것이 발화된 맥락 속에서 그 정당성이 판단되어야 할 것이다.

여래장 사상 등에 대한 하카마야나 마츠모토의 비판은 사회 윤리적 관심에서 비롯되었다. 그러나 윤리적 문제에 대한 일부 불교인들의 몰이해나 비판적 시각은 그들이 생각하듯이 여래장이나 공사상 그 자체에 문제가 있기 때문이 아니라 이제설에 대한 무지에 기인한다고 보아야 한다. 사회적 차별을 용인하고 윤리적 규범을 소신 있게 무시하는 일부 불교들인은 이제(二諦) 중 속제를 무시한 악취공자일 뿐이며, 그런 무관심의 원인이 여래장 사상이나 공사상에 있다고 주장하는 비판불교 운동자는 이제 중 진제를 무시하기에 실재론적 불교관을 지향하게 될 뿐이다. 공의 교설 중 이제설(二諦說)의 역할에 대해 숙지하게 되면 불교의 다양한 교리가 제 나름의 위상을 갖고 조화롭게 살아나게 된다.

2. 『중론』의 연기와 공

본 장을 통해 마츠모토는 『중론』 서두의 귀경게에서 말하는 '불생(不生) 등의 팔불에 의해 수식되는 연기'[22]와 제24 관사제품의 소위 삼제게(三諦偈)의 전반부에서 말하는 '공성과 동일시되는 연기'[23] 간의 관계를 추적한

22) "不滅, 不生, 不常, 不斷, 不一, 不異, 不來, 不去이면서 戱論이 寂滅하고 吉祥한 緣起를 설하셨던 불타(正覺者), 저 최고의 설법자에게 나는 예배한다."(마츠모토의 日譯에서 重譯)(anirodham anutpādam anucchedam aśāśvatam anekārtham anā nārtham anāgamam anirgamam// yaḥ pratītyasamutpādaṃ prapañcopaśamam śivam/ deśayāmāsa saṃbuddhastaṃ vande vadatāṃ varam// 不生亦不滅 不常亦不斷 不一亦不異 不來亦不出0-2) 能說是因緣 善滅諸戱論 我稽首禮佛 諸說中第一: *MK.*, 歸敬偈).

23) 어떤 것이건 연기하는 것 그것을 空性이라고 우리들은 말한다.(마츠모토의 日譯에서 重譯) 그것(= 공성)은 의존된 假名이며 그것(= 공성)은 실로 中道이다.(筆者譯)(yaḥ pratītyasamutpādaḥ śūnyatāṃ tāṃ pracakṣmahe/ sā prajñaptirupādāy a pratipatsaiva madhyamā// 衆因緣生法 我說卽是無 亦爲是假名 亦是中道義: *MK.*, 24-18)

다. 그 결과 귀경게의 '불생'이라는 수식어는, 제1 관인연품 제1게[24]와 제14 게[25]를 통해 알 수 있듯이 '결과로서의 제법의 무'를 나타내기 위한 매개적 논거로 도입된 것이며, 또 불생이라는 이 매개적 논거는 제7 관삼상품 제16 게에서 보듯이 '제법은 자성으로서 불생'이라든지 '자성으로서 없는 것'이라는 식으로 '자성으로서'라는 한정어를 붙여서 이해해야 한다고 결론을 내린다. 즉, "연기된 제법은 자성으로서 존재하지 않는다."는 점(= 공성과 동일시되는 연기)을 말하기 위해 귀경게에 불생 등의 수식어가 도입된 것(= 불생 등에 의해 수식되는 연기)이며, 이에 대한 논증이 제1 관인연품 제1게 등을 통해 이루어진다는 것이다.

본 장 서두에서 마츠모토는 먼저 연기에 대한 자신의 견해를 피력한다. 즉, 붓다의 깨달음의 내용은 십이지연기이며[26] 『중론』은 십이지연기를 설하는 책이라고[27] 단언하는 것이다. 마츠모토가 이해한 십이지연기는 다음과 같다.

> 십이지연기설에서는 중요한 포인트가 두 가지 있다. 첫째는 여기서 일인(一因)에서 일과(一果)만의 생기(生起)를 인정하고, 불가역적인 일정한 방향성을 가진 순수하게 시간적인 인과관계가 설시(說示)되어 있는 점이고, 둘째는 연기의 각 지분(支分)을 법이라고 하는데 여기서는 그들 법이 실재는 아니라고 되어 있는 점이다.[28]

---

24) 모든 법은 스스로 생기는 것도, 다른 것에서 생기는 것도, 양자에서 생기는 것도, 원인 없이 생기는 것도, 어떠한 것도 어디에서도 결코 존재하지 않는다.(마츠모토의 日譯에서 重譯)(na svato nāpi parato na dvābhyāṃ nāpyahetutaḥ/ utpannā jātu vidyante bhāvāḥ kvacana ke cana// 諸法不自生 亦不從他生 不共不無因 是故知無生: *MK.*, 1-1).

25) '그러므로 緣으로부터 형성되거나, 非緣으로부터 형성되는 결과는 모두 존재하지 않는다. 결과가 존재하지 않기 때문에 연이라거나 비연이라는 것이 어디에 있겠느냐?'(tasmānna pratyayamayaṃ nāpratyayamayaṃ phalam/ saṃvidyate phalābhāvātpratyayāpratyayāḥ kutaḥ// 果不從緣生 不從非緣生 以果無有故 緣非緣亦無: *MK.*, 1-14).

26) 『緣起と空』, p.340.

27) 『緣起と空』, p.339.

28) 『緣起と空』, p.341.

> 그런데 후대가 되어 동시적·상호적 인과 관계가 설시되고, 여러 가지 인(因)에서 하나의 결과가 생긴다는 점이 인정됨으로써 연기설에 대한 이해가 공간화, 평면화되어 아비달마적인 법유론이 발생하게 되자 나가르주나가 『중론』을 저술함으로써 이를 비판하게 되는데 귀경게에서 연기를 수식하는 불생 등의 팔불(八不)이 바로 법의 비실재성을 드러내기 위해 나가르주나에 의해 도입되었다는 것이다.

이런 마츠모토의 시각에서 문제가 되는 것은 동시적·상호적 인과관계로서의 연기를 비불설(非佛說)로 배격한다는 점이다. 위 인용문에서 말하듯이 십이지연기의 각 지분인 법들이 실재하는 것이 아니라는 점에 대해 이의를 제기하는 사람은 없을 것이다. 그러나 연기가 일정한 방향성을 가진 시간적 인과관계만 의미한다고 보는 경우 『중론』에서 말하는 연기와 그 의미가 어긋나고 만다. 만일 마츠모토의 주장이 맞다면 『중론』은 비불교적인 논서가 되고 만다. 『중론』 제8 관작작자품(觀作作者品)에 등장하는 다음과 같은 게송을 보자.

> 행위자는 행위에 연하며 행위는 그 행위자를 연하여(pratītya) 일어난다(pravartate). 우리들은 다른 성립의 원인을 보지 않는다.(8-12)

관작작자품을 통해 나가르주나는 행위(作)나 행위자(作者)가 실재한다거나 실재하지 않는다고 보는 이율배반적 사고를 비판하는데, 후반부에서 위와 같이 긍정적 의미의 게송을 첨가한다. 여기서 행위와 행위자는 동시적 사태이며, '연하여 일어난다(pratītya parvartate)'는 구절은 '연기하다(pratītya-samut√pad)'와 의미가 같다. 따라서 이 게송을 통해 나가르주나는 행위와 행위자 간의 동시적·상호적 관계로서의 연기를 말하고 있는 것이다. 이렇게, 『중론』에서 말하는 연기 관계에는 법과 법 간의 시간적 인과관계뿐만 아니라 동시적 인과관계까지 포함된다. 그리고 이 경우 인과관계는 단순한 인과관계가 아니라 원인과 결과 간의 중도적 의존성을 의미한다. 이 이외에도 다음과 같은 게송들은 연기적으로 관계하는 두 개념 간의 불생불멸, 불일불이의 중도성을 노래하고 있다.

> 원인과 결과가 동일함은 결코 인지되지 않는다. 원인과 결과가 다름도 결코 인지되지 않는다.29)

> 제법이 아직 발생하지 않았다면 소멸은 성립하지 않는다. 그러므로 차제성(次第性)은 타당하지 않다. 또 소멸했다면 무슨 연이 있겠느냐?30)

> 실로 가는 작용이 그대로 가는 자라고 하는 것은 결코 타당하지 않다. 그와 달리 가는 자가 가는 작용과 전혀 다르다는 것도 타당하지 않다.31)

인과관계의 경우 원인과 결과는 불일불이 중도적 관계에 있고, 차제연(次第緣)의 경우 전찰나의 심법(心法)과 후찰나의 심법은 불멸불생의 중도적 관계에 있으며, 가는 작용과 가는 자는 불일불이의 중도적 관계에 있는 것이다. 따라서 연기란 그 본질이 '시간성'이 아니라 '중도성'에 있다고 보아야 할 것이다. 이상과 같은 '중도성'이 유정류 생존의 시간적 인과관계에 대입되면 아공(我空)의 터득을 목적으로 하는 전통적 십이연기설의 모습을 띠게 되고, 행위와 행위자나 가는 작용과 가는 자와 같이 주로 동시적 인과관계에 대입되면 법공(法空)의 터득을 목적으로 하는 『중론』적 연기설의 모습을 띠게 되는 것이다. 계기적(繼起的)으로 표현된 십이연기설과 구기적(俱起的)으로 표현된 『중론』적 연기설은 그 본질이 다른 것이 아니다. 붓다에 의해 설시되

---

29) hetoḥ phalasya caikatvaṃ na hi jātūpapadyate// hetoḥ phalasya cānyatvaṃ na hi jātūpapadyate// 因果是一者 是事從不然 因果若異者 是事亦不然(*MK.*, 20-19).

30) anutpanneṣu dharmeṣu nirodho nopapadyate/ nānantaramato yuktaṃ nirud dhe pratyayaś kaḥ// 果若未生時 則不應有滅 滅法何能緣 故無次第緣(*MK.*, 1-9).

31) yadeva gamanaṃ gantā sa eveti na yujyate/ anya eva punargantā gateriti na yujyate// 去法卽去者 是事則不然 去法異去者 是事亦不然(*MK.*, 2-18).

었던 일방향의 불가역적인 십이지연기설이 나가르주나에 의해 동시적인 상의상대적인 연기설로 바뀐 것이 아니라, '연기관을 적용하는 주 대상'이 계기적 사태인 '아(我)'에서 구기적 사태인 '법(法)'으로 대체된 것일 뿐이다.

따라서, 『중론』적 견지에서 본다면, 연기를 '법과 법의 불가역적인 시간적 인과관계'로 규정한 마츠모토는 '연기관의 적용 대상'을 '연기의 본질적 의미'로 혼동한 것이라고 볼 수 있다. 또, 설혹 연기가 계기적 사태에 적용된다고 하더라도 단순히 '법과 법의 불가역적인 시간적 인과관계'가 연기일 수는 없다. 인과 관계의 경우 원인이 완전히 소멸하는 것도 아니고(不滅) 결과가 새롭게 발생하는 것도 아니며(不生), 원인이 결과로 이어지는 것도 아니고(不常) 원인과 결과가 단절되어 있는 것도 아니며(不斷), 원인과 결과가 같은 것도 아니고(不一) 다른 것도 아니며(不異), 결과가 원인이 아닌 다른 곳에서 오는 것도 아니고(不來) 원인이 결과로 이행하는 것도 아닌(不去) 중도적 관계가 바로 연기적 인과 관계인 것이다.[32]

따라서 십이지연기설의 경우도 법과 법이 시간의 흐름에 따라 불가역적으로 관계한다는 측면이 아니라, 그런 법과 법이 중도적으로 관계한다는 점에 그 본질적 의미가 있다고 보아야 할 것이다.

3. 『중론』에서의 자성(自性)과 실의(實義)

마츠모토는 『중론』에서 비판되는 자성의 의미를 두 가지로 구분한다. 하나는, 무자성(無自性)이라는 표현에 함의된 자성이고 후자는 비자성(非自性)이라는 표현에 함의된 자성인데, 전자는 제법(諸法)에 속하는 것으로 간주되는 일반적인 의미의 자성이고 후자는 제법과 같은 레벨인 '자립적 존재', 또는 '실재'의 의미로 사용되는 자성으로 나가르주나가 '자신의 부정적 논증을 유효하게 이끌기 위해 덧붙인 새로운 의미의 자성'이라고 해석한다. 그 결과

32) 金星喆, 八不中道思想의 始原으로서의 稻竿經과 緣起의 中道的 意味(佛教研究 8, 1992) 참조.

자성과 연기 간의 모순이 뚜렷이 인식되어 “자성이 없다면 법은 없다.”는 논리를 개입시키지 않고 “연기하는 것은 자성이 아니다.”라는 서술에 의해 제법의 무(無)를 직접 나타낼 수 있게 되었다고 마츠모토는 말한다. 그리고 『중론』에 등장하는 ‘땃뜨와(tattva, 實義)’를 ‘말을 떠난 공의 세계’를 의미한다고 보는 일반적이고 전통적인 해석을 비판하면서 ‘tattva’는 ‘자성(svabhāva)’과 동일한 의미로 비연기적 존재, 자립적 존재 또는 실재를 의미한다고 논증한다. 즉, ‘자성’이나 ‘tattva’ 모두 법과 동일한 차원인 ‘자립적 존재’를 의미한다는 것이다.

(1) 나가르주나는 자성의 의미를 변질시켰나?

dhātu-vāda적 세계관이라는 가상의 적을 설정한 후, 소위 ‘기체와 초기체’로 양분되는 이원적 구조의 사상에 대해 allergy적 반응을 보이며 비판해온 마츠모토는 먼저 그런 비판의 틀을 『중론』에 등장하는 ‘자성’의 용례에 대해 적용한다. 그 결과 “제법의 자성은 연 따위에 존재하지 않는다.”는 구절에서 말하는 자성은 ‘본질적 성질’, 또는 ‘본질’을 의미하는데 여기서는 ‘제법’과 ‘그것에 소속된 자성’에서 레벨의 차이가 보이지만 이것이 자성의 원래적 의미였으며, “자성이 연과 인에서 생기는 것은 불가능하다.”는 구절에서 말하는 자성은 자립적 존재, 또는 실재를 의미하는데 이는 ‘자립적 존재로서의 자성’과 ‘연기’의 대립을 부각시키기 위해 나가르주나에 의해 의도적으로 의미전용된 것이라고 주장하는 것이다.

그러나 이는 『중론』의 취지를 간과한 주장이다. 『중론』에서는 어떤 특정한 세계관을 제시하지 않는다. 다만 상대방이 제시하는 세계관이 봉착하게 되는 논리적 오류를 드러낼 뿐이다. 파사후현정(破邪後顯正)이 아니라 파사즉현정(破邪卽顯正)이다. 자성에 대한 이해의 경우도 대론하는 상대가 자성을 어떤 법과 동일시하면 자성의 실재성을 비판하고, 자성이 어떤 법에 내재하는 것으로 간주하면 자성의 내재성을 비판할 뿐이다. 따라서 『중론』에서 비판되는 '자성'의 레벨이 제법과 같다거나 다르다는 것이 『중론』의 성격을 규정하는 지표가 될 수는 없을 것이다.

또, svabhāva의 사전적 의미에는 '스스로의 상태(own state)'와 '내재적 성질(inherent property)'이 모두 있다. '스스로의 상태'는 마츠모토가 말하는 '자립적 존재'로서의 자성에 대응되고, '내재적 성질'은 '본질적 성질'로서의 자성에 대응된다. 따라서 자성이란 단어는 본래 두 가지 맥락에서 쓰일 수 있는 것이다. 이렇게 양면성을 갖는 '자성'에 대한 우리말 번역어로 '실체'를 들 수 있다. 우리는 어법의 혼란 없이 "X는 실체를 갖지 않는다."라는 말을 할 수도 있고 "X는 실체가 아니다."라는 말을 할 수도 있다. 그렇다고 해서 두 문장의 의미가 달라지지 않는다.

마츠모토는 『중론』에서 '자성'이 '자립적 존재'의 의미로 쓰이는 이유에 대해 나가르주나가 '자기의 부정적 논증을 유효하게 이끌기 위해 새로운 의미를 덧붙인 것'[33]이라고 해석한다. 그렇다면 『중론』에서 비판되는 '자립적 존재'로서의 자성은 나가르주나가 조작해낸 가상의 적이란 말인가? 나가르주나는 Shadow boxing을 하고 있었단 말인가?

(2) tattva와 자성(svabhāva)은 그 의미가 같은가?

마츠모토는 제17 관업품 제26게를 인용하면서 이 게송에 등장하는 tattva에 대한 짠드라끼르띠의 설명에 비추어 볼 때 tattva(實義)와 자성은 그 의미가 같다고 주장하며 그 근거로 제18 관법품 제9게와 제10게를 든다. 제17 관업품 제26게를 마츠모토의 일역(日譯)에 의거하여 중역(重譯)하면 다음과 같다.

> a) 다른 것을 緣으로 하지 않고(aparapratyaya), 적정하며(śānta), 희론(prapañca)에의해 희론되지 않고, 무분별(nirvikalpa)이며, 別異의 대상(anānārtha)

33) 『緣起と空』, p.348.

이 아닌 것이 실의(實義, tattva)의 정의(定義, lakṣaṇa)이다.[34]

짠드라끼르띠가 설명하듯이 이 게송이 '실의(實義, tattva)에 대한 성자들의 정의(定義, lakṣaṇa)'라거나, 카지야마가 말하듯이 여기에 등장하는 실의(tattva)가 '말을 떠난 공의 세계'라고 보는 것은 이 게송에서 무엇인가 수승한 것이 설시되었다고 보는 데서 생긴 오해라고 마츠모토는 주장한다. 그리고 문헌학적 지식을 총동원하여 tattva의 '진정한' 의미를 추적한다. 그 결과 마츠모토는 tattva에는 '실의' 또는 '진실'이라고 하는 일반적 의미도 있지만, 원 뜻이 '그것인 것(tat-tva)'이라는 점, 또 이를 정의하는 aparapratyaya의 의미가 문자 그대로 이해하면 '다른 것을 연으로 하지 않는 것'이라는 점 등으로 미루어 볼 때, tattva를 '자성(svabhāva)'과 마찬가지로 비연기적 존재, 자립적 존재, 또는 실재를 의미하는 것으로 보아야 한다고 말한다. 여기서도 우리는 마츠모토의 dhātu-vāda allergy를 읽을 수 있다. 『중론』이 소위 '비불교적인 논서'가 되지 않기 위해서는 tattva가 '연기하는 제법(dharma= super-locus) 이면의 수승한 어떤 것(dhātu= locus)'이어서는 안되고 제법과 같은 레벨의 것이어야 한다고 마츠모토는 생각하는 것이다. 그러나 이를 입증하기 위해 그가 제시하는 논거는 일관성이 결여되어 있다.

위에 인용한 관업품 제26게에서 말하는 tattva의 '진정한' 의미를 추적하면서 마츠모토는 이어지는 다음과 같은 게송을 인용한다. 이를 중역(重譯)하면 다음과 같다.

b) 왜냐하면(hi), 어떤 것(A)에 연하여(pratītya) 어떤 것(B)이 생할(bhavati) 때, 먼저 그것(B)이 바로 그것(tad eva)(A)은 아니다.(MK., 18-10, 전반)

---

34) aparapratyayaṃ śāntaṃ prapañcairaprapañcitam/ nirvikalpamanānārthameta ttattvasya lakṣaṇam// 自知不隨他 寂滅無戲論 無異無分別 是則名實相(*MK.*, 18-9)..

마츠모토는 b)를 '원인에 연하여 생한 결과에 대해 「그것인 것(tat-tva)」을 부정'하는 게송이라고 말한다. 즉, 'tad eva tat'라는 구절이 '원래적 의미'의 tattva(그것인 것)를 지시하는 것으로 간주하고 있다. 그래서 이 게송은 바로 앞 게송[a)]에서 tattva를 정의했던 'aparapratyaya(다른 것을 연으로 하지 않음)'에 대해 설명하는 것이라고 주장하는 것이다. 즉, 게송 a)는 연기적으로 생하지 않는 것이 자성이라는 점을 말하고 있고 게송 b)는 그에 대한 역의 형태로 연기적으로 생한 것은 자성이 아니라는 점을 부연설명하고 있다고 마츠모토는 말한다. 그리고 게송 a)에 쓰여 있는 tattva의 정의들 중 '별이(別異)의 대상(anānārtha)이 아닌 것'이라는 정의는 비이성(非異性), 비타성(非他性)을 나타내며, 무분별(nirvikalpa)이라는 정의는 '동일한 실재'를 의미하기에[35] '자성'으로서의 tattva의 의미와 맥이 통한다고 본다. 게송 a)에서 tattva를 정의한 다섯 가지 문구 중 이상과 같은 세 가지를 자성으로서의 tattva에 대한 수식어라고 억지로 해석해 낸 마츠모토는 '적정하며(śānta), 희론되지 않는다(aprapañcita)'는 두 가지 정의에 대해서는 더 이상 자신의 주장에 부합되도록 해석해내지 못하고 논의를 포기하고 만다. 그리곤 다음과 같이 말한다.

> **확실히 tattva의 무희론의 정의는 실재가 말을 떠나 있는 것을 나타내고 있는지도 알 수 없다. 그러나 무엇 때문에 그 말을 떠난 실재, 말의 소멸을 향하여 우리들이 살아가면 안되는지 나에게는 전혀 이해되지 않는 것이다.**[36]

그런데 tattva가, 마츠모토가 말하듯이 자성(svabhāva)을 의미하는 것이 아니라, 연기(pratītyasamutpāda)를 의미한다고 보게 되면 a)에서 tattva를 정의하는 모든 문구들의 의미는 일관성을 회복하게 된다. 그리고 이는 귀경게에서 말하는 연기에 대한 정의와 일치한다. 귀경게를 보자.

---

35) 『縁起と空』, pp.369-370, 註 46.
36) 『縁起と空』, p.354.

불멸, 불생, 불상, 부단, 불일, 불이, 불래, 불거이면서 희론이 적멸하고(prapañcopaśamam) 길상한(śivam) 연기를 설하셨던 부처(정각자), 저 최고의 설법자에게 나는 예배한다.

이와 같이 귀경게에서는 연기를 불생불멸 등의 '팔불'과 '희론적멸'과 '길상'에 의해 정의(lakṣaṇa: 相)[37]하고 있는데 a)게송 역시 tattva에 대해 희론되지 않고 적멸하다는 정의(lakṣaṇa)를 내리고 있다. tattva가 이렇게 연기를 지시한다고 보는 경우 18-10 게송[b)]의 의미도 명확하게 드러난다. 이를 필자의 번역으로 다시 인용해 본다.

c) 어떤 것이 어떤 것을 緣하여 생하는 한, 그것이 그대로 그것인 것은 아니며 다른 것도 아니다. 그러므로 [그 양자는] 끊어진 것도 아니고 이어진 것도 아니다.[38]

마츠모토는 tattva가 자성을 의미한다는 자신의 논지를 입증하기 위해 위 게송의 전반부만 인용한 후 '그대로 그것인 그것(tad eva tat)'은 tatttva의 원래적 의미인 '그것인 것(tattva)'과 같은 의미라고 주장하는데 위 게송에서 'na hi tāvat tad eva tat'는 후반 게송의 'na ca anyad api'와 대구를 이루고 있다. 전반 게송의 뒷 부분과 후반 게송의 앞 부분이 이어져야 "그것이 그대로 그것인 것은 아니며 또 다른 것도 아니다."라는 하나의 문장으로 완결될 수 있는 것이다. 그래서 전체 문장의 의미가, 연기적으로 발생한 두 법의 동일성과 별이성을 비판하는 것으로 된다. 즉, 연기의 불일불이 중도적 성격을 선언한 문장이다. 위 게송에서는 이어서 불일불이성에 대한 시간적 조망인

---

37) 『中論』, 靑目疏에서는 八不 등의 수식어를 다음과 같이 '因緣의 相= 緣起의 相(lakṣaṇa: 定義)'이라고 말한다: … 以大乘法 說因緣相 所爲 一切法 不生不滅 不一不異 等 …(大正藏30, p.1b).

38) pratītya yadyadbhavati na hi tāvattadeva tat/ na cānyadapi tasmānnocchinnam nāpi śāśvatam// 若法從緣生 不卽不異因 是故名實相 不斷亦不常(*MK.*, 18-10).

불상부단이 추가된다. 단적으로 말해 위 게송은 "연기된 법과 법은 불일불이이고 불상부단이다."라는 선언인 것이다. 이어지는 게송 역시 위 게송을 다음과 같이 요약한다.

> 동일한 의미도 아니고 다른 의미도 아니며(不一不異) 단절도 아니고 상주도 아니다(不斷不常). 이것은 세간의 구호자이신 부처님(깨달은 분)들의 감로의 가르침이다.[39]

따라서, 게송 a)에서 "적정하며 희론에 의해 희론되지 않는다."고 정의된 tattva는, 연기를 지칭한다고 보아야 할 것이다. 뿐만 아니라 '다른 것을 연(緣)으로 하지 않음(aparapratyaya)', '무분별(nirvikalpa)', '별이(別異)의 의미(anānārtha)가 아님'이라는 정의 모두 '자성을 의미하는 tattva'가 아니라 '연기로서의 tattva'에 대한 기술이라고 보아야 한다. 여기서 연기가 마츠모토가 말하듯이 단순한 법과 법의 시간적 인과관계가 아니라 법과 법의 중도적 관계를 의미하다는 사실이 다시 확인된다.

그러데 게송 a), c)를 통해 우리는 '연기된 법'과 '연기'가 구분되어야 한다는 점을 알게 된다. 게송 c)에서 "어떤 것을 연하여 어떤 것이 생한다."고 할 때, '어떤 것'은 '연기된 법'을 의미하지만, 게송 a)에서 말하는 실의(實義, tattva)란 '연기'를 의미하며 이는 '연하여 생하는 두 법 간의 관계'를 주관하는 이법(理法)을 의미한다. 마츠모토는 귀경게에서 말하는 연기(pratītyasam utpāda)를 연기된 법(pratītyasamutpanna dharmaḥ: 緣已生法)과 동일시하지만[40] 지금까지 고찰해 보았듯이 '연기'란 '연기된 법' 이전에 그런 법들의

---

39) anekārthamanānārthamanucchedamaśāśvatam/ etattallokanāthānāṃ buddhānāṃ śāśanāmṛtam// 不一亦不異 不常亦不斷 是名諸世尊 教化甘露味(*MK.*, 18-11).

40) "먼저 나가르주나는, 귀경게에서 이미 보았듯이, 佛陀는 不滅, 不生 등의 八不이라고 불리는 부정적 한정어를 가진 연기를 설했다고 기술하고 있다. 여기서 그가 연기에 대해 不生 등의 한정어를 붙인 것은 그가 이미 보았듯이 연기를 공성이라고 부르던 것에 대응하고 있다고 생각된다. 결국 나가르주나는 연기한 것인 법을 공인

관계를 주관하는 이법, 법성(法性, dharmatā)41)으로서의 연기라고 보아야 한다. 그리고 『성유경(城喩經)』에서 말하듯이 이것은 세존에 의해 만들어진 것이 아니라 발견된 진리인 것이다.

4. 『중론』 제26장 「관십이인연품」의 의의

마츠모토는 총 27장으로 이루어진 『중론』 중 앞의 25장은 法의 無를 논증하기 위해 작성된 것이며, 그에 근거하여 제26장을 통해 진정한 연기설 즉, 십이지연기에 대한 순관(順觀)과 역관(逆觀)이 제시되는 것이라고 주장한다. 그리고 중국 삼론학의 거장 길장(549-623 C.E.)이 앞의 제25장까지는 '대승의 관행(觀行)을 보이는 것'이고 제26장과 27장을 '소승의 관행(觀行)을 보이는 것'이라고 주석한 것에 대해 '『중론』을 잘못 이해한 가장 전형적인 예'라고 극언42)한 후, 티벳 중관학의 시조 쫑카빠(Tsoṅ kha pa: 1357-1419 C.E.)의 견해를 비판하는 데 본 장의 내용 대부분을 할애한다.

것이며 또 생하지 않는 것이라고 보고 있었던 것이다."(『縁起と空』, pp.342-343).

41) "마음이 작용하는 영역이 사라지면 언어의 대상이 사라진다. 실로 발생하지도 않고 사라지지도 않는 法性(dharmatā)은 열반과 마찬가지다."(nivṛttamabhidhātavyaṃ nivṛtte cittagocare/ anutpannāniruddhā hi nirvāṇamiva dharmatā// 諸法實相者 心行言語斷 無生亦無滅 寂滅如涅槃: *MK.*, 18-7).

42) 吉藏에 대한 마츠모토의 비판은 『禪思想の批判的硏究』에 실린 「三論教學の批判的考察」로 이어지는데, 이 논문에서 dhātu-vāda allergy로 인한 마츠모토의 誤讀은 극심하다. 예를 들면 다음과 같은 문장을 dhātu-vāda로 규정한다: 二諦是教, 以理無二故 非有非無. 마츠모토는 여기서 有와 無 및 教는 초기체(super-locus)에 해당하고 無二이며 非有非無인 理는 기체(locus)에 해당하기에 소위 離二邊中道적 dhātu-vāda라고 주장하는 것이다. 즉, 마츠모토는 이 문장을 "二諦는 教이며 理은 無二이기에 비유비무이다."라고 읽는다. 즉, 이 문장을 존재론적인 표현으로 이해하는 것이다.(『禪思想の批判的硏究』, p.560) 그러나 이는 約理二諦說을 비판하며 約教二諦說을 천명하는 구절로 다음과 같이 풀이된다: 二諦는 教이며, 理는 無二이기에 有도 아니고 無도 아니다. 여기서 길장은 비유비무를 긍정하는 것이 아니라 유와 무를 비판할 뿐(破邪卽顯正)인데 마츠모토는 dhātu-vāda라는 자신의 비판 틀에 꿰어 맞추기 위해 비유비무를 유와 무 저변에 깔린 기체(破邪後顯正)로 왜곡하는 것이다.

먼저 지적할 것은 제26장과 제27장을 소승의 관행으로 보는 것은 길장의 견해가 아니라는 점이다. 이러한 구분은 길장이 아니라 한역 『중론』의 주석자 청목(靑目)에 의해 연출된 것이다. 청목소에서는 제26장을 '성문법에서 제일의제에 들어가는 도'라고 평하며[43] 제27장은 '성문법에서 사견을 파하는 것'이라고 평하고 있다.[44] 길장은 청목소의 내용을 충직하게 계승한 것일 뿐이다. 어쨌든 마츠모토의 이런 착오는 중관사상 이해의 본질과 관계된 것은 아니기에 다음 논의를 계속하기로 하겠다.

쫑카빠가 『정리해(正理海, Rigs paḥi rgya mtsho)』라는 주석서에서 설명하는 제26장의 의의를 마츠모토의 일역에 의거하여 중역하면 다음과 같다.

> 이런 [십이]지분은 완전히 무자성(raṅ bshin med pa)이라고 설명한 후, 여기(제26장)서는 그와 같이 [무자성이라고] 확정된 실의(實義, de kho na ñid, tattva)를 수습하면 무명이 지멸(止滅)하고 그 때문에 다른 유지(有支)가 완전히 지멸하여 해탈을 얻는 것과, 그와 같은 [무자성의] 견해(lta ba)를 얻지 않으면, 무명은 지멸하지 않기에 그 때문에 나중의 지분이 생기하기에 윤회의 바퀴가 굴러간다는 것을 설명하는 것이다.[45]

여기서 쫑카빠는 연기하는 십이지의 모두(冒頭)에 위치하여 다른 나머지 지분들의 발생을 야기하는 '무명'이 '무자성이라는 tattva(實義)'를 수습(修習)함으로써 소멸한다고 말하는데, 마츠모토는 이에 대해 문제를 제기한다. 즉, 무명이란 '연기 그 자체'에 대한 무지이지, 쫑카빠가 생각하듯이 '연기의 실의(實義= 무자성인 점)'에 대한 무지가 아니라는 것이다. 쫑카빠의 생각과 같다면 "연기설은 붕괴되어 일체의 문제는 무자성과 공을 깨닫는가 아닌가라는 오직 한 가지 문제로 귀착하게 된다."는 것이다.[46]

---

43) 問曰 汝以摩訶衍說第一義道 我今欲聞 說聲聞法入第一義道(『中論』, 靑目疏, 大正藏30, p.36b).

44) 問曰 已聞大乘法破邪見 今欲聞聲聞法破邪見(『中論』, 靑目疏, 大正藏30, p.36c).

45) 『緣起と空』, p.357.

그리고 마츠모토는 다음과 같은 두 수의 게송을 검토하며 『중론』에서 말하는 무명의 의미를 추적해 나간다.

> 제10게: 그러므로 무지한 자는 윤회의 뿌리(saṃsāramūla)인 제행을 짓는다. 그러므로 무지한 자는 행위자이다. 지자(知者)는 실의(實義, tattva, de ñid)를 보기 때문에 [행위자가] 아니다.47)

> 제11게: 무명이 멸하면 제행은 생하지 않는다. 그러므로 무명의 소멸은 바로 이것의 지(知)를(jñānena asya eva)48) 수습하는 데 있다.49)

여기서 문제가 되는 것은 제11게에서 말하는 '바로 이것(asya eva)'이 무엇을 의미하는가이다. 마츠모토는, 짠드라끼르띠의 경우 연기설의 원칙을 정확히 지켜서 '바로 이것'이 연기를 가리키는 것으로 보았지만, 쫑카빠는 '바로 이것'이 제10게에 등장하는 '실의(tattva)'를 지시하고 '연기의 실의'인 '무자성성'을 의미하는 것으로 보았다 말하며 양자의 견해를 구별한다. '바로 이것(asya eva)'에 대한 짠드라끼르띠의 해설 중 마츠모토가 발췌하여 인용하는 부분은 다음과 같다.

> 바로 이것(asya eva)을, 요컨대 연기를, 있는 그대로 잘못 없이 수습함으로 인

---

46) 『緣起と空』, p.358.

47) saṃsāramūlān saṃskārānavidvān saṃskarotyataḥ/ avidvān kārakastasmānna vidvāṃstattvadarśanāt// 是謂爲生死 諸行之根本 無明者所造 智者所不爲(*MK*., 26-10).

48) 마츠모토는 두 가지 티벳역에 근거하여 이 구절에 대해 다음과 같은 세 가지 譯案을 제시한다(『緣起と空』, p.358). (1) śes pas de ñid bsgoms pas so: ⓐ '知에 의해 바로 이것을 수습하는 것으로 인해'. (2) śes pa de ñid bsgoms pas so: ⓑ '바로 이런 지를 수습하는 것으로 인해', ⓒ '바로 이것의 지를 수습하는 것으로 인해'. 『緣起と空』, p.356의 번역문에서는 ⓒ를 선택한다(산스끄리뜨문을 직역하면 ⓐ가 타당하다).

49) avidyāyāṃ niruddhāyāṃ saṃskārāṇāmasaṃbhavaḥ/ avidyāyā nirodhastu jñānenāsyaiva bhāvanāt//漢譯文 缺(*MK*., 26-11).

해 무명이 제거된다.[50)]

그러나 짠드라끼르띠는 이어지는 문장에서 다음과 같이 설명하고 있다.

왜냐하면, 연기를 올바로 보는 자는 미세한 사물에서도 자체적 성질(svarūpa)을 인지하지 않아서, 그림자, 꿈, 불바퀴, 도장 등과 같이 모든 존재물의 자성(svabhāva)의 공성에 진입하기(avatarati) 때문이다. 모든 사물의 자성의 공성에 진입한 그는 밖에서건 안에서건 그 어떤 실재물도 인지하지 않는다. 인지함이 없는 그는 그 어떤 법에 대해서도 미혹되지 않는다. 그리고 미혹이 없는 그는 업을 짓지 않는다.[51)]

짠드라끼르띠는 여기서, 연기를 수습함으로써 십이지연기의 제1지분인 무명이 타파되어 제2지분인 제행을 짓지 않게 되는 과정을 설명하고 있는데, "모든 존재물의 자성의 공성에 진입한다."는 것은 쫑카빠가 말하듯이 '무자성의 견해를 얻는 것'을 의미한다. 따라서 연기의 진실을 '무자성성'이라고 보는 관점은 쫑카빠만의 독특한 관점이 아니라 짠드라끼르띠의 견해가 그대로 계승된 것이라고 보아야 할 것이다. 그리고 이 경우 연기를 수습하는 것은 '①미세한 사물에서도 자체적 성질(svarūpa)을 인지하지 않는 것, ②그림자, 꿈, 불바퀴, 도장 등과 같이 모든 존재물의 자성(svabhāva)의 공성에 진입하는 것, ③밖에서건 안에서건 그 어떤 실재물도 인지하지 않는 것, ④그 어떤 법에 대해서도 미혹되지 않는 것' 등을 의미하기에 '연기'에 대한 무지는 궁

---

50) asyaiva pratītyasamutpādasya yathāvadaviparītabhāvanāto 'vidyā prahīyate/ nivṛttamabhidhātavyaṃ nivṛtte cittagocare/ anutpannāniruddhā hi nirvāṇamiva dharmatā///(*Prasannapadā*, Bibliotheca Buddica4, p.559).

51) yo hi pratītyasamutpādaṃ samyak paśyatīti sa sukṣmasyāpi bhāvasya na sva rūpamupalabhate/ pratibimbasvapnālātacakramudrādivattu svabhāvaśūnyatāṃ sarveṣāṃ bhāvānāmavatarati/ sa eva svabhāvaśūnyatāṃ sarveṣāṃ [bhāvānā]ma vatīrṇo na kiṃ cidvastūpalabhate bahyamādhyātmikaṃ vā/ so 'nupalabhamāno na kva ciddharme muhyati/ amūḍhaś ca karma na karotīti/(*Prasannapadā*, p.55 9).

극적으로는 쫑카빠가 말하듯이 소위 '연기의 실의인 무자성'에 대한 무지이기도 하다.

여기서 한 가지 첨언할 것이 있다. 본 장 서두에서 마츠모토는 '연기 그 자체에 대한 무지'가 무명이라고 단정한 바 있는데 제10게에서는 'tattva에 대한 무지'가 무명이라고 말한다. 그렇다면 'tattva'는 '연기(pratītyasamutpāda)'를 의미해야 한다. 분명히 제3장에서 마츠모토는 자신의 문헌학적 지식을 총동원하여 'tattva'가 '자성(自性, svabhāva)'을 의미한다는 점을 입증하려고 한 바 있었다. 그렇다면 마츠모토는 본 장에서 쓰이는 tattva와 제3장에서 입증하려던 tattva의 의미가 상충하는 이유에 대해 해명을 했어야 한다. 그러나 이에 대한 언급이 전혀 없다. 물론 제3장에서 논의의 대상으로 삼은 게송과 본 장에서 논의의 대상으로 삼은 게송이 같은 것은 아니기에, 맥락에 따라 tattva는 '자성'의 뜻으로 쓰이기도 하고 '연기'의 지시어로 쓰이기도 한다고 변명할 수 있을 것이다. 그러나 마츠모토 자신도 말하고 있듯이[52] '연기'와 '자성'은 대립된 개념이다. 대립된 개념에 대한 지시어가 동일할 수는 없다. tattva를 연기의 지시어로 보는 제4절의 이해가 옳다면, 제3장에서 『중론』을 소위 'dhātu-vāda적 곡해의 위험'에서 구출하기 위해 마츠모토가 제시하였던 논지들은 본 논문에 실리기 이전에 그 스스로 폐기하였어야 옳을 것이다.

Ⅲ. 맺는 말

일본 조동종단의 실추된 권위를 회복하려는 목적에서 시작되었던 비판불교 운동은 불교 내에서의 악의 근원을 '본각사상적(本覺思想的) 세계관', 또

52) '… 자성과 연기와의 개념 간의 모순 대립을 누구의 눈에도 명확하게 보이게 한 다음 …'(『緣起と空』, p.348).

는 마츠모토적으로 표현하여 'dhātu-vāda적 세계관'에서 찾게 된다. 그리곤 불가역적인 시간적 인과관계로서의 연기설만을 불교의 본질로 간주한 후 소위 발무인과적(撥無因果的), 무차별적, 무분별적 교설에 대해 비판의 가위질을 벌인다. 소위 보리수에 대해 가지치기를 시작한 것이다. 그러다가 이들은 결국 정원사로서의 자신들의 안목을 입증하기 위해 보리수의 밑동까지 손을 대려 한다.

세인의 주목을 끄는 혁명적 해석은 거꾸로 단순한 착각에 기인한 것이기 쉽다. 기독교적 종교관에 대한 동경, 이제설에 대한 간과, dhātu-vāda라는 비판 틀의 도식적 적용, 연기의 적용 대상을 연기의 본질로 혼동한 점, 언어의 역할에 대한 몰이해, 지독한 실재론적 세계관, 자신의 종조 도겐(道元)에 대한 무조건적인 옹호 등이 마츠모토의 논문을 정독하는 도중에 필자에게 떠오른 단편적 생각들이다.

마츠모토와 하카마야. 어째서 이들이 이런 무모한 일을 벌이게 된 것일까? 이들은 부라쿠민(部落民) 문제로 인해 궁지에 몰린 조동종단이 자종(自宗)의 생존을 위해 전위병으로 내세운 지적인 테러리스트(terrorist)에 불과한 것일까? 자신들의 종조 도겐(道元)과 일본 불교의 소의경전인 『법화경』에 대해서는 결코 비판의 화살을 퍼붓지 못하는 이들은 객관을 가장한 권력의 시종들인가? 본각사상과 여래장사상에 대해서는 신랄하게 비판하지만, 지극히 여래장적인 장자궁자의 비유[53]에는 감동하는 이들이 견지하는 비판의 기준은 도대체 무엇이란 말인가? 불교학자인 이들의 언어관과 세계관이 어째서 그렇게도 실재론적일 수 있을까?

애초에는 단순한 사회윤리적 문제에 대한 관심에 의해 촉발되었던 비판불교 운동이 - 점입가경 - 급기야 불교의 거의 모든 교설을 부정하게 되는 망발로 치닫게 된 근본 이유는 무엇일까?

단적으로 말해 이제설(二諦說)을 간과했기 때문이다. 진제의 차원에서는

53) 是時窮子 聞父此言 卽大歡喜 得未曾有 而作是念 我本無心有所求 今此寶藏 自然而至 … 汝等 當有 如來知見寶藏之分(『法華經』, 「信解品」),

이들이 비판하는 여래장, 본각, 발무론(撥無論), 무차별, 무분별 등의 교리가 모두 긍정되며, 속제의 차원에서는 인과, 업, 선악, 윤리, 죄와 복 등의 교리가 모두 긍정된다. 이러한 이제설을 간과하였기에 이들은 사회윤리적 문제에 대한 무관심이 불교 교리 중 무차별적인 사상에 기인하는 것으로 오해하였다. 그 결과, 속제적 문제의 원인을 진제의 탓으로 돌린 후, 진제적 기미가 보이는 대부분의 교리를 비불교적인 것으로 몰아부치는 비판불교적 궤변을 시작했다. 논리적으로 볼 때 이들은 '범주의 오류(category mistake)'를 범한 것이다.

물론 불교인들 중에는 진제적으로 표현된 무차별적 교리에 입각하여 윤리적 규범을 소신 있게 무시하거나 사회적 차별에 대해 소신 있게 방관하는 사람들이 있을지도 모른다.[54] 그러나 이들의 잘못된 행동 역시 진제적 교설을 속제적 행위의 지침으로 착각한 '범주의 오류'에 기인한다.

이러한 진속이제설(眞俗二諦說)을 간과한 마츠모토는 불교 내의 악의 근원이 공간적, 장소적 교리에 있다고 오해하고 그 공통분모로 dhātu-vāda적 구조를 추출해 내어 정(正)과 사(邪)를 판가름하는 비판의 기준으로 삼는다. 그래서 dhātu-vāda라는 색안경을 끼고 불교 사상 전 분야를 탐색하던 마츠모토의 눈에는 결국 대부분의 불교 사상이 dhātu-vāda로 비치게 된다. 이는 당연한 귀결이다. 왜냐하면 dhātu-vāda는 정법과 사법을 판가름하는 도구가 아니라, 우리 사고의 작동 양식 중 하나이기 때문이다. 결국 마츠모토는 자기 자신이 만들어낸 dhātu-vāda라는 환영과 싸우고 있었던 것이다. 마츠모토는 Shadow boxing을 하고 있었다.

- 『비판불교의 파라독스』(공저), 고려대장경연구소, 1999년

54) 사회윤리적 문제의 원인에 대한 불교적 진단과 그 해결 방안에 대해서는 다음과 같은 필자의 논문을 참조하시오: 「空과 倫理」(『空과 緣起의 現代的 照明』, 高麗大藏經硏究所, 1999, pp.109-136)

『중론』 주석가들의 연기관

- 귀경게 주석에 등장하는 연기의 어의분석에 대한 연구 -

Ⅰ. 문제의 제기

용수(Nāgārjuna:150-250 C.E.경)의 『중론』[1](Madhyamaka Kārikā)은 다음과 같은 귀경게로 시작된다.

> **소멸하지 않고 발생하지 않으며, 끊어지지 않고 이어지지 않으며, 동일한 것이 아니고 다른 것이 아니며, 오는 것이 아니고 가는 것이 아니며, 희론이 적멸하며 상서로운 연기를 설해주신 정각자에게, 설법자들 중 으뜸이신 그분에게 예배드립니다.[2]**

여기서 연기(pratītyasamutpāda)란 단어는 "소멸하지도 않고 발생하지도 않으며, 끊어지지도 않고 이어지지도 않으며, 동일한 것도 아니고 다른 것도 아니며, 오는 것도 아니고 가는 것도 아니다."라는 팔불게와, "희론이 적멸하며 상서롭다."는 말을 포함하여 총 열 가지 표현에 의해 수식되고 있다. 이 중 '상서롭다'는 표현은 종교적 경건성을 나타내기 위한 수사라고 간주되며, '네 쌍의 대립적 명제로 이루어진 팔불'과 '희론적멸'은 연기를 논변하는 근

---

1) 본고에서 말하는 『中論』은 『中頌』(Madhyamaka Kārikā)을 의미한다.
2) anirodham anutpādam anucchedam aśāśvatam/ anekārtham anānārtham anāgamam anirgamam// yaḥ pratītyasamutpādaṃ prapañcopaśamam śivam/ deśayāmāsa saṃbuddhas taṃ vande vadatāṃ varam//(*MK.*, 귀경게).

거, 또는 그 귀결이라고 볼 수 있다.

『중론』에서 말하는 연기의 의미에 대해 파악하고자 하는 경우, 귀경게에서 연기를 수식하고 있는 '팔불'과 '희론의 적멸', 그리고 '상서로움'과 같은 열 가지 표현들이 『중론』 내에서 어떻게 원용되고 있는지 검토해 보는 것이 한 방법이 될 수 있을 것이다. 또 그런 열 가지 표현에 의해 수식되고 있는 연기란 단어가 도대체 무엇을 의미하는지 구명해 보는 것도 한 방법이 될 수 있을 것이다.

인도에서 찬술된 『중론』 주석서들[3] 중 연기의 어의에 대해 분석하고 있는 것은 유식논사인 안혜(安慧, Sthiramati: 510-570 C.E.경)의 『대승중관석론(大乘中觀釋論)』과 자립논증적 중관파에 소속된 청변(清辨, Bhāvaviveka: 500-570 C.E.경)의 『반야등론(般若燈論, Prajñāpradīpa)』, 그리고 귀류논증적 중관파의 논사인 월칭(月稱, Candrakīrti: 600-650 C.E.경)의 『정명구론(淨明句論, Prasannapadā)』뿐이다.

본고에서는 『중론』에서 말하는 연기의 정체를 구명하기 위한 작업의 일환으로, 안혜와 청변과 월칭이 말하는 연기의 의미와 어원 분석에 대해 조망해 보고자 한다.

그런데 연기의 어의에 대한 이들 세 주석가의 해석은 『아비달마대비바사론』과 세친(Vasubandu: 400-480 C.E.)의 『아비달마구사론』 등에서도 발견된다. 『중론』의 주석가들은 연기의 어의에 대한 이러한 전통적 해석 중 타당하다고 생각되는 것을 수용하면서 자신의 의견을 개진했다고 볼 수 있다. 그

---

3) 龍樹(Nāgārjuna: 150-250경 C.E.)의 自註라고 전승되는 『無畏疏』, 鳩摩羅什(Kumarajīva: 350-409 C.E.)에 의해 한역된 『青目疏』, 佛護(Buddhapālita: 470-540경 C.E.)의 『根本中論註』(Mūlamadhyamakavṛtti), 中觀 自立論證派(Svātantrika)의 시조인 清辨(Bhāvaviveka: 500-570경 C.E.)의 『般若燈論』(Prajñāpradīpa), 唯識論師인 安慧(Sthiramati: 510-570경 C.E.)의 『大乘中觀釋論』, 月稱(Candrakīrti: 600-650경 C.E.)의 『淨明句論』(Prasannapadā) 등이 있다. 이 중 『정명구론』은 산스끄리뜨본과 티벳역본으로 현존하고, 『청목소』와 『대승중관석론』은 한역본만으로 현존하며, 『무외소』, 『불호주』는 티벳역본만으로 현존하고, 『반야등론』은 한역본과 티벳역본으로 현존한다.

러면 먼저 『아비달마대비바사론』과 『구사론』에 등장하는 연기의 어의 해석에 대해 검토해 보기로 하자.4)

Ⅱ. 연기의 어의에 대한 전통적 해석

『아비달마대비바사론』에서는 연기의 어의에 대해 다음과 같은 다섯 가지 해석을 소개하고 있다.

> 【문】 어째서 연기라고 이름하며 연기는 어떤 의미인가?
> 【답】 ① 연을 상대(相待: apekṣā)5)하여 발생하기에 연기라고 이름한다. 그러면 어떤 연을 상대하는가? 인연 등이다. ② 또는 다음과 같이 말하는 사람도 있다; 연이 있기에 발생할 수 있어서 연기라고 이름한다고 한다. 즉, 성상(性相)이 있기에 연에서 발생할 수 있다. 성상이 없는 것은 발생할 수 없지 않는 것이 아니다. ③ 또 다음과 같이 말하는 사람이 있다; 연으로부터 발생하기에 연기라고 이름한다. 즉 반드시 연이 존재해야 비로소 발생할 수 있다. ④ 다음과 같은 설도 있다; 갖가지가 연기하기에 연기라고 이름한다. 즉, 갖가지 사물이 갖가지 연의 화합으로부터 발생한다. ⑤ 혹은 다음과 같은 설이 있다; 함께 연(緣)으로부터 발생하기에 연기라고 이름한다.6)

연기의 어의에 대한 『아비달마대비바사론』의 설명은 너무 간략할 뿐만 아니라 범어 원문도 남아 있지 않기에 그 의미가 모호하다. 그러나 우리는 상기

---

4) 『중론』 주석가들이 말하는 연기 해석이 『구사론』에서 발견된다는 점은 2001년 12월 22일 「보조사상연구원」 학술회의에서 필자의 논문에 대한 논평자인 이현옥 박사에 의해 지적된 사항이다. 좋은 지적에 감사드리며 이를 반영하여 발표했던 논문을 改作한다.

5) '待'는 相因待, 因待를 의미하는 apekṣā의 한역어일 것이다.

6) 問 何故名緣起 緣起是何義 答 待緣而起故名緣起 待何等緣 謂因緣等 或有說者 有緣可起故名緣起 謂有性相可從緣起 非無性相 非不可起 復有說者 從有緣起故 名緣起 謂必有緣此方得起 有作是說 別別緣起故名緣起 謂別別物從別別緣和合而起 或復有說 等從緣起故名緣起(大正27, p.117c-118a).

한 문장을 통해 연기의 어의에 대해 전통적으로 다양한 해석이 전승되고 있었다는 점을 알 수 있다.

『구사론』에서는 연기란 단어의 어원을 분석하며 이에 대한 두 가지 해석을 상세하게 소개한다. 세친이 지지하는 해석을 인용해 보자.

> ① 여기서 pratītyasamutpāda(연기)라는 것은 어떤 의미인가? prati는 도달(prāpti)을 의미한다. eti(= √i))는 감(gati)을 의미한다. 접두어의 힘에 의해 어근의 의미가 변화하기 때문에 pratītya라는 말은 '도달하여(prāpya)'를 의미하게 된다. pad는 있음(sattā)을 의미한다. 앞에 붙은 samut는 '나타난다'는 의미이다. 따라서 '연에 도달하여서 나타나는 것'이 연기이다.[7)]

그러나 『구사론』의 논적[8)]은 연기에 대해 위와 같이 해석할 경우 "하나의 행위자에 두 가지 행위가 있는 경우 앞 시간대의 행위에서 행위하고 나서 [다시] 행위가 있게 된다."[9)]고 비판한다. 왜냐하면 "목욕하고 나서 식사한다."[10)]는 말에서 보듯이 절대분사는 계기적(繼起的) 사태를 연결하는 데 쓰이기 때문이라는 것이다. 이에 대해 세친은 "어떤 존재가 발생한다."라고 할 때 현재에 발생한다고 하거나 미래에 발생한다고 하는 말이 모두 모순을 내포하게 된다는 점을 지적하며,[11)] 연기에 대한 위와 같은 해석이 '언설의 차원(vyavahāra)'에서는 통용될 수 있다고 반박한다.[12)]

---

7) atha pratītyasamutpāda iti kaḫ padārthaḫ /pratiḫ prāptyartha eti gatyarthaḫ /upasargavaśena dhātvarthapariṇāmāt prāpyeti yo 'rthaḫ pratītyeti /padiḫ sattārtham samutpūrvah prādurbhāvārthaḫ /tena prātyayam prāpya samudbhavaḫ pratītyasamutpādaḫ.

8) 聲論師(śābdika).

9) na yukta eṣa padārthaḫ /kiṃ kāraṇam /ekasya hi karturdvayoḫ kriyayoḫ pūrvakālāyāṃ kriyāyāṃ kṛtvāvidhirbhavati.

10) tadyathā snātvā bhuṅkta iti.

11) 여기서 구사되는 세친의 논법은 『中論』에서 구사되는 反論理的 논법과 유사하다.

12) naiṣa doṣaḫ / idaṃ tāvadyaṃ praṣṭavyaḫ śābdikaḫ /kimavastho dharmaḫ utpadyate varttamāna utāho 'nāgate iti /kiṃ cātaḫ /yadi varttamāna utpadyate /kathaṃ varttamāno yadi notpannaḫ /utpannasya vā punarutpattāvanavasthāprasaṅ

세친이 비판하는 논적의 해석은 다음과 같다.

> prati는 반복(vīpsā)의 의미이다. iti에서 파생된 ityāḥ는 순간성[의 의미]이다. ut가 앞에 붙은 pad는 나타난다(prādurbhāva)는 의미이다. [따라서] 연기란 반복하는 순간적인 것들이 이런 저런 원인의 집합들을 화합시켜 발생하는 것이다.[13]

이에 대해 세친은 다음과 같이 반박한다.

> 그런데 이런 생각은 그 경우에만 해당된다. 그러면 여기서 '눈이 색들을 연하여 안식이 발생한다고'라는 말은 어떻게 되겠는가?[14]

즉, 갖가지 인연이 모여 찰나적인 것들이 발생하는 것이 연기의 의미라고 정의 내릴 경우, "눈이 색들을 연하여 안식이 발생한다."라는 경문에서 말하는 연기의 의미는 제외되고 만다는 지적이다. 나중에 다시 보겠지만 아비달마 논사의 연기 해석에 대한 세친의 이러한 비판은 청변과 월칭에 의해 그대로 수용된다.

Ⅲ. 연기의 어의에 대한 세 주석가의 해석

gaḥ /athānāgata utpadyate kathamasataḥ kartṛtvaṃ siddhatyakrtṛkā vā kriyeti /ato yadavastha utpadyate tadavastha eva pratyeti /kimavasthaścotpadyate /utpādābhimukho 'nāgataḥ /tadavastha eva pratyayaṃ pratyetītyucyate /aniṣpannaṃ cedaṃ yaduta śābdikīyaṃ krtṛkriyāvyavasthānaṃ bhavatītyeṣa karttā bhūtirityeṣā kriyā /na cātra bhaviturarthāt bhūtimanyāṃ kriyāṃ paśyāmaḥ /tasmādacchalaṃ vyavahāreṣu /

13) pratirvīpsārthaḥ /itau sādhava ityā anavasthāyinaḥ / utpūrvaḥ padiḥ prādurbhāvārthaḥ / tāṃ tāṃ kāraṇa sāmagrīṃ prati ityānāṃ samavāyetotpādaḥ pratītyasamutpāda iti.

14) eṣā tu kalpanā 'traiva kalpyate /iha kathaṃ bhaviṣyati 'cakṣuḥ pratītya rūpāṇi cotpadyate cakṣurvijñānamiti'ti.

1. 안혜의 해석

안혜의 『대승중관석론』의 경우 연기의 어의에 대해 설명한 내용은 분량도 적을 뿐 아니라 그 의미 역시 모호하다. 이를 의미가 소통하게 의역하면 다음과 같다.

> 이제 이와 같이 '무멸(無滅)' 등의 열 가지 구절들은 앞에서 말한 열 가지를 대치하며 [열 가지] 모두 여기서 깡그리 사라진다. 이 논서에서는 전체에 걸쳐 이런 이치를 설하는데 이런 이치는 타당하며 다른 모든 논서에서 말하는 연기법도 그 의미가 이와 마찬가지다. 그런데 ①이런 [연기의] 이치에 대해 만일 '이것이 인이 되고, 저것이 연이 되는 것'은 마치 '장작에서 불이 발생하는 것'과 같다고 한다면, ②이런 해석은 "단절 없이 상주한다."는 의미임을 알아야 한다. 앞 구절에서 말한 '발생'의 의미는 다음과 같이 [비판적으로] 해석할 수 있다. 만일 원인 속에 [결과가] 존재하기에 이런 이론이 성립하는 것이라면, 설사 원인이 파괴된다고 해도 나중에 다시 ③[원인에서] 유리되지 않은 채 결과가 발생해야 하리라. 비유하자면 ④'목욕하고 나서(前) 밥을 먹는 것(後)'의 예와 같은 '전후'가 없어져 버리기 때문이다. 이는 연기의 의미가 아니다. [그렇다고 해서 이와 반대로 연기란] "무생(無生)'이라고 한다면 ['연하여 발생하는 것(緣起)은 발생이 없는 것이다."라는 말이 되어] 자어상위(自語相違)의 오류에 빠져 활용될 수 없다. 이는 세속적인 연기와 조화를 이루지 못하기 때문이다. [그러나] 승의제에서의 발생은 이[런 무생이라는] 말로 부정된다. 세속제의 차원에서 마음에 비친 진실은 승의제에서는 진실과 일치하지 않고 부정된다. [그러면] 세속이란 무엇이고 승의란 무엇인가? …[15]

여기서 안혜는 연기란 ①'마치 장작에서 불이 발생하는 것과 같이 인과 연

---

15) 今此如是 無滅等 十種句義 如前所說 十種對治 此中皆止周盡 是論皆說此義 此如是義成 餘一切論中皆同此緣法 今此義中 若此因若彼緣 如薪生火 而彼所取 如是應知 常不斷義 如前句所說 發起之義 此所說成 若因中有故 設因壞時 後還不離果起 無前後時性故 如澡沐已受食 此非緣生 若言無生 自語相違 不和合 對治 此卽世俗緣生 不和合故 若勝義諦所生 此中止遣 世俗諦識中體性 不和合 勝義諦體性 此中止遣 何等是世俗 何等是勝義(大正30, p.136中).

에 의해 결과가 발생하는 것'을 의미한다는 전통적 해석을 소개한다. 그러나 이런 해석을 엄밀히 분석해 볼 경우 논리적 오류에 봉착하게 된다는 점을 지적한다. 마치 장작에서 불이 발생하듯이 인과 연이라는 원인에서 결과가 발생하는 것이라면 ②원인 속에 상주하던 결과가 다시 발생한다는 말이 된다. 즉 ③원인에서 유리되어 있지 않던 결과가 다시 발생한다는 의미가 되는데, 이는 원인은 선행하고 결과는 후속한다는 상식에 위배되고 만다. ④목욕하고 나서 밥을 먹는다고 말하는 데서 보듯이 시간적인 전과 후가 분명히 구별되어야 한다. 그렇다고 해서 "연하여 발생한다."라고 풀이되는 '연기'가 '발생이 없음'을 의미한다고 규정한다면 "연하여 발생하는 것은 발생이 없는 것이다."라는 말이 되어, 자어상위(自語相違)16)의 오류에 빠지고 만다. 이런 딜레마에서 벗어나기 위해 안혜는 세속제와 승의제라는 이제설을 도입한다. 즉, 연기에 대해 세속제에서는 전통적 해석과 같이 '인과 연에 의해 결과가 발생하는 것'이라고 규정할 수 있고, 승의제에서는 '연하여 발생하는 것(緣起)이란 발생이 없는 것'이라고 규정할 수 있다는 것이다.

2. 청변의 해석

현존하는 『중론』 주석서 가운데 연기의 어의에 대해 가장 상세하게 설명하고 있는 논서는 청변의 『반야등론』과 월칭의 『정명구론』이다. 청변은 연기의 어의에 대한 전통적 해석을 비판하긴 하지만 그 어의에 대해서는 차연성(此緣性, idampratyayatā)이라고 간단히 말하는 반면에17) 월칭은 『정명구

16) svavacana-viruddha: 불교 因明學에서 말하는 잘못된 주장(似立宗: pakṣābhāsa) 중 하나. "나의 어머니는 석녀이다."(商羯羅主, 『因明入正理論』)거나 "比量은 量이 아니다."(Dharmakīrti, *Nyāyabindu*, 3-54)라고 말하는 것과 같이 자기 모순에 빠진 말이나, 自派의 이론과 상치되는 말을 주장하는 오류를 가리킨다.

17) 한역 『반야등론』의 경우, 연기의 語義를 둘러싼 논적과 청변의 논쟁이 대부분 누락되어 있는데, "갖가지 인연이 화합하여 일어날 수 있으므로 연기라고 이름한다."라는 연기에 대한 정의가 청변의 주장으로 포장되어 실려 있다(大正30, p.51下). 그러나 티벳역 『반야등론』이나, 월칭의 『정명구론』과 대조해 보면 이런 정의는

론』을 통해 연기의 어의에 대한 자신의 해석을 개진한 후 청변의 해석을 낱낱이 비판한다. 먼저 『반야등론』의 설명을 보자.

> 【문】 연기에 대해 ①어떤 사람이 말한다. 'prati'는 반복의 의미이다. 어근 'i'는 도달을 의미하며 'samutpāda'는 발생을 의미하기 때문에 '연기'(pratītyasa mutpāda)란 '이런 저런 것에[18] 연하여, 즉 도달하여[19] 발생함'을 의미한다. ②다른 이들은 말한다. 거듭거듭[20] 소멸하는 것들이 발생하는 것이 연기라고 말한다.
>
> 【답】 ③다른 것이 아닌 것인, 그것도 옳지 않다. "눈이 색들을 연하여 안식이 나타난다."라고 하는 말, 이것에는 [그런] 두 가지 의미가 없기 때문이다. 그러면 무엇이냐 하면, 이것이 있음에 이것이 나타나고 이것이 생하기 때문에 이것이 생한다고 하는 차연성(rkyen 'di dang ldan pa nyid: 此緣相應性)의 의미가 연기의 의미라고 말한다.[21]

청변의 정의가 아니라 청변에 의해 인용되는 논적의 정의임을 알 수 있다.

18) 월칭의 『정명구론』과 대조할 경우 이 원문은 tāṃstān pratyayān pratītya임을 알 수 있다.

19) 원문은 rten cing phrad nas이다. 이 역시 월칭의 『정명구론』과 대조할 경우, 'pra tītya prāpya(연하여, 도달하여)'의 번역어라고 짐작된다. Ames는 'meeting with'라고 번역하여 '연하여'를 누락시키고 있다(William L. Ames, "Bhāvaviveka's Prajñā pradīpa, A Translation of Chapter One: 'Examinations of Causal Conditions'(Pr atyaya)", *Journal of Indian Philosophy*, Vol. 21, 1993, p.215). 그러나 『정명구론』의 논의에서 이 두 단어에 대한 논의가 활발히 이루어지기에 위 번역에서는 두 단어를 모두 살려 번역하였다.

20) 또 so so는 individually를 의미하는 pṛthak의 번역어이기도 하지만, again을 뜻하는 prati의 번역어이기도 한데(Chandra Das, *Tibetan Engkish Dictionary*, RINSE N BOOK COMPANY, Kyoto, 1985, p.1283 참조). Ames의 영역문에서는 so so를 individually라고 번역하나 『정명구론』과 대조할 경우 이는 prati prati의 번역어임을 알 수 있다.

21) rten cing 'brel par 'byung zhes bya ba la, kha cig na re rten cing zhes bya ba'i tsig gi phrad ni zlos pa'i don yin pa'i phyir dang, 'brel par zhes bya ba ni phrad pa'i don yin pa'i phyir dang, 'byung ba zhes bya ba'i sgra ni skye ba'i don yin pa'i phyir rten cing 'brel par 'byung ba ste, de dang de la rten cing phrad nas 'byung ba'o zhe'o,,gzhan dag na re so so 'jig pa dang ldan pa rnams kyi 'byung ba ni rten cing 'brel par 'byung ba'o zhe'o, ,gzhan dag na re so so

『반야등론』에 대한 Avalokitavrata(觀誓)의 주석서인 『반야등론주』(Prajñāpradīpaṭīkā)에 의거하여 이 문답의 의미를 해석하면 다음과 같다; 【문】에서 ①'연기란 이런 저런 것에 연하여, 즉 도달하여 발생하는 것'을 의미한다고 주장하는 사람이나 ②'연기란 거듭거듭 소멸하는 것들이 발생하는 것'을 의미한다고 주장하는 사람은 모두 중관논사이며, 【답】에서 ③'다른 것이 아닌 것'이라는 구절은 '다른 학파의 논사'가 아닌 중관논사임을 가리킨다.22)

즉, 과거의 중관논사들은 연기에 대해 '반복적으로 연하여, 도달하여 발생하는 것'이라든지, '소멸을 갖는 개개의 것들이 발생하는 것'이라는 두 가지 의미로 해석했는데, "눈이 색들에 연하여 안식이 발생한다."라고 하는 경문의 경우 이런 해석이 적용되지 않는다. 따라서 "이것이 있음에 이것이 있고, 이것이 생함에 이것이 생한다."라는 차연성(此緣性, idampratyayatā)이 연기의 진정한 의미이다. 그런데 본고 제2장에서 보았듯이 ①의 논지를 비판하기 위한 전거로 사용된 "눈이 색들을 연하여 안식이 발생한다."라는 경문은 세친의 『구사론』에 연원을 둔다.

'jig pa dang ldan pa rnams kyi 'byung ba ni rten cing 'brel par 'byung ba'o zhe'o, ,gzhan ma yin pa ni de yang mi rung ste, mig dang gzugs rnams la brten nas mig gi rnam par shes pa 'byung ngo zhes gsungs pa 'di la don gnyi ga med pa'i phyir ro, ,'o na gang yin zhe na, 'di yod na 'di 'byung la 'di skyes pa'i phyir 'di skye ba ste zhes bya ba rkyen 'di dang ldan pa nyid kyi don ni, rten cing 'brel par 'byung ba'i don to zhes zer ro,(이하 인용되는 티벳문은 모두 인터넷상의 Asian Classics Input Project 사이트의 자료실에서 채취된 것들이다).

22) 위에 인용된 청변의 답변은 월칭의 『정명구론』에도 그대로 등장하는데 이는 다음과 같다; kiṃ ca / ayuktvam etat / cakṣuḥ pratītya rūpāṇi cotpadyate cakṣur vijñānam iti / atrārthadvayāsaṃbhavāt /(Candrakīrti, Prasannapadā, *Bibliotheca Buddhica* Ⅳ, p.8). 이 중 '더욱이 이것은 타당하지 않다(kiṃ ca / ayuktvam etat)'라는 문장에 대한 티벳 역문은 '다른 것이 아닌 것, 그것도 역시 옳지 않다(gzhan ma yin pa ni de yang mi rung ste)'이다. 따라서 Avalokitavrata가 저본으로 삼은 『반야등론』과 월칭이 참조한 『반야등론』은 다른 판본이었다고 볼 수도 있고, Avalokitavrata가 산스끄리뜨문이 아닌 티벳 역문을 저본으로 삼아 『반야등론』을 주석했다고 볼 수도 있을 것이다.

이어지는 논쟁에서 논적은 논리적, 문법적 이유를 들어 연기설을 비판한다.

> 만일 발생에 앞서서 결과가 연(緣)에 도달하고 그 다음에 발생(起)이 있는 것이라면 그런 경우 연기(緣起)라고 하는 것이 있을 수 있겠지만, 발생(起)에 앞서서 결과는 연(緣)에 도달하지 못한다. 그것[= 결과]이 없기 때문이다. 그렇다면 연기라는 말은 성립하지 않는다. 만일 '연(緣)하여'(rten cing 'brel par)라고 하는 것과 '기(起)한다('byung)'고 하는 두 가지가 동시적이기에 오류는 없다고 해도 '①[주장][23] 연기라는 말에 동시적인 두 작용은 존재하지 않는다. [이유] par(ya)[24]라고 말하기 때문이다. [실례] 예를 들어 "목욕하고서 식사한다."고 하는 것과 같다. ②[주장] 작용주체가 없는데도 토대가 없는 작용이 있다는 것은 옳지 않다. [이유] 없기 때문이다. [실례] 석녀의 아들이 간다고 하는 것과 같다'고 말한다.[25]

Avalokitavrata는 이 논쟁의 논적은 문법가들(vaiyakāraṇāḥ)이거나, 문법에 대해 조예가 깊은 외도일 것이라고 설명한다.[26] 논적은 먼저 논리적 이유

---

23) Ames의 英譯本에서와 같이 三支作法의 제명을 삽입한다(Ames, 앞의 책).

24) pratītyasamutpāda(연기)는 티벳어로 rten cing 'brel par 'byung ba로 번역되는데, 이를 분석할 경우 rten cing[rten(緣) + cing(-하여)]이 pratītya[prati(접두사) + √i(어근) + (t)ya(절대분사화 어미): 緣하여]에 해당되며, 'brel par['brel pa + r(조사)]는 sam의 번역어이며, 'byung ba는 utpāda의 번역어로 볼 수 있다. 따라서 par이 아니라 cing이 (t)ya의 의미를 갖는다. 티벳문 번역자가 절대분사 어미 (t)ya의 번역어로 cing이 아니라 par를 사용한 것은 티벳 번역문의 문맥과 어울리게 意譯했기 때문인 것으로 생각된다.

25) gal te 'byung ba'i snga rol du 'bras bu rkyen dang phrad nas phyis 'byung na ni de'i rten cing 'brel par 'byung ba zhes bya bar 'gyur ba zhig na, 'byung ba'i snga rol du 'bras bu rkyen dang mi 'phrad de med pa'i phyir ro, ,de lta bas na rten cing 'brel par 'byung ba'i sgra mi 'grub po, ,gal te rten cing 'brel par zhes bya ba dang, 'byung zhes bya ba gnyis dus gcig tu khas len pas nyes pa med do zhe na yang [주장] rten cing 'brel par 'byung ba'i sgra la bya ba gnyis dus gcig na med de, [이유] par zhes brjod pa'i phyir [실례] dper na khru byas te bza' zhes bya ba bzhin no, [주장] ,byed pa po med par yang gzhi med pa'i bya ba mi rung ste, [이유] med pa'i phyir [실례] mo gsham gyi bu 'gro ba bzhin no, zhes zer ro, ,

를 들어 연기설을 다음과 같이 비판한다; 연에 도달해서 결과가 발생하는 것이라면 발생하기 이전에 '도달'의 주체인 결과가 존재했어야 한다. 그러나 결과의 발생 이전에 결과는 존재할 수가 없다. 따라서 결과가 연에 도달하고 그 다음에 발생이 있다는 연기설은 옳지 않다. 혹 이런 오류에서 벗어나기 위해 연(緣)하여(pratītya) 기(起)한다(utpāda)는 연기(pratītyasamutpāda)라는 말에서 '연(緣)함'과 '기(起)함'이 동시적으로 이루어진다고 말할 수 있겠지만, pratītya라는 말에서 절대분사화 어미인 ~(t)ya의 용법은 "목욕하고서 식사한다."는 말에서 보듯이 서로 다른 시간대에 이루어진 두 가지 사건을 연결할 때 사용되는 어미이기에 동시적이라고 말할 수 없다. 또, 석녀의 아들은 존재하지 않는 것이기에 "석녀의 아들이 간다."라는 말이 무의미한 말이듯이 존재하지 않던 결과가 연에 도달하여 발생할 수는 없다.

이어서 이에 대한 청변의 반박이 제시된다. 청변은 논적의 비판에 대해 다음과 같이 답한다.

> 그것은 옳지 않은데, 왜냐하면 존재하지 않는 결과가 "발생하는 모습을 띤다."는 것을 인정한다면 스스로에게 의심스럽기 때문이며, 존재하는 것에서 발생한다고 보는 경우에도 존재하는 원인은 그 목적이 성립하지 않기 때문이다.[27]

영역자 Ames는 이 중 "스스로에게 의심스럽다."라는 말의 의미는 앞에서 논적이 예로 들었던 두 가지 추론 중 첫 번째 추론(①)의 '이유'와 상치되고 "존재하는 원인은 그 목적이 성립하지 않는다."는 말은 두 번째 추론(②)의 '이유'와 상치된다고 해석한다.[28] 즉, 첫 번째 추론에서와 같이 논적이 '연하

---

26) Ames, 앞의 책, p.237, 미주 37에서 재인용. 앞 장에서 보았듯이 세친은 이렇게 "목욕하고서 식사한다."는 비유를 들며 절대분사의 용법에 대해 이의를 제기하는 논적을 聲論師(śabdika)라고 규정하고 있다.

27) de ni bzang po ma yin te, 'bras bu med pa 'byung ba'i mtshan nyid kyi bya ba khas len na ni, rang la ma nges pa'i phyir ro, ,yod pa las 'byung ba'i phyogs la yang yod pa'i gtan tshigs kyi don ma grub pa'i phyir ro,

여'라는 말을 이시적(異時的)인 두 사태를 연결하는 말이라고 주장할 경우, 이시적인 두 사태는 존재했어야 하기에 연기란 '존재하지 않는 결과가 발생하는 모습을 띠는 것'이라고 규정할 수도 없고, 두 번째 추론에서와 같이 "작용주체가 없는데도 토대 없는 작용이 있다는 것은 옳지 않다."라고 주장할 경우 존재하지 않는 결과는 연하는 작용을 할 수 없게 된다. 이렇게, 청변은 연기란 "존재하지 않는 결과가 발생한다."라거나, "존재하는 결과가 발생한다."라는 것을 의미하는 것이 아니라는 점을 말하기 위해 논적이 예로 든 두 가지 추론식을 이용하고 있다.

이에 덧붙여 청변은 논적이 예로 들었던 첫 번째 추론을 비판하기 위해 그와 상반된 결론이 도출되는 추론식을 제시한다. 논적은 "목욕하고서 식사한다."라는 문장을 예로 들어 '(t)ya'라는 절대분사는 이시적(異時的)인 사태를 연결하는 역할을 한다고 주장한 바 있다. 그러나 청변은 절대분사가 동시적인 사태에 쓰인 문장을 실례로 삼은 다음과 같은 추론식을 제시하며 이에 대해 반박한다.

> [주장] 하나의 행위자를 갖는 두 개의 행위는 동시에 존재하기도 한다.
> [이유] par(ya)라고 말하기 때문이다.
> [실례] 예를 들면 "입을 벌리고서 잔다."29)거나 "길을 채우면서 걷는다."라고 하듯이30)

입을 벌리고서 잘 때 입을 벌리는 행위와 자는 행위는 동시적이다. 또 길을 채우면서 걸을 때 길을 채우는 행위와 걷는 행위는 동시적이다. 따라서 par(y

28) Ames, 앞의 책, p.216 英譯文의 삽입부.
29) 이와 유사한 맥락에서 세친 역시 『구사론』에서 이 비유를 사용한다; 'āsyaṃ vyādāya śete ca paścāccetkiṃ na saṃvṛte(입을 벌리고서 잔다면 어째서 나중에 다물지 않는가)?'
30) byed pa po gcig dang ldan pa'i bya ba gnyis dus gcig na yang yod de, par zhes brjod pa'i phyir dper na kha gdangs te nyal zhes bya ba dang, lam khyab par byas te 'gro'o.

a)라는 절대분사가 이시적 사태만을 연결한다는 적대자의 주장은 옳지 않다.

지금까지 살펴보았듯이 청변은 연기란 연기공식과 같은 차연성이라고 규정한다. 그런데 이어지는 주석에서, 귀경게에서와 같이 '발생하지 않는 연기', 다시 말해 '불기(不起)인 연기(緣起)'라고 말할 경우 자어상위(自語相違)의 오류에 빠진다는 적대자의 공격에 대해 답하면서, 청변은 연기란 세속의 차원에서의 조망이며 불기란 승의의 차원에서의 조망이라고 대답한다. 따라서 앞에서 청변이 말했던 차연성(idampratyayatā)이란 연기에 대한 세속제적 조망이고, 불기란 연기에 대한 승의제적 조망임을 알 수 있다.

3. 월칭의 해석

월칭은 먼저 연기(pratītyasamutpāda)의 어원을 분석한 후 그 의미에 대한 자신의 정의[31]를 제시한다.

> 'eti'(↓ √i)는 간다는 의미이고 'prati'는 도달의 의미이다. 접두어의 힘으로 어근의 의미가 변화하기 때문에 "갠지스 강물의 달콤함이 바닷물에 의하[여 짜게 변하]듯이, 접두어에 의해 어근의 의미가 자연스럽게 다르게 인도된다." 여기서 (t)ya라는 어미를 갖는 pratītya라는 말은 도달(prāpti), 즉 상대(相待, apekṣā)의 뜻으로 쓰인다. 'samut가 앞에 있는 pad'는 나타난다는 의미이기 때문에 samutpāda라는 말은 나타난다는 뜻으로 쓰인다. 그러므로 '인과 연을 상대하여 존재가 발생하는 것'이 연기의 의미이다.[32]

---

31) 이 정의는 청변이 비판의 대상으로 삼았지만 월칭은 계승하려 한 불호의 해석에 의거한 것일 수도 있다. 그러나 불호의 『根本中論註』 중 귀경게에 대한 주석에서는 위와 같은 내용도 발견되지 않을 뿐더러 연기의 어의에 대해서도 전혀 거론하고 있지 않다.

32) etir gatyarthaḥ / pratiḥ prāptyarthaḥ / upasargavaśena dhātvarthavipariṇāmāt / upasargeṇa dhātvartho balād anyatra nīyate / gaṅgāsalilamādhuryaṃ sāgareṇa yathāmbhasā // pratītya śabdo'tra lyabantaḥ prāptāvapekṣāyāṃ vartate / samut pūrvaḥ padiḥ prādurbhāvārtha iti samutpādaśabdaḥ prādurbhāve vartate / tataś ca hetupratyayāpekṣo bhāvānām utpādaḥ pratītyasamutpādārthaḥ /(Candrakīrt

월칭은 연기란 이렇게 '인과 연에 의존하여 존재가 발생하는 것'이라고 정의한 후, 연기에 대한 제 논사들의 어의 해석을 하나하나 비판한다. 비판의 대상으로 삼은 연기에 대한 어의 해석은 다음과 같이 두 가지이다.

① iti란 감, 즉 소멸이다. iti에서 파생된 것이 itya들이다. prati는 반복을 의미한다. 이와 같이 itya라는 말은 명사접미사로 끝나는 것이라고 어원분석하고서, 거듭거듭(prati prati) 가는 것(itya)들이, 즉, 소멸하는 것(vināśin)들이 발생하는 것(samutpāda)이라고 설명한다.[33]

② 이것이 존재함에 이것이 나타나며, 이것이 발생하기에 이것이 발생한다고 하는 차연성(此緣性: idampratyayatā)의 의미가 연기의 의미이다.[34]

이 중 ①의 경우 월칭은 그 주장자의 이름을 밝히고 있지 않지만, Sphutārthābhidharmakośavyākhyā에는 아비달마 논사인 Śrīlāta가 연기의 어의에 대해 이와 동일한 해석을 하는 것으로 소개되어 있다.[35] 그런데 앞에서 언급했듯이 Avalokitavrata의 『반야등론주』에서는 ①의 주장자를 중관논사라고 말한다.[36] ②는 앞에서 보았듯이 청변의 주장이다.

①의 주장자의 견해에 의거할 경우 pratītyasamutpāda의 어원은 다음과 같이 분석된다. prati(거듭)는 반복을 의미하는 불변화사이다. itya는 어근 √i에 명사접미사 ti와 명사접미사 a가 부착되어 만들어진 명사이다(i + ti + a). samutpāda는 발생(集起)[37]을 의미한다.

---

i, 앞의 책, p.5).

33) apare tu bruvante / itir gamanaṃ vināśaḥ / itau sādhava ityāḥ / prativīpsārthaḥ / ity evaṃ taddhitāntam ityaśabdaṃ vyutpādya / prati prati ityānāṃ vināśinām samutpāda iti varṇayanti /(Candrakīrti, 위의 책, p.5).

34) asmin sati idaṃ bhavati / asyotpādād idam utpadyata iti idaṃ pratyayatārthaḥ pratītyasamutpādārtha(Candrakīrti, 위의 책, p.9).

35) 奥住毅, 中論註釋書の研究, 厚德社, 東京, 1988, p.141, 尾註 52.

36) Śrīlāta가 중관논사가 아니였다면, Avalokitavrata 주석의 오류라고 볼 수 있다. 이에 대한 연구는 후일로 미룬다.

37) 이는 다음과 같이 분석된다; sam('함께'를 의미하는 접두사) + ut('위'를 의미하는

②의 경우를 보자. 앞에서 보았듯이 청변은 연기의 어의에 대한 다른 논사의 해석을 비판하는 데에는 많은 지면을 할애하였지만 자신의 해석은 아주 간단하게 제시한다. 연기공식을 소개한 후 연기란 idampratyayatā(차연성)을 의미한다고 말할 뿐이다. "이것이 존재하면 이것이 나타나고 이것이 발생하기에 이것이 발생된다."(asmin sati idaṃ bhavati / asya utpādāt idam ut padyate[38])라는 연기공식에서 사용되는 네 개의 주어, 즉 asmin(loc.), idam (nom.), asya(gen.), idam(nom.)은 모두 idam(此)의 활용형이다. 또, sat(존재)의 처격변화형(處格變化形)인 sati(loc.)는 조건을 나타내고, utpāda(발생)의 종격변화형(從格變化形)인 utpādāt(abl.)는 근거를 나타낸다. 조건이나 근거는 연(pratyaya)의 의미와 상통한다. 따라서 '존재하면(sati) 나타난다 (bhavati)'는 조건성과 '발생하기에(utpādāt) 발생된다(utpadyate)'는 근거성은 pratyayatā(緣性)를 의미한다고 볼 수 있을 것이다. 청변이 말하는 idamp ratyayatā(차연성)이란 연기공식을 축약하여 대변하는 하나의 개념이다.

앞에서 말했듯이 월칭은 연기에 대한 자신의 해석을 먼저 제시한 후 이런 두 가지 어의 해석을 비판하는데, 먼저 ①의 해석에 대한 월칭의 비판을 보자. 연기란 '거듭거듭(prati prati) 가는 것(itya)들이, 즉, 소멸하는 것(vināśi n)들이 발생하는 것(samutpāda)'이라고 풀이하는 아비달마 논사는 제행무상의 교설을 염두에 두고 '연기'의 어의를 풀이한 것으로 보인다. 그러나 월칭은 그러한 풀이가 모든 연기설에 적용될 수 없다는 점을 다음과 같이 지적한다.

> 그들에게 있어서, "비구들이여 나는 그대들에게 연기를 설하겠다. 연기를 보는 자, 그자는 법을 본다."와 같은 말 등을 대상으로 삼을 때에는 '반복'의 의미가 있기 때문에, 또 [이 말 속에 연기라는] 복합어가 실재하기 때문에 훌륭

접두사) + √pād('가다'는 의미의 어근) + a(명사화접미사). 따라서 samutpāda는 samudaya(sam + ut + ai(√i['가다'는 의미의 어근]의 vṛddhi 모음계차) + a)와 그 의미가 같기에 集起라고 번역할 수도 있다.

38) 논의의 편의를 위해 sandhi를 무시하고 인용한다.

한 어원분석일 수 있으리라. 그러나 여기서 "눈과 색들에 연하여 안식이 발생된다."와 같은 말 등을 대상으로 삼는 경우, 눈앞에 현전한 개별적 대상에 대해 '눈에 연하여'라고 말할 때 그 '연하여'라는 말은 '단일한 안근을 원인으로 삼아 단일한 식이 발생하는 것을 기대하는 일'에 대해 쓰인 것인데, 어떻게 반복의 의미를 갖겠는가?[39]

연기라는 말 중의 prati라는 말은 분명히 '반복'의 의미도 갖고 있다. 또 이렇게 연기에 반복의 의미가 있다고 간주해도 "연기를 보는 자는 법을 본다."고 설하는 경문의 의미를 해치지 않는다. 그러나 연기에 반복의 의미가 내재한다는 해석은 "눈과 색들에 연하여 안식이 발생된다."는 경문에 대해서는 적용될 수 없다. 월칭이 『정명구론』을 통해 청변의 학설 대부분을 조목조목 비판하고 있기는 하지만, 아비달마 논사의 연기 해석에 대한 이상과 같은 비판은 청변의 것을 그대로 수용한다.[40] 그리고 본고 제2장에서 보았듯이 이런 비판은 그 연원을 세친의 『구사론』에 둔다.

『반야등론』에서 논적은 "발생 이전에 결과는 있을 수 없기에 결과는 연에 도달하지 못한다."고 연기설을 비판하면서 "목욕한 후에 식사한다."는 실례와 "석녀의 아이가 간다."는 실례를 담은 두 가지 추론식을 제시한 바 있다.[41] 이에 대해 청변은, 논적이 든 실례가 자기모순에 빠진다는 점을 지적함으로써 존재하는 결과나, 존재하지 않는 결과가 발생하는 것이 아니라고 대답하였다.[42] 아비달마 논사에 대한 비판 이후 계속되는 『정명구론』의 논의는 이에 대한 월칭의 견해인 듯하다. 월칭은 다음과 같이 말한다.

---

39) teṣāṃ pratītyasamutpādaṃ vo bhikṣavo deśayiṣyāmi / yaḥ pratītyasamutpādaṃ paśyati sa dharmaṃṃ paśyati / ityevamādau viṣaye vīpsārthasya saṃbhavāt samāsasadbhāvācca syājjyāyasī vyutpattiḥ / iha tu / cakṣuḥ pratītya rūpāṇi utpadyate cakṣurvijñānaṃ / ity evamādau viṣaye sākṣādaṅgīkṛtārthaviśeṣe cakṣuḥ pratītyeti pratītyaśabda ekacakṣurindriyahetukāyāmapyekavijñānotpattāvabhīṣṭāyāṃ kuto vīpsārthatā /(Candrakīrti, 앞의 책, p.6).

40) 본고 각주 14)에 인용된 청변의 비판.

41) 본고 주석 25)의 인용문.

42) 본고 각주 27)의 인용문.

> 그러나 현전(現前)하지 않는 개별적 대상에 대해 '연하여'라는 말을 사용할 경우에도 도달의 의미는 적용될 수 있다. 즉, '도달하여 발생하는 것'은 '연하여 생기(生起)하는 것'이라고 [하듯이]. 현전하는 개별적 대상에 대해서도 적용될 수 있다. '눈에 연하여, 눈에 도달하여, 눈에 상대하여'라는 주석43)이 있기 때문이다.44)

청변의 경우는 연기라는 말의 어원에 대해 구체적으로 분석하지도 않았고, "연에 도달하여 결과의 발생이 있다."는 정의에 대한 논적의 비판을 반박할 때에도 '존재하는 결과나 존재하지 않는 결과가 발생하는 것이 아니라'는 점만 말할 뿐 '도달하여'나 '연하여'의 의미에 대해 언급하지 않았다. 다만 상대의 이론만 비판할 뿐이었다. 그런데 '자신의 주장을 내세우지 않는다45)는 귀류논증파'의 논사 월칭은 여기서, 현전하는 대상에 대해서든 현전하지 않는 대상에 대해서든 '연하여'라는 말이나 '도달하여'라는 말이 모두 쓰일 수 있다고 주장하고 있다.

이어서 월칭은 pratītya란 어구에 대한 아비달마 논사의 해석에 입각해 'cakṣuḥ pratītya rūpāṇi utpadyate cakṣurvijñānaṃ'이란 경문을 해석할 경우 우스꽝스러운 해석이 되고 만다는 점을 보여줌으로써 그 해석의 부당성을 드러낸다. 이 경문에서 쓰인 praītya가 아비달마 논사가 말하듯이 불변화사가 아니라 명사라고 볼 경우 그 의미는 'cakṣuḥ pratītyaṃ vijñānaṃ rūpāṇi ca'(눈은 반복적으로 소멸하는 식과 색들이다)가 되고 만다.

『반야등론』에서 논적의 이론으로 소개되고 있는 연기의 어의에 대한 두 가지 해석을 다시 인용해 보자.

---

43) 이는 『俱舍論』에 등장하는 世親의 주장이다(本多惠, 『中論註和譯』, Prasannapadā②, 대한전통불교연구원, 1988, p.70, 미주 21) 참조).

44) prāptyarsthatv anaṅgīkṛtārthaviśeṣe'pi pratītyaśabde saṃbhavati / prāpya saṃbhavaḥ pratītya samutpāda iti / aṅgīkṛtārthaviśeṣe'pi saṃbhavati / cakṣuḥ pratītya cakṣuḥ prāpya cakṣuḥ prekṣyeti vyākhyānāt /(Candrakīrti, 앞의 책, pp.6-7).

45) Candrakīrti, 위의 책, p.16.

> ① 어떤 사람은 말한다. 'prati'는 반복의 의미이다. 어근 'i'는 도달을 의미하며 'samutpāda'는 발생을 의미하기 때문에 '연기'(pratītyasamutpāda)란 '거듭거듭 연하여, 즉 도달하여 발생함'을 의미한다.
> ②다른 이들은 말한다. 소멸을 갖는 개개의 것들이 발생하는 것이 연기라고 말한다.

그런데 월칭이 소개하는 연기에 대한 전통적 해석을 요약하면 다음과 같다.

> ① prati는 도달의 의미이고 √i는 간다는 의미이기에 pratītya는 '도달하여'의 의미이다. 따라서 연기란 '이런 저런 연들에 연하여, 즉 도달하여 존재가 발생하는 것'을 뜻한다.
> ② prati는 반복의 의미이고 √i는 간다는 의미이며, iti는 어근 √i에 명사 접미사 ti가 붙은 명사이며, 거기에 다시 접미사 a가 붙으면 itya라는 명사가 된다. iti와 itya모두 감, 즉 소멸의 의미이다. 따라서 연기란 '거듭거듭 가는 것들이, 즉 소멸하는 것들이 발생하는 것'을 뜻한다.

『반야등론』과 『정명구론』에 실린 이 두 가지 어의 해석 중 ②의 경우는 양자가 동일한 내용을 말하는 것으로 볼 수 있으나 ①의 경우는 그 내용이 일치하지 않는다. 양자가 말하는 prati의 의미에 대한 해석이 '반복'과 '도달'로 엇갈리며, √i의 의미에 대한 해석이 '도달'과 '간다'로 엇갈린다. 월칭은 이 점에 대해 다음과 같이 말하며 청변의 무능을 지적한다.

> 그러나, "어떤 사람들은 접두사 prati는 반복의 의미를 갖기 때문에, 또 eti는 도달의 의미를 갖기 때문에, 또 samutpāda는 발생의 의미를 갖기 때문에, [연기란] 이런 저런 연들을 연하여 생기하는 것, 즉 도달하여 발생하는 것이라고 말하며, 다른 사람들은 거듭거듭 소멸하는 것들이 발생하는 것이 연기라고 말한다."라며 다른 이들의 주석을 인용하여 논박을 제시하는 자, 그자는 우선 다른 이들의 주장을 인용하는 것이 전혀 능숙하지 못하다고 생각된다.46)

---

46) yas tu vīpsārthatvāt pratyupasargasya / etaḥ prāptyarthatvāt / samutpādaśab

즉, 청변은 다른 논사들이 제시한 연기에 대한 어의 해석을 정확히 인용하지도 못한다는 것이다. 왜냐하면 위에서 말했듯이 청변은 prati라는 접두사를 '반복'으로 해석한 논사와 '도달'로 해석한 논사를 혼동하고 있기 때문이다. 그 결과 청변은 연기에 대한 ①의 정의를 '이런 저런 연들에 연하여, 즉 도달하여 존재가 발생하는 것(tāṃstān pratyayān pratītya samutpāda prāpya saṃbhava)'이라는 '반복'의 의미가 담긴 문장으로 왜곡시키고 만다. 그러나 이렇게 반복의 의미를 갖는 정의는 "눈과 색들에 연하여 안식이 발생된다."는 경문에서 말하는 눈이나 색과 같은 특수한 것에 대해서는 적용할 수가 없다.[47] 이어서 월칭은 청변을 향해 또다른 비판을 퍼붓는다.

> **혹은 다음과 같은 것은 타당하지 않다. 무엇이냐 하면 "더욱이 다음과 같은 것은 타당하지 않다. 「눈과 색들에 연하여 안식이 발생한다」는 말에는 두 가지 의미가 있을 수 없기 때문이다."라고 논박했던 것도 역시 성립하지 않는다. 무슨 까닭인가? 어째서 이것으로 저것에 도달함이 가능한지 그 근거를 대지 않은 채 주장만 내세우기 때문이다. 그런데 [청변은 아마] 다음과 같이 의도할지도 모른다. "식은 색의 성질을 갖지 않으므로 눈으로 도달할 수 없다. 색들에서만 그런 도달이 목격되기 때문이다."라고. [그러나] 이 역시 타당하지 않다. "이 비구는 과보에 도달한다."고 말하는 경우에도 도달이[라는 말이] 용인되기 때문이다. 또 '도달하여'라는 말은 '상대(相待)하여'라는 말과 동의어이고, [『육십송여리론』에서] "이런 저런 것에 도달하여 발생하는 것은 자성에서 발생한 것이 아니다."[48]라고 말하는 데서 보듯이 도달의 의미는 '연하**

---

dasya ca saṃbhavārthatvāt / tāṃstān pratyayān pratītya samutpādaḥ prāpya saṃbhava ity eke / prati prati vināśinām utpādaḥ pratītyasamutpāda ity anye / iti paravyākhyānam anūdya dūṣaṇam abhidhatte / tasya parapakṣānuvādākau śalameva tāvat saṃbhāvyate /(Candrakīrti, 앞의 책, pp.7-8).

47) tenedānīṃ prāpyasaṃbhavaḥ pratītyasamutpāda ityevaṃ vyutpāditena pratītyasamutpādaśabdena yadi niravaśeṣasaṃbhavipadārthaparāmarśo vivakṣitaḥ / tada tāṃ tāṃ hetupratyayasāmagrīṃ prāpya saṃbhavaḥ pratītya samutpāda vīpsā saṃban dhaḥ kriyate / atha viśeṣaparāmarśaḥ / tadā cakṣuḥ prāpya rūpāṇi ceti na vīpsāyāḥ saṃbandha iti / evaṃ tāvad anuvādā kauśalam ācāryasya /(Candrakīrti, 위의 책, p.8).

48) 龍樹, 『六十頌如理論』, 제20송.

여'라는 말과 [그 의미가] 같다는 점이 스승인 용수에 의해 용인되고 있기 때문에, [청변의] 논박 역시 성립하지 않는다고 또 다른 자가 [말한다].49)

먼저 이 인용문에서 밑줄이 그어진 '두 가지 의미'의 의미에 대해 검토해 보자. 『정명구론』의 일역자인 혼다 메구무(本多惠)는 "아직 발생하지 않은 인식작용이 눈과 색에 도달할 수는 없다."는 의미라고 주석하고 있는데50) 앞에서 보았듯이 『반야등론』의 주석자 Avalokitavrata는 이 두 가지란 청변이 비판의 대상으로 삼은 연기에 대한 두 가지 어의 해석이라고 풀이한다. 따라서 청변이 "두 가지 의미가 있을 수 없다."고 말한 것은, 'pratītya'를 '도달하여'라고 해석하는 중관논사와 '거듭거듭 소멸하는 것들'이라고 해석하는 아비달마 논사의 주장 모두 "눈과 색들에 연하여 안식이 발생한다."는 경문에 대해서는 적용될 수 없다는 의미라고 이해할 수 있다. 월칭은, 청변이 중관논사의 주장을 오독하긴 했지만 이를 정독했을 경우에도 그런 주장을 비판했을 것이라고 간주한 후 위와 같은 논의를 벌이는 것이다. 월칭은 먼저 청변의 논의가 근거를 대지 않고 주장만 내세우는 논의이기에 설득력을 가질 수 없다는 점을 지적한다. 이어서 월칭은, 청변이 언표하지는 않았지만 혹 근거를 댈 경우 '도달'이라는 말은 '질애성(質碍性)'을 가진 색에 대해서만 사용될 수 있고 '질애성'이 없는 식에 대해 사용되어서는 안 된다고 말할 것이라고 가정한 후, 『육십송여리론』의 용례를 들어 그런 가정의 부당성을 지적하는 것이다.

---

49) etad vā yuktaṃ / kiṃ ca / ayuktvam etat / cakṣuḥ pratītya rūpāṇi cotpadyate cakṣur vijñānam iti / atrārthadvayāsaṃbhavāt / iti yad uktaṃ dūṣaṇaṃ tad api nopapadyate / kiṃ kāraṇaṃ / katham aneva tat prāpte saṃbhava iti yuktyanup ādānena pratijñāmātratvāt / athāyam abhiprāyaḥ syāt / arūpitvād vijñānasya ca kṣuṣā prāptir nāsti / rūpiṇām eva tat prāptidarśanād iti / etad api na yuktaṃ / prāptaphalo'yaṃ bhikṣuḥ / ity atrāpi prāptyabhyupagamāt / prāpyaśabdasya cāpekṣyaśabdaparyāyatvāt / prāptyarthasyaiva ācāryaryanāgārjunena pratītyaś abdasya / tat tat prāpya yad utpannaṃ tat svabhāvataḥ / ity abhyupagamāt / dūṣaṇam api nopapadyate ity apare /(Candrakīrti, 앞의 책, pp.8-9).

50) 本多惠, 앞의 책, p.70, 미주29).

이어서 월칭은 연기에 대한 청변의 정의를 비판하는 것으로 연기의 어의에 대한 논의를 마무리한다. 『반야등론』에서 보듯이 청변은 연기공식을 인용한 후 연기란 차연성(idampratyayatā)이라고 규정한다. 그러나 월칭은, 청변의 이러한 설명은 '연기'라는 말에서 pratītya와 samutpāda라는 말 각각의 특수한 의미에 대해 설명하고 있지도 않고 어원분석도 하고 있지 않으므로 올바른 태도가 아니라고 비판한다.51) 이어서 월칭은 다음과 같이 말한다; 혹 청변의 이러한 태도가 '연기'란 말의 의미가 의미소(意味素)와 무관한 관용어라고 간주한 데서 비롯된 것이라고 추측할 수도 있겠지만, 위에서 언급한 『육십송여리론』의 구절52)에서 용수가 prāpya와 utpanna를 분리하여 사용하고 있는 것으로 미루어 볼 때 연기란 관용어일 수도 없다. 또, 청변의 논서에서 '이것이 존재하면 이것이 발생한다. 마치 짧은 것이 있을 때 긴 것이 있는 것과 같이'53)라는 구절이 발견되는데 이 구절에는 연하여(pratītya), 도달하여(prāpya), 상대하여(apekṣya)라는 의미가 내재하기에 청변은 스스로 인정했던 것을 스스로 논박하는 오류를 범하는 꼴이 되고 만다.

월칭은 연기에 대해 '인과 연을 상대(相待)하여 존재가 발생하는 것'이라고 스스로 정의내린 후 아비달마 논사와 청변의 해석을 비판한다. 연기란 '거듭거듭 소멸하는 것들이 발생하는 것'이라는 아비달마 논사의 정의와 어원분석에 대해서는 청변이 예로 들었던 "눈과 색들에 연하여 안식이 발생한다."는 경문을 근거로 삼아 그 부당성을 지적한다. 그러나 연기의 어의에 대한 월칭의 논의는 대부분 청변의 주석을 비판하는 데 할애된다. 청변에 대해 월칭이 비판한 내용은 다음과 같이 6가지로 정리될 수 있다. ①중관논사의 어의해석에 대한 인용의 부정확성, ②아비달마 논사와 중관논사에 대한 청변의

51) pratītyasamutpādaśabdayoḥ pratyekam arthaviśeṣānabhidhānāt / tadvyutpādasya ca vivakṣitatvāt /(Candrakīrti, 앞의 책, pp.9-10).

52) tattat prāpya yadutpannaṃ notpannaṃ tat svabhāvataḥ /(Candrakīrti, 앞의 책, p.9).

53) asmin satīdaṃ bhavati hrasve dīrghaṃ yathā sati /(Candrakīrti, 앞의 책, p.10).

비판이 근거를 대지 않고 주장만으로 이루어져 있다는 점, ③도달이라는 말이 식에 대해서는 쓰일 수 없다고 청변이 생각할 것이라는 점, ④연기에 대한 청변의 규정에 어원분석이 누락되어 있다는 점, ⑤연기란 관용어이기에 어원분석이 필요 없다고 청변이 생각할 것이라는 점, ⑥'도달', '연기', '상대'의 의미를 갖는 문장을 청변 역시 기술하고 있다는 점.

이어서 월칭은 "지금 바로 그런 세속의 연기(緣起)는, 자성으로서 불기(不起)이기 때문에 성자의 지혜에 의거할 경우 「이것에 소멸은 존재하지 않으며 … 이것에 가는 것은 존재하지 않는다」고 하는 불멸 등의 여덟 가지 구별에 의해 구별된다."[54]고 말한다. 앞에서 보았듯이 안혜와 청변은 모두 승의제와 세속제를 구분하여 연기에 대해 정의 내렸다. 그러나 중관의 가르침을 논증하기 위해 '승의에 있어서는'라는 단서는 불필요하다고 보았던 월칭이었기에,[55] 연기에 대해 정의를 내리는 경우에도 승의와 세속의 구분을 용납하지 않는다. 즉, '연기란 세속에서도 불기'라고 월칭은 말한다.

Ⅳ. 종합적 고찰

그러면 지금까지의 논의를 종합해 보자. 먼저 연기의 어의에 대한 세친의 해석과 세 중관논사의 해석의 관계는 다음과 같이 정리된다. 연기의 어의에 대한 중관논사의 해석 중 많은 부분이 『아비달마대비바사론』이나 『구사론』에서 말하는 전통적 해석에 토대를 두고 이루어진 것들이다. 『구사론』의 논의 중 ①"눈이 색을 연하여 안식이 발생한다."는 경문, ②"목욕하고서 식사한

---

54) sa evedānīṃ sāṃvṛtaṃ pratītyasamutpādaḥ /svabhāvena anutpannatvād vā āryajñānāpekṣayā nāsmin nirodho vidyate /yavannāsminnirgamovidyateity anir odhādibhir aṣṭābhir viśeṣaṇair viśiṣyate /(Candrakīrti, 앞의 책, pp.10–11).
55) 김성철, 「『中論』에 대한 因明學的 註釋의 가능성」, 『印度哲學』 제9집, 민족사, 1999, p.171.

다.”거나 ③“입을 벌리고서 잔다.”는 비유[56], ‘prati’에 대한 두 가지 해석(④ ‘반복’과 ⑤‘도달’) 중 전부 또는 일부가 안혜와 청변, 그리고 월칭의 논서에 그대로 등장한다.

안혜의 『대승중관석론』에는 이 중 ‘연(緣)하여(pratītya)’라는 말에 사용된 절대분사의 계기적(繼起的) 역할에 대해 논의하는 ②만 등장한다. 그리고 이는 ‘세속의 차원에서 연기란 말이 모순에 빠짐’을 입증하는 논거로 사용되고 있다. 안혜는 이런 비판을 수용한 후 즉각 이제설로 피신한다. 즉, 속제의 차원에서는 연기란 말은 논리적 모순을 내함(內含)한다는 것이다. 그런데 세친이나 청변의 경우는 ③“입을 벌리고서 잔다.”는 비유를 제시하여 절대분사의 구기적(俱起的) 역할을 예증함으로써 이런 논거를 반박한다. 세친이나 청변 모두 속제의 한계에 대해 숙지하고 있기는 했지만 절대분사의 역할에 대해서는 이견을 제시하며 논적의 공격을 비판했던 것이다. 따라서 안혜의 주석은 세친이나 청변과 다른 전통에 의거하여 이루어진 것이라고 볼 수 있다.

청변의 『반야등론』에는 ①, ②, ③, ④, ⑤가 모두 등장한다. 그러나 월칭이 지적하듯이 청변은 ⑤에 대한 인용에서 오류를 범하고 있다. 그 결과 잘못 인용된 ⑤에 토대를 두고 이를 비판하고 있다. 그러나 다른 논의에서는 『구사론』의 내용을 그대로 수용한다.

월칭의 『정명구론』에서는 ①, ④, ⑤가 그대로 등장한다. ‘연하여’라는 말에서 사용된 절대분사의 역할에 대한 비유인 ②와 ③이 등장하지 않는 이유는, 이에 대한 논의가 『반야등론』에서 충분히 이루어지고 있기 때문일 것이다. 그리고 월칭 역시 청변과 마찬가지로 『구사론』의 내용을 그대로 수용한다. 다만 ‘연하여’라는 의미에 대해 ‘도달’ 이외에 ‘상대(apekṣā)’라는 의미를 더 추가하며 그 어원 분석에 대해서도 보다 치밀하게 천착한다.

연기의 어의에 대한 『중론』 주석가들의 해석 중 또 하나 특기할 것은 이제설과의 관계이다. 안혜나 청변 모두 승의제와 세속제를 명기하면서, ‘인과 연

---

56) 본고 각주 29) 참조.

에 의해 결과가 발생하는 것'이라든지, '차연성'이라는 연기에 대한 정의는 세속적 견지에서 이루어진 것일 뿐이며 승의적 견지에서 '연기란 불기'라고 말한다. 세친 역시 연기에 대한 정의는 언설의 차원(vyavahāra)에서 이루어지는 것이라고 말하며 이제설을 암시하고 있다. 그런데 월칭의 경우 이를 구분하지 않으며 "연기란 인과 연에 도달하여 존재가 발생하는 것으로 세속에서도 불기이다."라고 선언한다.

그리고 이상의 논의는 다음과 같이 정리된다.

<table>
<tr><th colspan="2">해석자</th><th>연기의 어원 분석</th></tr>
<tr><td colspan="2">「구사론」 논적의 해석</td><td>prati는 반복의 뜻. iti에서 파생된 ityāḥ는 순간성의 의미</td></tr>
<tr><td colspan="2">「구사론」 세친의 해석</td><td>prati는 도달(prāpti)의 뜻 √i는 '가다'는 뜻</td></tr>
<tr><td colspan="2">전통적 해석1</td><td>prati는 반복의 뜻 √i는 가다, 즉 소멸의 뜻, tya = ti(명사접미사) + a(명사접미사)</td></tr>
<tr><td rowspan="2">전통적 해석2</td><td>청변의 설</td><td>prati는 반복의 뜻, √i는 도달의 뜻</td></tr>
<tr><td>월칭의 설</td><td>prati는 도달(prāpti)의 뜻, √i는 '가다'는 뜻</td></tr>
<tr><td colspan="2">월칭</td><td>pratītya는 도달(prāpti)이나 상대(apekṣā)의 뜻, tya는 절대분사어미</td></tr>
</table>

<table>
<tr><th colspan="2">해석자</th><th colspan="2">연기의 의미</th></tr>
<tr><td colspan="2">『구사론』 논적의 해석</td><td colspan="2">연기란 반복하는 순간적인 것들이 이런 저런 원인의 집합들을 화합시켜 발생하는 것이다.</td></tr>
<tr><td colspan="2">『구사론』 세친의 해석</td><td colspan="2">언설의 차원에서 연기란 연에 도달하여서 나타나는 것</td></tr>
<tr><td colspan="2">전통적 해석1</td><td colspan="2">연기란 거듭거듭 소멸하는 것들이 발생하는 것</td></tr>
<tr><td rowspan="2">전통적 해석2</td><td>청변의 설</td><td colspan="2">연기란 이런 저런 것에 연하여, 즉 도달하여 발생하는 것</td></tr>
<tr><td>월칭의 설</td><td colspan="2">연기란 인과 연에 도달하여 존재가 발생하는 것</td></tr>
<tr><td colspan="2" rowspan="2">안혜</td><td>세속제</td><td>승의제</td></tr>
<tr><td>연기란 인과 연에 의해 결과가 발생하는 것</td><td>연기란 불기(不起)이다.</td></tr>
<tr><td colspan="2" rowspan="2">청변</td><td>세속제</td><td>승의제</td></tr>
<tr><td>연기란 차연성(此緣性)이다</td><td>연기란 불기이다.</td></tr>
<tr><td colspan="2">월칭</td><td colspan="2">연기란 인과 연에 상대하여 존재가 발생하는 것으로 불기이다</td></tr>
</table>

– 『보조사상』 제17집, 2002년

무르띠의 중관 해석; 비판적 절대론

I. 들어가는 말

인도 학자 무르띠(T.R.V. Murti)가 저술한 『불교의 중심철학』[1]은 중관사상 전반에 대한 포괄적이고 체계적인 연구서이다. 이 책은 저자가 Benares Hindu 대학에 박사학위 논문으로 제출했던 것인데, 저자는 이 책을 통해 중관사상의 기원, 사상적 배경, 그 논리 구조, 타 학파에 끼친 영향, 서양철학 사상과의 비교 등 중관학의 거의 모든 분야에 대해 방대한 자료에 토대를 두고 상세하게 논의하고 있다.[2] 이 책은 그 논의의 성실성으로 인해 세상에 그 모습을 드러낸지 40여 년의 세월이 흐른 오늘날에도 불교학 전공자들의 필독서로서 칭송받고 있으며 현대 중관 학자들에 의해 긍정적이건 부정적이건 가장 빈번히 인용되고 있는 서적 중의 하나로 손꼽힌다.

이 책 서문에서 밝히고 있듯이, 저자는 러시아 불교 학자 Stcherbatsky(1866~1942)의 『불교적 열반의 개념』[3]에 나타난 중관 연구 성과를 계승하면서 그 부족한 점을 보완하기 위해 이 책을 저술했다고 한다.[4] 체르밧스키는

1) Murti, T. R. V., *The Central Philosophy of Buddhism — A Study on Mādhyamika System*, George Allen and Unwin Ltd, 1955.
2) Streng은 이 연구서가 중관 철학을 인도 종교 사상과 연관시켜 가장 완전하게 논의하고 있다고 말하고 있다. Streng, *Emptiness—A Study in Religious Meaning*, Abingdon Press, New York, 1967, p.242.
3) Stcherbatsky, *The Conception of Buddhist Nirvāṇa*, Publishing Office of the Academy of Sciences of the USSR, Leningrad, 1927.
4) Murti, 앞의 책, 서문 p.viii. 이하 이 책에서 채득된 부분은 각주에 표기하지 않고

칸트(Kant) 사상의 조망 하에 불교 문헌을 연구한 최초의 학자였으며,5) 무르띠는 이를 본받아 자신의 저서 전편에 걸쳐 칸트 사상을 중심으로 서양철학 내의 유사한 사조와 중관사상을 비교하면서 보다 체계적이고 종합적인 해석을 시도하고 있는 것이다.

체르밧스키와 무르띠에 의해 이루어진 새로운 중관 해석은 그 당시 유럽 불교계의 허무주의적인 중관 해석에 대해 쐐기를 박았다는 점에서 하나의 전기를 이룬 것이었지만 얼마 지나지 않아 분석 철학 등 다양한 방법론을 동원하여 중관사상을 조망한 일단의 학자들에 의해 비판을 받기도 하였다.6)

어쨌든 『불교의 중심철학』이 극찬과 비판을 동시에 받고 있다는 점은 현대 중관학에 기여한 무르띠의 업적의 크기를 반증하는 것이리라. 서구 중관학은 무르띠의 중관학을 계승 또는 반박함으로써 전개되었다고 볼 수 있다. 따라서 서구 중관학의 전체적인 흐름과 쟁점이 되는 사항을 제대로 파악하기 위해서는 무르띠의 중관 해석에 대한 이해가 반드시 선행되어야 한다.

본고에서는 중관 이해의 권위인 이 책에 대한 현대 학자들의 다양한 평가에 대해 검토해 보고 그 정당성 여부를 조사한 후 필자 나름의 평가를 시도해 보았다. 이를 위해 제Ⅱ장에서 무르띠의 중관 해석이 있기까지 서구 언어에 의해 이루어진 인도학 불교학 연구 동향을 간략하게 조망하여 보았다.

그리고 제Ⅲ장에서는 수많은 소제목으로 이루어진 이 책의 내용을 크게 네 부분으로 나누어 요약함으로써 차후에 이루어질 무르띠 비판의 정당성 여부를 독자 스스로 판단해 볼 수 있게 하였다.

제Ⅳ장에서 무르띠의 중관 해석에 대한 현대 학자들의 비판을 수집하여 그 타당성에 대해 검토해 본 후, 제Ⅴ장을 통해 필자 나름의 무르띠 평가를

인용된 문 장 뒤의 괄호 ( ) 속에 그 쪽수만 표기하기로 하겠다.

5) Tuck, Andrew P., *Comparative Philosophy and the Philosophy of Scholarship—On the Western Interpretation of Nāgārjuna*, New York, OXFORD UNIVERSI TY PRESS, 1990, p.37.

6) Robinson, Some Logical Aspects of Nagarjuna's System, *Philosophy East and West*, January 1967, University of Hrwaii Paess, p292.

시도해 보았다.

Ⅱ. 서구 중관학 연구의 변천사

1786년 '벵갈 아시아 협회'의 설립자 윌리암 존스(William Jones) 경이, 산스끄리뜨어 연구가 서구 고전 언어의 기원의 문제를 푸는 열쇠가 된다고 주장한 이후 인도에 대한 서구인들의 관심은 양념(향신료), 비단, 옥양목 등 경제적인 분야에서 학문적인 영역으로 서서히 바뀌기 시작하였다.7) 그러나 초기에는 인도불교에 대한 연구는 극히 유치한 수준을 벗어나지 못하고 있었다. 윌리암 존스 경은 심지어 붓다를 '이집트 태양신의 사생아로 나타난 것'이라고 곡해하기까지 하였다.8) Jean Pierre Abel Rémusat(1788∽1832)와 Issac Jacob Schmidt(1799-1847) 등 전문적인 불교 학자들이 출현하긴 했지만 이들은 티벳과 극동의 불교 전통에 대해서만 관심을 갖고 있었다. 그 이후에 등장하는 프랑스 학자 Eugene Burnouf가 불교를 인도적 현상으로 연구한 최초의 학자였다. 그러나 Burnouf가 저술한 『인도불교역사입문』(1844)과 『법화경』(1852) 번역으로 인해 불교란 허무주의적이고 부정적인 종교라는 인식이 유럽인들에게 뿌리를 내리게 되었다.9) 중관사상에 대해서도 Burnouf는 '무조건적인 철학적 허무주의'라는 딱지를 붙였다. 이런 부정적인 불교관은 그 제자 Max Müller를 거쳐 프랑스의 대학자 La Vallée Poussin(뿌생)에게 까지 그대로 이어진다. 그러나 서구 학문의 토대 위에서 러시아 내 라마승들과의 교류를 가지며 불교학을 연구한 체르밧스키(Stcherbatsky)가 뿌생과 열반의 의미에 대해 대토론을 벌인 이후 허무주의적인 중관 해석은 유럽에서 서서히 자취를 감추게 된다. Guy Welbon은 이 당시의 상황을 다음과 같이

7) Tuck, 앞의 책, p.3.
8) 위의 책, p.31.
9) 위의 책, p.33.

기술하고 있다.

> **용수와 반야계 문헌에 대한 Bumouf의 견해는 뿌생과 체르밧스키 사이의 대 논쟁이 있기 전까지 표준이었다. 즉, 19세기의 저술가들 중 중관사상을 비(非)-허무주의로 보려고 한 사람은 아무도 없었다는 말이다.**[10)]

Guy Welbon이 지적하고 있듯이 러시아의 불교 학자 체르밧스키의 출현 이후 서구 학자들의 불교에 대한 관점은 급변하게 된다. 뿌생은 Burnouf와 마찬가지로 중관 논사들에 대해 '순수한 허무주의자들'이라는 딱지를 붙였고, 그의 저술 *Nirvāṇa*(1925)에서 중관파가 배제된 진정한 불교는 원래 허무주의적인 것이 아니라는 의견을 개진하였다[11)] 그러나 체르밧스키는 용수가 '공성'을 강조하는 것은 물자체, 즉 절대적인 것을 부정하는 것이 아니라 경험 현상의 실재성을 부정하는데 그 뜻이 있다고 주장하였다. 중관사상은 실재하는 모든 것들의 궁극적 단일성을 말하는 철학이기에 '급진적 일원론'이라고 부를 수 있다고 주장하였던 것이다.[12)] 이렇게 체르밧스키는 유럽 불교 연구에 최초로 철학적 방법론을 도입함으로써 서구 중관학의 제2기의 문을 열었던 것이다.

1866년 폴란드의 Kielce에서 러시아 육군 장교의 아들로 태어난 체르밧스키는 러시아의 동양학자 I. P. Minayev(1840~1890) 문하에서 공부를 시작하였고 나중에는 비엔나(Vienna)의 George Bühler 및 본(Bonn)의 Hermann Jacobi에게서 불교학을 배우게 된다. 그 후 1900년에서 1941년 사이에 Peter burg대학에서 강의하며 유능한 러시아 불교 학자들을 배출시켰다.[13)] 그러나 볼셰비키 혁명 이후 공산주의자들에 의해 수많은 라마승들과 그 제자 Vostri kov가 죽임을 당하는 종교 탄압의 와중에서 1942년 3월18일 조용히 눈을

10) 위의 책, p.34에서 재인용
11) 위의 책, P.37.
12) 위의 책, p.37.
13) Snelling John, *Buddhism in Russia*, ELEMENT, 1993, p.123.

감는다.14)

체르밧스키는 서양철학에 대한 지식을 배경으로 산스끄리뜨, 티벳, 몽고어 자료를 섭렵하고 직접 러시아 내의 라마승들과 교류를 가지며 불교 연구에 전 생애를 바쳤다. 체르밧스키는 자신의 저술들을 영어로 기술하게 된 동기가 인도인들이 읽을 수 있게 하기 위해서였다고 말한다.15) 이런 체르밧스키의 소망은 인도인 불교 학자 무르띠의 출현으로 결실을 보게 되는 것이다.

체르밧스키를 계승한 무르띠는 칸트, 헤겔, 브래들리 등 독일 관념론을 해석 틀로 삼아 중관사상을 조망하였다.16) 또, 라다크리슈난과 밧타차리야의 제자였던 무르띠의 중관 해석에는 당연히 그 스승들과 같은 힌두적 종교관이 배여 있는 것을 볼 수 있다. 무르띠는 이렇게 칸트/베단따적 토대 위에서 중관사상의 전 영역에 대해 최초로 체계적이고 종합적으로 해석을 가하였고, 그 방대함과 참고 문헌의 양, 논의의 성실성은 40여년이 지난 오늘날에도 타의 추종을 불허한다.

그 후 럿셀과 비트겐슈타인 등이 문을 연 분석 철학적 방법론을 동원하여 중관을 조망하는 일단의 학자들이 등장하게 된다. 이들의 중관학을 서구 중관학 연구 제3기로 규정지을 수 있다. Robinson, Streng, Daye, Thurman, Gudmunsen, Gimello가 이에 속한다.17) 이들은 과거의 인식 비판적 중관 해석에 반기를 들고 중관사상에 대해 언어학적 해석을 가하게 된다.18) 근래 들어 Derrida의 해체주의를 중관 연구의 방법론으로 도입하려는 시도가 보이기도 한다.19)

---

14) 위의 책, p.249.
15) 위의 책, p.123.
16) 이에 대한 자세한 내용은 본고 제 III 장에서 논의할 것이다.
17) Huntington, *The Emptiness of Emptiness, An Introduction to Early Indian Mādhyamika*, University of Hawaii Press, 1989, p.30.
18) 위의 책.
19) Tuck, 앞의 책, p.99.

Ⅲ. 무르띠의 중관 해석

저자 자신은 『불교의 중심철학』을 '1.중관 철학의 기원 2.철학 체계로서의 변증법 3.중관 불교 및 동일 계통의 체계들'이라는 제목 하에 총 3부 14장으로 나누어 기술하고 있다. 그러나 본장에서는 그 내용을 중심으로 '1.중관사상의 기원에 대한 논의 2.중관사상의 논리 구조에 대한 조망 3.중관사상과 인도 및 서양의 유사한 사상 체계 비교, 4.중관사상의 종교적 가치'의 네 가지 방향에서 무르띠의 중관 해석을 요약해 보기로 하겠다.

1. 중관사상의 탄생 배경

무르띠는 인도 사상의 유아론적 전통과 무아론적 전통의 변증법적 지양을 통해 중관사상이 탄생했다고 본다. 즉 상캬, 베단따로 이어지는 실체론적 세계관과 아비달마의 양태론적 세계관 모두를 극단적인 독단론이라고 비판한 결과 중관사상의 비판적 절대론이 나타난 것이다(pp.13-14).

그리고 붓다 당시의 무기설에서도 난문의 변항들을 네 가지 공식으로 표현한다는 점과, 마치 칸트의 이율배반적 명제에 등장하는 정립과 반정립적 명제와 유사한 난문에 대해 붓다가 침묵을 지켰다는 점에서 중관사상이 붓다 자신에 기원을 갖는 것이라고 설명한다(제2장 참조).

설일체유부나 상좌부의 아비달마가 양태론적(樣態論的) 관점이라는 극단을 형성하고 있긴 하지만 아비달마 중에서도 독자부와 경량부의 사상에서는 중관사상과 유사한 내용을 볼 수 있다고 말한다. 독자부에서는 설일체유부 등의 요소론적 교리에 문제가 있다고 보았다. 즉, 요소인 상태[五蘊]들이 아뜨만을 완전히 대체할 수 없다는 것이다. 이런 비판은 중관적 사유와 맥을 같이한다. 그러나 독자부에서는 문제에서 벗어나기 위해 오온과 다르지도 않고 같지도 않은 불가설장(不可說藏)을 설정하였기에 중관 불교의 비판적(중도적) 입장에까지는 도달하지 못하고, 또 다른 독단론에 빠지고 말았던 것이다(p.81). 한편, 경량부에서는 개념 축조(vikalpa)라는 교리를 발달시킴으로써 모든 현상의 비실재성을 주장하여 중관 불교를 위한 길을 닦았다고 볼 수 있다(pp.81-82).

중관사상의 기원에 대한 전통적인 설명에서와 같이 무르띠는 반야경과 초기 대승 경전 군에 등장하는 쌍차 부정(雙遮 否定)의 구절들 역시 중관사상의 배경이 된다고 말하고 있다(pp.83-86).

이렇게 중관사상이란 붓다의 무기설에 토대를 두고, 반야 공 사상의 배경 위에서 독자부와 경량부라는 몇몇 아비달마 부파의 비판적 태도의 영향 하에 유아론파와 무아론파의 대립을 변증법적으로 지양한 것으로, 칸트가 이율배반적 명제 대립을 변증론을 통해 조망했던 것과 동일한 형식의 비판론이라고 볼 수 있다.

2. 중관사상의 구조

인간의 이성은 인간이 경험하는 대상 세계의 한계 내에서는 효용이 있고 타당할 수 있지만, 이성이 부당하게 그 활동 영역을 넘어 궁극적인 문제에 대해 어떤 답을 내리게 되면 그 답은 문제의 진상을 드러낸 것이 아니라 마치 허공에 친 거미줄과 같이 '실재'와 상관없는 하나의 독단적 이론이 되고 만다. 인간은 우주의 한계라든지 자유의 문제, 영혼의 존재 여부에 대한 문제 등 궁극적인 문제, 형이상학적인 문제에 대해 의심을 품고 그것을 해결하기 위해 이성이라는 도구를 통해 사변을 하게 되고 최종적으로 자기 나름의 이론을 창출해 내게 된다. 그러나 동일한 형이상학적인 문제에 대해 논리적으로 결함이 없는 상반된 답이 도출된다는 사실(이율배반)을 체험하게 되면 우리는 그 답들 중 어느 한 쪽을 의심하는 것이 아니라 그렇게 상반된 답을 도출시킨 이성의 능력에 대해 의심을 하게 된다. 즉, 이성을 자연 발생적으로 사용하여 도출된 답이 하나의 독단임을 자각하게 되는 것이다. 이것이 비판론으로 칸트의 『순수이성비판』에 구현되어 있다.

무르띠는 칸트가 발견했던 이성의 이런 진화 과정을 인도철학사에 적용하여 중관사상의 출현을 설명하고 있다; 앞에서 설명했듯이 바라문계 사상의 아뜨만론과 아비달마불교의 무(無)—아뜨만론이 독단적 사유의 양극을 형성하고 있으며 이에 대한 비판으로 중관불교의 공사상이 출현했다는 것이다. 인간 영혼의 존재 여부에 대해 바라문계 사상에서는 현상적 자아 이면에 아뜨만이라는 초월적 자아가 실재한다는 실체론적 세계관을 주장하였고, 이와 반대로 아비달마 불교에서는 실체로서의 아뜨만은 실재하는 것이 아니고 단지 그 구성 요소인 오온들만이 찰나찰나 생멸하는 것이라는 양태론적 세계관을 주장하였던 것이다. 동일한 문제에 대해 완전히 상반된 주장을 할 수 있다는 사실로 인해 어느 한 쪽이 진실이라기보다 양측의 세계관 모두 인간의 이성이 조작해 낸 것이라는 자각을 하게 된다. 이렇게 바라문교의 실체론적 세계관과 아비달마 불교의 양태론적 세계관이 중관적 변증법을 출현시킨 독단론의 양극을 형성한다.

칸트가 『순수이성비판』을 저술한 목적은 신앙이라는 종교의 영역이 이성에 의해 침범당하지 않도록 하기 위해 이성에 대해 족쇄를 채우는 것이었다(pp.300-301). 그러나 중관 불교에서는 비판 그 자체에 종교성을 부여한다. 즉, 독단적 사변에 대해 비판을 한 후에 제3의 목적이나 이론을 내세우는 것이 아니라 철저한 비판 그 자체만으로 모든 문제가 해소된다고 보는 것이다. 이런 비판의 극에서 공성이라는 실재가 직관되는 것이며, 더 정확히 말하면 이런 직관 그 자체가 바로 절대인 것이다(pp.209-207). 그리고 이것이 반야이다(p.331).

이성은 재판관과 피고의 역할을 동시에 수행한다(p.146). 이성의 독단적 사변에 대한 부정은 독단적 이론은 물론이고 그런 판단을 하는 태도 자체를 파괴시키는 몽둥이인 것이다(p.159). 이것이 중관사상 특유의 변증법이라고 할 수 있다. 중관적 변증법은 대립 항을 부정하고 제3의 무엇을 추가하는 것이 아니라 단지 실재를 가리고 있던 장애를 제거하는 작업이다(p.219). 절대란 현상 세계 바깥 어딘가에 존재하는 것이 아니라 절대를 가리고 있던 분별의 색안경을 제거하기만 하면 그대로 드러나게 된다. 따라서 세속과 절대의 구분은 실제로 존재하는 것이 아니라 우리의 의식이 조작해 낸 것이다. 따라서 세속은 바로 절대이다. 이렇게 중관적 비판에는 이론이 없는 것이기 때문에 비판의 대상이 되는 다른 철학 체계가 출현해야만 그 역할을 할 수 있는 것이다(p.216). 즉, 중관적 변증법은 사상적 카타르시스인 것이다(p.212).

3. 중관사상에 대한 비교철학적 고찰

제3부에서 무르띠는 비판론을 채택하고 있는 인도 내외의 몇 가지 사상체계들과의 비교를 통해 중관적 비판론 고유의 특성을 부각시키고 있다. 그러나 제3부 뿐만 아니라, 전편에 걸쳐 꾸준히 서양철학이나 다른 인도 사상들과 중관사상이 비교되고 있는 것을 볼 수 있다. 서양철학자로는 칸트, 브래들리, 헤겔 등이 주로 비교되고 있고, 인도 사상으로는 베단따, 유식사상 그리고 자이나교 등과의 비교가 시도되고 있다.

a. 우선 무르띠가 가장 빈번히 인용하고 있는 칸트의 비판론과 중관적 비판론을 비교해 보자. 무기설이나 중관사상의 사구(四句)와 붓다의 무기설에 등장하는 난문, 칸트가 선험적 가상의 예로 열거한 네 쌍의 이율배반적 명제들이 그 주제가 유사하다는 데 대해 무르띠는 충격적이라는 표현을 쓰고 있다(p.38). 붓다의 무기설은 그대로 중관사상에 계승되었다. 이성이 만들어 낸 서로 모순되는 명제 쌍들을 모두 부정하였다는 점에서는 칸트나 중관사상이 동일하다. 칸트의 경우 이성에 대한 비판은 신앙의 공간을 확보한다는 목적하에 이루어진 것(p.297)이기에 비판 그 자체는 수단에 불과할 뿐 목적이 되지 못한다. 그러나 중관사상의 경우에는 비판 그 자체에 종교성이 내재되어 있다. 칸트는 유럽의 기독교적 전통의 한계 위에서 자신의 사변을 전개했기에 종교적인 것과 이성적인 것을 구분하는 오류를 범하였다. 칸트에게는 지

적인 것, 종교적인 것, 윤리적인 것 사이의 단절이 있는 것이다(p.143). 즉, 헬레니즘에 토대를 둔 철학과 헤브라이즘에 토대를 둔 종교(기독교) 간의 갈등이 칸트 사상에 그대로 반영되어 있다고 볼 수 있다. 칸트의 비판론은 신앙이라는 독단주의의 시녀였다. 그러나 중관파에게는 비판 그 자체가 바로 종교요 철학이다. 비판을 통해 실재에 덧씌워진 가상이 제거되고 나면 실재가 그대로 직관되고 이것이 철학적, 종교적 궁극이다. 이것은 반야바라밀다로 지적, 종교적 의식의 통합인 것이다.

b. 헤겔 역시 서로 모순되는 명제 쌍들을 부정(지양, 止揚)한다는 점에서는 중관사상과 의견을 같이한다. 그러나 상호 모순되는 명제들을 제3의 차원에서 종합함으로써 갈등이 해결된다고 주장한다. 제3의 종합을 통해 이성은 그 차원이 높아지고 결국 '절대 정신'이라는 최종적 종합 속에서 종교적, 철학적 완성이 이루어진다(p.302). 그러나 중관사상에서는 이런 종합 역시 이성의 분별의 한계 내에 있는 것이라서 궁극적 해결은 못된다고 본다. 중관파에서는 이성의 사유 방식을 사구로 열거하고 있다. 즉, ①긍정, ②부정, ③긍정과 부정, ④비(非)－긍정·부정이 그것들이다. 이 네 가지 판단 양식은 모두 이성의 조작이기에 실재를 나타내지 못한다는 것이 중관파의 주장이고 헤겔의 종합 명제는 이 중에서 제3구에 해당될 뿐이다. 헤겔의 종합을 얘기하면서 무르띠는 자이나교의 상대주의(syad-vada) 명제 중 제3명제와 비교를 하고 있다. 대립항에 대한 헤겔 식의 종합은 연언적(連言的, 'and'로 이어지는) 종합, 즉, 긍정이면서 동시에 부정인 종합인 반면 자이나교의 종합은 긍정이거나 부정인 선언적(選言的. 'or'로 이어지는) 종합이라는 것이다(p.128).

헤겔이 위와 같은 주장을 편 이유는 사고를 절대와 동일한 것으로 간주했기 때문이라고 무르띠는 주장한다(p.304). 헤겔의 변증법은 오성의 대립에서 이성으로 가는 운동이다(p.301). 그러나 헤겔과 달리 중관파에서는 이성이란 기만적인 것이며 실재란 이성의 조작을 넘어선 것이기에 그 어떤 명제라도 실재에 대한 판단이 되지 못한다고 부정하고 있다.

c. 무르띠는 인도사상 중 비판적 변증법을 채택하고 있는 사상으로 유식사상과 베단따 사상을 예로 들어 그 사상 구조를 중관과 비교하고 있다. 여기서 무르띠는 뱀으로 착각된 밧줄의 예를 들어 세 학파의 사상을 조망하는 비유로 사용한다.

어둑한 밤중에 길을 걷다가 앞에 뱀이 놓여 있는 것을 보고 놀라 비켜선다. 베단따에서는 이 경우 실재하는 것은 뱀인데 밧줄의 형상은 가환(假幻), 즉 우리의 사고가 조작해 낸 것이라고 본다. 반면에 유식학파에서는 실재하는 것은 의식이 조작해 낸 뱀이고 그것이 밧줄일 것이라는 생각은 가환이고 착각이라고 본다. 즉 베단따에서는 가환의 토대가 되는 그 무엇이 존재한다고 보는데 이것이 바로 순수존재인 브라흐만이며, 이와 정반대로 유식학파에서는 그런 식의 토대로서의 실체는 없으며 의식이 만들어 낸 현상적인 가환만이 있는 것이라고 본다. 즉 오직 의식만이 존재한다는 것이다[유식성(唯識性)](p.105).

이에 대해 중관파에서는 실체 없는 현상은 있을 수가 없고 현상 없는 순수실체는 있을 수가 없기에 실체와 현상은 서로 의존해 있고 의존해 있기에 양측 모두 존재하지 않는다고 본다. 베단따에서 브라흐만을 실체시하는 근거는 우빠니샤드 성전의 권위에서 비롯된 것이며(p.159), 유식 학파에서 식을 절대시하는 근거는 수행을 통한 삼매 체험에 근거를 둔 것이다(p.159). 여기서 베단따나 유식학파는 브라흐만, 또는 식이라는 존재를 미리 가정한 토대 위에서 논의를 전개하기 때문에 독단론의 기미에서 완전히 벗어나 있지 못하다(p.323). 그러나 중관파에서는 어떤 선입견도 개입시키지 않고 비판론 그 자체만을 통해 절대적 직관이 체험된다고 주장하는 것이다.

지금까지 뱀으로 착각된 밧줄의 예에서 보았듯이 베단따와 유식사상에서 실체와 가상으로 보는 것은 서로 상반된다. 베단따에서는 절대란 순수 존재(Brāhman)라고 생각하고 유식 불교에서는 절대적인 것은 식(Vijñāna)이라고 보는 반면 중관파에서는 양자 모두의 가환성을 자각하는 직관 그 자체가 절대라고 보는 것이다. 서로 의견이 다른 두 사람이 싸울 때 어느 한 쪽도 정당하다고 할 수 없는 경우라고 하더라도 그 싸움을 관찰하는 관찰자에게는 하자가 없을 수 있듯이 모순 명제 양측을 부정하더라도 중관적 직관은 모순에 빠지지 않고 절대를 형성하는 것이다(p.325). 또 베단따에서는 원래는 동질적인 것을 차별로 보는 것이 바로 무명이라고 보고 유식 학파에서는 대상과 의식을 이원적인 것이라고 보는 것을 무명이라고 생각하는 반면에 중관파에서는 양자와 같이 어떤 전제 위에서 개념 구축에 몰입하는 것을 무명이라고 본다(p.238).

d. 서양에서 칸트의 비판 이론이 헤겔, 쇼펜하우어, 피히테의 관념론의 토대가 되었던 것처럼 중관사상은 베단따와 유식 불교의 절대론에 경향을 주었다(pp.123-124). 칸트나 헤겔의 경우에는 서로 모순되는 명제로 대립되는 두 쌍의 명제를 들고 있지만 중관파에서는 인간의 이성은 네 쌍의 명제를 사유해 내게 된다고 본다. 이것이 사구이다. 즉, 긍정, 부정, 긍정과 부정, 긍정도 아니고 부정도 아닌 것의 네 가지이다. 중관적으로 조망하면 순수 존재의 실재성을 주장하는 베단따의 실체론적 세계관은 제1구에 해당하고 아비달마 불교의 양태론적 세계관이나 흄의 사상은 제2구에 해당하며 자이나교와 헤겔의 종합은 제3구, 피론이나 산자야의 회의론은 제4구에 해당한다고 볼 수 있다(pp.130-131).

중관이 반야바라밀다, 즉 순수 직관을 절대라고 간주한다고 하는 경우 베르그송(Bergson)의 직관과 비교할 수도 있을 것이다. 베르그송은, 이성이란 사물들을 공간화 시키는 경향이 있기에 실재를 동결시켜 버린다고 비판하면서 실재란 자신을 그것과 공감적으로 일치시켜야만 파악 가능하다고 한다. 그러나 그가 말하는 이런 식의 직관이란 본능적인 것으로 이성보다 하부에 있는 것이다. 따라서 베르그송은 인간을 새나 벌레의 수준으로 격하시키고 말았다(p.219).

서양의 제논(Zeno), 칸트(Kant), 헤겔(Hegel)과 인도의 베단따(Vedānta), 유식 학파(Vijñāna-vāda) 등에서도 변증법을 구사하지만 변증법의 진정한 정신에 투철했던 것은 오직 중관사상 뿐이라고 말할 수 있다. 중관 이외의 변증법은 미리 가정한 전제를 변호하기 위한 수단으로 구사되었다. 제논의 부동(不動)의 일자(一者), 칸트의 신앙, 헤겔의 절대정신, 베단따의 순수존재(브라흐만), 유식에서 말하는 순수의식 등이 독단적 기미를 띄고 있는 그런 전제들이다. 그러나 중관에서는 변증법 그 자체만으로 종교적·철학적 목적이 충족된다. 즉, 비판 그 자체가 철학이며 비판을 통해 이성의 허구성을 철저히 자각하게 되면 모든 문제는 해결되는 것이다. 그것이 바로 해탈이다.

4. 중관사상의 종교성

이성에 대한 칸트의 비판은 '신앙 즉 종교의 영역이 이성에 의해 침범당하지 않도록 하려는 의도' 하에서 작성되었다. 그런데 "중관적 변증법과 같이 그 어떤 긍정적 존재를 설정하지 않는 체계도 도대체 종교가 될 수 있을까?" 라고 문제를 제기할 수 있을 것이다. 그러나 이는 불교적 종교의 목적 더 넓게는 인도적 종교의 목적에 대한 몰이해에서 비롯된 우문이다. 인도적 종교에서는 짜르와까(Cārvāka)를 제외한 거의 모든 종파에서 '해탈'을 종교적 이상으로 삼고 있다. 중관파 역시 해탈이라는 종교적 목적 하에 중관적 변증법을 구사하는 것이다.

불교에서 말하는 해탈이란 업과 번뇌가 멈추는 것이다. 그리고 해탈을 향한 수행 과정 중에 닦아야 할 덕목으로 계(戒), 정(定), 혜(慧), 삼학(三學)을 말하는데 이 중에서 혜 즉 반야 지혜가 핵심이 된다(pp.266-267). 반야 지혜에 의해 공성을 터득하게 되고 이로 인해 윤회에서 벗어날 수 있는 것이다. 인간은 사물에 대한 집착으로 인해 윤회하게 되고, 이런 집착은 주관과 객관, 자(自)와 타(他), 애증(愛憎) 등의 이원성에서 비롯되며, 이원성은 망상분별에서 나온다(P.270). 따라서 망상분별을 제거하게 되면 더 이상 윤회하지 않고 해탈하게 되는 것이다. 긍정적으로 표현하면 실재를 아는 것이 바로 윤회에서 벗어나는 것이다. 즉, 실재에 대한 우리의 태도에 변화가 온다. 이렇게 중관파에서 말하는 해탈이란 인식론적인 것이지 존재론적인 것이 아니다(p. 141). 그러나 해탈이란 것이 무엇인가를 획득하는 것은 아니며 지성이 의지를 제압하는 것이다(p.223).

이렇게 반야 지혜에 대한 자각을 갖춘 자가 바로 여래이다. 아니 갖췄다기보다 반야바라밀다가 바로 여래이다. 왜냐하면 반야의 경지에서는 누가 무엇을 갖췄다는 식으로 주객이 분열되는 이원성이 용납되지 않기 때문이다. 역으로 말하면 여래는 법성(法性)이 현상화 된 것이다. 반야를 모든 붓다들의 어머니[佛母]라고 하는 표현도 이런 맥락에서 이해할 수 있다. 이렇게 나타난 여래는 현상과 절대를 매개해 주는 중개자이다(p.276).

바라문교에서 절대와 현상의 중개자로 말하는 이슈와라(Īśvara)는 진리 계시와 창조 등도 주관하고 있다고 하지만 불교에서는 그런 것은 각 개인의 업의 역할이라고 본다(p.224). 그러나 자비와 해탈의 관념은 불교가 더욱 강렬하고 상세하다.

Ⅳ. 현대 학자들의 무르띠 비판에 대한 검토

현대 학자들의 중관사상에 대한 저술에서 무르띠에 대한 비판을 많이 발견할 수 있는데, 엄밀한 문헌 자료와 언어학적 분석에 토대를 둔 정당한 비판도 보이기는 하지만, 무르띠의 저술을 전체적 맥락 속에서 파악하지 않은 채 비판이 이루어진 경우도 눈에 띈다. 혹, 논리적으로 그럴듯한 비판이라고 하더라도 자신이 채용한 해석 틀만을 유일한 해석 틀이라고 과신하면서 비판한 경우도 적지 않다. 본 장에서는 이러한 비판들을 재검토해 보고 그 부당성을 지적해 보기로 하겠다.

1. 오독으로 인한 부당한 비판

인도 유학 시절 무르띠의 제자였던 스트렝(Streng)은 무르띠의 한 구절을 인용하면서 무르띠가 불교에 대해 오해하고 있다고 비판한다. 무르띠는 제9장에서 절대와 현상의 관계를 논하면서 다음과 같이 말하고 있다.

> 배후에 실재가 깔려 있기 때문에, 즉 기반이 되는 토대가 있기 때문에 부정 그 자체가 의미를 가질 수 있는 것이다. 만일 그런 초월적 토대가 없다면 어떻게 어떤 견해를 그릇됐다고 비난할 수 있겠는가? 견해란 것은 실재를 왜곡시키기 때문에, 즉 사물을 있는 그대로가 아닌 다른 것으로 보이게 하기 때문에, 그릇된 것이다. 왜곡이라는 말에는 왜곡되는 실재가 있다는 의미가 내포되어 있다(pp.234-235).

여기에 대해 스트렝은 다음과 같이 비판한다.

> 이런 해석에 내재하는 근본 가정은, 이질적인 개체들의 다수성은 비실재라고 생각되는 반면에 모든 특수한 개체들을 담고 있는 존재 전체는 실재한다는 것이다. 그러나 그런 해석은 불교 사상의 정신에 위배된다. 불교에서는 '전체'를 실재라고 생각하지 않고 구성 요소들을 실재라고 생각한다. 예를 들어 유명한 마차와 그 부분들의 예에서는 마차가 그 스스로 실재하는 것이라고 인정되지 않는다.[20]

그러나 위에 인용한 무르띠의 설명은 중관사상을 허무주의로 보는데 대한 반박을 위해 기술되었던 것이지 '전체'를 실재라고 주장하기 위한 것은 아니었다. 무르띠는 바로 앞의 문장에서 다음과 같이 말한다.

> 흔히 제대로 알지도 못하는 사람들이 중관파에서 말하는 절대를 비존재라고 생각한다. 그래서 이 사상 체계에 대해 지독한 허무주의라는 누명을 씌운다.

---

20) Streng, 앞의 책, p.76.

> 그러나 이런 무식한 주장은 편견에서 비롯된 것이다. … '실재에 대해 견해를 갖지 않는' 중관파의 태도를 '실재가 없다는' 견해라고 간주한다면 무언가 혼동하는 것이다(p.234).

전체가 실재한다는 식의 이론은 베단따에서 주장하는 브라흐만 개념에 해당될지는 몰라도 무르띠는 결코 특수에 대응되는 전체가 중관사상에서 말하는 실재라고 말하고 있지는 않다. 위의 인용문에서 말하는 실재도 무르띠의 말 그대로 초월적 토대이지 현상적 토대로서의 실재는 아닌 것이다. 또 스트렝이 자신의 비판의 근거로 삼은 『나선비구경』에 등장하는 식의 마차의 비유는 실체의 존재를 부정(무아설)하기 위한 목적 하에 작성 되었던 것이지 요소의 실재성을 주장하기 위해 작성되었던 것은 결코 아니다. 무르띠가 이해한 중관사상의 입장에서 보면 '요소-실재론'은 불교 사상의 정신이 아니라 불교 중 아비달마적 오류일 뿐이고 '전체-실재론' 역시 비판의 대상이 되지 않을 수 없는 것이다.

또 무르띠가 중관에 대해 '절대론'이라고 규정하는 것에 대해 많은 학자들이 거부감을 나타낸다. Hsueh-li Cheng은 무르띠가 공성의 교리와 이제설을 절대론으로 해석한 것에 대해 다음과 같이 비판하고 있다.

> 사실상 중관 철학은 절대론이 아니다. 용수에게 있어서 공성이라는 술어를 포함한 모든 개념들은 불완전한 상징이거나 세속적인 이름이었다. 이것들은 어떤 실체들을 의미하는 것도 아니고 그것들 자체로는 아무 의미가 없다. 이는 용수가 다음과 같이 지적하는 데서 명확히 드러난다. "만일 공하지 아니한 사물이 있다면 공한 그 무엇이 있어야 하겠지만 아무것도 공하지 아니한 것이 없는데 어떻게 공한 사물이 있을 수 있겠는가?"[21]

---

21) Hseuh-li Cheng, *Empty Logic: Mādhyamika Buddhism from Chinese Sources*, Philosophical Library, New York, 1984, p.43.

물론 『중론』한 가지만 놓고 보면 이런 비판이 그럴듯해 보일 수 있다. 그러나 무르띠는 중관사상을 반야 공 사상 전체, 아니 대승불교 전체의 맥락 속에서 조망하고 있기에 공성을 실체시하는 절대론적 중관 해석이 가능하였던 것이다. 반야경에서는 공성을 실제(Bhūtakoṭi), 법성(Dharmatā) 등으로 표현하고 있는 것을 볼 수 있다. 만일 공성이 절대가 아니라는 주장을 편다면 이는 반야경을 위시한 대승경전 모두가 불교가 아니라는 대승비불설론에 편승하는 꼴이 될 것이다. 또 대승불교에서 긍정적인 용어로 표현 하는 '절대'의 관념은 타 학파에서 말하는 '절대'와 그 의미가 다르며 무르띠 역시 본서 전편에 걸쳐 그 차이점에 대해 역설하고 있다. 따라서 Hsueh-li Cheng의 비판은 자기 자신이 생각하는 실체적인 '절대' 개념에 입각해 무르띠를 호도한 것이라고 볼 수 있다.

2. 해석 틀의 변화로 인한 비판

서양철학은 비트겐슈타인의 출현 이후 반(反)철학적인 경향을 띄게 된다. 철학의 역할은 오직 언어를 명료하게 사용하는 것일 뿐이라는 비트겐슈타인적인 철학관의 토대 위에서 일단의 학자들은 분석 철학이라는 도구를 동원하여 『중론』을 다루게 된다. 그에 따라 과거에 체르밧스키나 무르띠의 고전 철학적 중관 해석에 대해 혹독한 비판을 가하기도 한다. 로빈슨은 무르띠의 책이 출판된지 얼마 지나지 않아 양자의 해석을 형이상학적인 중관 해석이라고 규정하면서 다음과 같이 비판하고 있다.

> **형이상학적인 접근의 커다란 약점은, 그 접근을 통해 용수의 문제와 동일시하기보다는 우리 자신의 문제점들에 대해 답을 구하려고 추구한다는 점이다.[22)]**

로빈슨은 자신의 논문에서 복잡한 논리 기호와 진리함수표 등을 동원하여

---

22) Robinson, 앞의 책.

용수의 사상을 조망하고 있다. 이렇게 논리 실증주의의 방법론을 터득한 일단의 학자들은 비엔나 학파의 영향으로 명제 함수 계산에 적용시킬 수 있는 중관사상의 내용인 사구(四句)에 대해 관심을 가지게 된다.[23] 즉, 비엔나 학파의 새로운 환경 하에서 경전의 특수한 부분들이 미세한 분석과 비판을 위해 선택되는 것이다. 이것은 철학의 통일적 체계를 추구하고 있던 관념론자들에게는 생소한 방법이었다.[24] 그 결과 이상주의자 용수는 논리학자 용수가 되었다.[25] 그러나 여기서 문제는 어떤 해석이 옳은가 그른가에 있는 것이 아니라 각각의 해석 틀을 갖고 중관 문헌에 접근하는 학자들의 자세에 있다. 그들은 대부분 Schliermacher와 Dilthey와 관계된 19세기 문헌해석학(Hermeneutics)에 뿌리를 두고 자신들만이 '정확하고' '객관적이며' '원 뜻에 가까운' 해석을 했다고 주장하는 것이다.[26] 무르띠를 비판한 학자들 중 이런 편견에 입각하고 있는 대표적인 인물이 Huntington이다. 헌팅턴은 중관사상 해석의 역사를 개관하면서 비트겐슈타인적인 중관 해석만이 옳다는 주장을 펴고 있다. 헌팅턴은 서구 중관학의 역사를 총 3기로 구분하면서 제1기의 학자로 기독교적 배경 위에서 중관을 허무주의적으로 해석한 A.B. Keith, Hendrick Kern을 들고 있으며, 절대론적으로 해석한 제 2기의 학자로 체르밧스키와 무르띠를 들고 있다. 그는 다음과 같이 무르띠의 중관 해석에 대해 혹독한 비난을 퍼붓고 있다.

> 체르밧스키가 절대론적으로 해석한 고전적 설명을 대표한다면 무르띠는 그 변형이다. - 그의 베단따/칸트적 조망은 중관사상의 메시지를 그 어떤 허무주의적 해석이 이해할 수 있었던 것보다 훨씬 더 섬세하고 설득력 있는 모습으로 변형시켰다. 그리고 바로 그런 이해 때문에 우리가 이 문헌에 대해 이해를 깊게 하지 못하게 엄청나게 막고 있는 것이다. … 비트겐슈타인이라면 무

23) Tuck, 앞의 책, p.55.
24) 위의 책, p.55.
25) 위의 책, p.64.
26) 위의 책, p.8.

르띠는 완전히 다른 언어 게임을 하고 있다고 말했을 것이다.[27]

헌팅턴은 비트겐슈타인적인 중관 이해만이 '정확하고' '객관적이며' '원 뜻에 가까운' 이해라고 주장하고 있는 것이다. 그러나 Tuck이 지적하듯이 용수에 대한 다양한 규정들 중 어떤 것이 옳다거나 어떤 것이 그르다고 말할 수는 없는 노릇이다. 이것은 누가 옳고 그르냐의 문제가 아니라 해석자가 어떤 틀을 갖고 접근했느냐의 문제인 것이라고 볼 수 있다. Tuck은 다음과 같이 말한다.

모든 문헌 독서는 - 물론 아무리 문맥에 충실하고 역사적 접근을 한다고 하더라도 - 어떤 식으로든 불가피하게 일단의 선입견에 의해 결정될 것이다.[28]

따라서 용수를 현대 서양철학 사조에 맞추어 규정하는 것은 용수의 문제가 아니라 해석자 자신이 어떤 선입견을 갖고 용수에 접근했느냐의 문제인 것이며, 이는 금해야 할 사항이 아니라 오히려 더욱 권장할 일이다. 고전이란 다양한 의미를 발생하기 때문에 고전인 것이다.[29] 서양철학 사조의 변화와 함께 초래된 중관사상 해석의 변화를 Tuck은 다음과 같이 담담하게 기술하고 있다.

체르밧스키가 『중론』을 칸트적으로 읽은 것을 무르띠가 재현하였고, 이것은 엄청난 영향을 발휘하게 되어 유럽과 인도 학자들에게 있어서 이제는 표준적 관점이 되었다. 독일 관념론을 수출함으로써 유럽 제국주의는 경제와 정치적 영역에서는 물론이고 철학의 영역에서도 대승리를 거두게 되었다. 그러나 유럽의 철학적 가정(假定)은 급격하게 변화하고 있었다. 그에 따라 인도 철학 문헌에 대한 이해에 변화가 일어나는 것도 피치 못할 일이었다.[30]

---

27) Huntington, 앞의 책, p.27.
28) Tuck, 앞의 책, 서문 p.vi.
29) 위의 책, 서문 p.vi.
30) 위의 책, p.53.

이렇게 볼 때, 다양한 중관 해석을 긍정적으로 평가하는 Tuck의 입장 역시 절대적으로 객관적인 입장이 아니라 문헌의 맥락 속에서 이해한다는 현대적 해석학에 토대를 두고 있는 것이라고 볼 수 있다.

비트겐슈타인의 사상에서 힌트를 얻어 무르띠의 술어 번역에 대해 가치 있는 비판을 한 학자로 자야틸레케(Jayatilleke)를 들 수 있다. 무르띠는 붓다의 침묵, 즉 무기(無記, avyākṛta)를 '표현할 수 없는 것들(inexpressibles)'이라는 말로 번역하는데 자야틸레케는 산스끄리뜨 문법적 설명을 가하면서 무기란 '설명되지 않은(unexplained)'이라고 번역되는 과거 수동 분사라고 주장하고 있다.[31] 무기에 대해 무르띠가 '가능태'의 형식으로 번역한 것은 절대란 것이 무언가 존재하리라는 무르띠의 사고가 반영된 것이라고 볼 수 있다. 이는 칸트가 물자체의 존재를 가정하고 이성에 의해 알 수가 없다고 '가능태'로서 표현했던 경우와 같다. 불교를 비트겐슈타인적으로 해석하는 자야틸레케에게는 이런 식의 형이상학적 냄새를 풍기는 표현이 눈에 띄었을 것이다.

3. 칸트적 중관 해석에 대한 비판

앞에서 거론한 바 있지만 『불교의 중심철학』 전편에 걸쳐 무르띠는 칸트 철학을 지침으로 삼아 중관사상을 조망하고 있다. 그런데 칸트 철학과 관계된 무르띠에 대한 비판은 두 가지 면에서 이루어진다. 하나는 무르띠의 칸트 이해의 정확성을 문제 삼는 것이고, 다른 하나는 칸트적으로 중관사상을 조망하는 것은 옳지 않다는 것이다.

스트렝은 Jaques May의 논문[32]을 근거로 대면서 무르띠의 칸트 이해에 문제가 있다고 다음과 같이 지적한다.

---

31) Jayatilleke, *Early Buddhist Theory of Knowledge*, George Allen and Unwin Ltd., London, 1963, pp.470-471.

32) Jaques May, Kant et le Madhyamika ' a propos d'un livre recent, *Indo-Iranian Journal*, Ⅲ, No.2(1959), pp.102-111 참조. 'Streng, 앞의 책'에서 재인용.

> **비록 '불교적 열반의 개념'에 서술된 체르밧스키의 '공성'에 대한 견해에서 받은 상당한 영향을 반영하고 있기는 하지만 양자 모두 용수의 부정을 해석하는데 있어서 인식론에 대한 칸트적 관심에 합치되지는 않는다.**[33]

여기서 자끄 메가 무르띠의 칸트 이해를 어떤 식으로 비판하고 있는지 상세히 설명되어 있지 않기에 그 비판에 대한 정확한 검토는 이루어질 수 없겠지만 무르띠는 칸트를 인식론적으로 해석하는 신(新) 칸트학파의 칸트관에 토대를 두고 논의를 진행하는 것 같다. 그러나 현대에 와서도 칸트가 다양하게 재해석되고 있듯이[34] 다른 어떤 식의 칸트 이해가 영원한 표준이 될 수는 없을 것이다. 칸트 이해의 결정판이 나오지 않는 이상 무르띠의 해석은 언제나 정당화될 수 있을 것이다.

도대체 중관사상을 칸트적으로 이해하는 것이 정당한 일인가?-라는 문제에 대해 답해 보자. 오직 『중론』만 놓고 보면 후기 비트겐슈타인적인 중관해석이 칸트적 중관 해석보다 타당할 것같이 보인다. 그러나 앞에서 지적한 바 있듯이(Ⅳ-1), 궁극적 실재로서 상락아정(常樂我淨)이나 실제, 법성 등 긍정적 표현을 사용하는 대승 불교나 반야사상과의 연계 하에서 중관을 조망하게 되면 칸트적 중관 이해가 유의미할 수 있음을 알 수 있다. 즉, 칸트적 조망은 중관사상에 대한 포괄적 해석 방법 중의 하나로서 당당한 가치를 갖는다.

더욱이 무르띠는 중관사상이 칸트의 비판이론과 동일하다고 보는 것이 아니다. 앞에서 설명했듯이 칸트의 비판이론은 신앙의 공간이 이성에 의해 침범당하지 않게 하려는 의도에서 작성된 도구적 성격을 갖는 반면, 중관사상에서는 비판 그 자체가 그대로 목적인 궁극이라고 본다는 점에서 칸트를 넘어서 있다고 평하고 있는 것이다.

설혹 무르띠의 칸트 이해의 정확성, 칸트적 중관 이해의 정당성 등에 문제

---

33) Streng, 위의 책.
34) 한자경은 "칸트 철학은 자유의 의식에 근거한 비합리적 의지주의이다."라고 주장한다. 한자경, 『칸트의 초월 철학』(서울: 서광사, 1992), p.20.

가 있다고 하더라도, "중관을 조망하는 도구로 삼기 위해 자신이 선택한 틀에 대해 얼마나 충실했는가"라는 점에서 무르띠는 타의 추종을 불허한다.

V. 무르띠의 중관학에 대한 비판적 고찰

1. 무르띠의 문헌학적 오류

『불교의 중심철학』은 지금으로부터 40여년 전에 저술되었기에 현대 불교 문헌학적 성과에 비추어 보면 몇 가지 오류가 눈에 띈다. 그러나 이는 중관사상 자체를 이해하는 데 있어서는 그다지 중요한 것은 아니다. 무르띠 자신도 서문에서 밝히고 있는 대로, 중관사상은 독단적 교의가 아니라 변증법적 체계이기 때문에 자료가 추가되어도 그 해석에 실질적인 영향은 줄 수 없을 것이다. 그러나 현대의 무르띠의 독자들이 40년 전의 잘못된 정보를 갖지 않게 하기 위해 무르띠가 범했던 몇 가지 문헌학적 오류에 대해 시정을 하기로 하겠다.

a. 우선 무르띠는 중관파의 비판 대상으로 아비달마 사상 중 설일체유부를 꼽고 있다(p.78). 설일체유부의 사상은 『아비달마대비바사론』과 세친의 『아비달마구사론』에 나타나 있다. 우선 눈에 띄는 것으로 『중론』제 7 관삼상품에서는 유위법을 비판하면서 생주멸 삼상설(三相說)을 내세우고 있지만 설일체유부에서는 유위법의 사상설(四相說)을 주장한다.[35] 따라서 『중론』전체가 설일체유부만을 비판하기 위해 저술된 것이라고 볼 수는 없다.

또 마지막 부록에서 이십공(二十空)을 하나하나 설명하면서 이십공은 용수 이후에 『반야경』에 첨가된 사상일 것이라는 의견을 피력하는데, 『반야경』

35) 김성철 역, 『중론』(서울: 경서원, 1993), p.121 주 2) 참조.

뿐만 아니라 용수 이전의 『아비달마대비바사론』에서도 그와 유사한 십종공(十種空)에 대해 설명하고 있는 것을 볼 수 있다.[36] 공사상은 반야계 경전들만의 전유물은 아닌 것이다.

또 자야틸레케가 지적하고 있듯이 붓다의 무기설은 빠알리 문헌의 10무기 또는 산스끄리뜨 문헌의 14무기로 나타나는데,[37] 무르띠는 무기의 종류가 언제나 14종이라는 잘못된 주장을 편다(p.36).

b. 무르띠는 아비달마 부파들 중 대중부를 대승의 선행 부파라고 말하지만(p.78), 대승불교와 아비달마 대중부는 공존하고 있었다. 물론 대중부의 교리 중에 대승적인 교리가 보이기도 하지만 그 양으로 보면 오히려 설일체유부의 교리가 가장 많이 대승 경전에 편입되어 있다.[38]

c. 중관파 문헌의 저자에 대한 지식의 부정확성 : 무르띠는 제바의 저술 중 한역된 『백론』과 『광백론(廣百論)』을 『사백론』의 후반 8장이라고 본다(p.93). 그러나 구마라습이 번역한 『백론』은 『사백론』의 입문서 역할을 하는 독립된 논서이며 현장 역의 『광백론』만이 『사백론』의 후반 8장에 해당한다. 또 『중관의집(中觀義集)』의 저자를 청변이라고 하지만 근래의 연구 성과에 비추어 보면 이는 잘못이다.[39] 그리고, 미륵의 『법법성분별론(法法性分別論)』[40]을 무착 저술로 본다(p.108).

d. 각 부파의 불신관(佛身觀)은 그 사상과 밀접한 관계를 갖고 있다. 아비달마 사상에서는 요소 실재론적 경향을 갖고 있었기에 불신도 석가모니 일신

36) 大正藏27, p.37 상 및 p.540 상. Lamotte는 이것이 용수 이후에 아비달마 문헌에 첨가된 것으로 추측한다(서성원[법경]의 구술).
37) Jayatilleke, 앞의 책, p.471.
38) 平川彰, 이호근 역, 『인도 불교의 역사』(서울: 민족사, 1991), p.280.
39) 提山雄一, 「中觀思想の歷史と文獻」, 『講座大乘佛教7 中觀思想』(春秋社, 昭和57), p.13.
40) 平川彰, 앞의 책, p.89.

(一身)만 존재한다고 보았다. 물론 과거칠불 사상이 있기는 하지만 이는 모두 불신은 오직 화신 하나만 존재한다는 생각의 범위를 넘지 않는다. 중관파는 현상적 진리와 초월적 진리, 즉 속어(俗語)와 진어(眞語)의 이제설을 강조하기에 불신관도 그에 대응하여 이신설(二身說)을 견지하고 있다. 이는 『대지도론』도처에 법, 화 이신설(法, 化 二身說)로 나타나 있다. 유식학파의 경우는 진제로서의 원성실성(圓成實性)과 속제로서의 변계소집성(遍計所執性)에 이를 매개하는 제3의 의타기성(依他起性)을 추가하여 삼성설(三性說)을 주장하며 그에 따라 불신관도 법보화(法報化) 삼신설을 갖게 된다. 무르띠는 중관파의 불신관으로 삼신설을 말하는데(p.226), 지금까지 살펴보았듯이 이는 원래 유식학파의 불신관으로 명백한 오류이다.

e. 한 가지 더 첨가한다면 『불교의 중심철학』 목차와 본문 제목의 기호 매김에 혼동이 보인다. 즉, '제VII장 변증법의 적용'과 '제IX장 절대와 현상'의 세부 제목에 대한 기호 매김이 잘못되어 있다.

2. 중관사상 해석의 문제점

a. 무르띠의 중관 해석에는 아무래도 불이론적 베단따의 세계관이 바탕에 깔려 있는 듯하다. 불이론적 베단따 사상은, 가환(假幻)으로서의 현상세계 배후에 궁극적이고 무조건적인 실재가 존재한다는 전제 위에서 이룩된 것이다. 그러나 중관사상에서는 가환으로서의 현상 세계를 논파하긴 하지만 그 토대에 대한 언급은 거의 하고 있지 않다. 이에 대해 무르띠는 중관 역시 궁극적 실재를 인정하고 있기는 하지만 그 언표 불가능성을 철저하게 밀고 나아갔기에 긍정적 실재관을 제시하지 않았다고 해석한다. 그러나 중관을 비트겐슈타인적 언어 이론에 토대를 두고 해석할 때 그런 식의 실재관은 곤경에 처하게 된다. 이로 인해 분석철학적 방법을 통해 중관을 조망했던 많은 학자들에 의해 비판을 받게 되는 것이다.

베단따적 실재관을 불교 해석에 적용하는 태도는 불교를 힌두사상의 한 유파 정도로 간주하려는 인도인 학자들의 공통된 특성이다. 그 대표적인 인물인 라다크리슈난의 제자였던 무르띠는 심지어 고대 베단따가 중관사상에 영향을 끼쳤고 그것이 다시 샹까라의 베단따 사상에 영향을 준 것일 수도 있다고 말하기까지 한다.

> **샹까라가 가우다빠다에게 '전통을 아는 분'이라고 언급하는 점으로 미루어 보아, 설사 우세 하지는 않았지만 불이론적 베단따 학파가 [가우다빠다 이전에도][41] 존재하고 있었다는 사실을 알 수 있다. 그런 학파가 중관 불교에 영향을 미쳤고 가우다빠다와 샹까라의 노력에 힘입어 우세한 베단따 학파로 된 것이리라는 사실[부홍]은 충분한 개연성이 있다(p.113).**

그러나 여기서 '전통을 아는 분'이라는 구절의 의미를 위와 같이 확대 해석하는 것은 과장되었다고 보지 않을 수 없다. 베단따와 중관의 관계를 조망하면서도, 무르띠는 베단따는 중관에서 그 교리가 아니라 논의 기술만 빌려왔다고 중관을 폄하시키는 듯한 표현을 사용한다(p.116-117). 그러나 후반부로 가면서 '진정한 비판론은 중관'이라든지 "베단따는 독단적 기미가 있다."는 식으로 논의가 공정성을 회복한다.

b. 무르띠는 중관적 변증법의 시원이 붓다의 무기설에 있다고 말하지만 무르띠의 무기 해석을 보면 우빠니샤드의 '네띠 네띠(neti neti)' 사상과 다를 것이 없다. 그러나 무기설에서 발견되는 불교적 특성은 연기설에 있다. 궁극적 실재는 말로 표현할 수 없기에 형이상학적 난문에 대해 붓다가 침묵한 것이 아니라 난문을 일으킨 사고방식 자체에 상견이나 단견의 병이 들어 있기에 침묵한 것이라고 볼 수 있다. 원시 경전에서는 침묵 이후에 사제설이나 십이연기설 등을 설하여 이변(二邊)에 물든 사고방식을 치료해 주는 예화를

---

41) [ ] 괄호는 필자의 첨가.

많이 볼 수 있다. 『대지도론』에서도 붓다가 난문에 대해 침묵한 이유는 그 질문 자체가 마치 "석녀의 아이가 휠까, 검을까?", "소의 뿔을 쥐어짜면 우유가 몇 말이 나올까?"와 같은 우문이기 때문이라고 설명하는 것을 볼 수 있다. 즉 상견이나 단견 등의 사견적 세계관에 토대를 두고 묻는 물음이기에 이는 탐진치 삼독심 중 치심의 문제인데 아비달마에서는 이런 치심의 치료법[대치실단(對治悉檀)]으로 연기관법(緣起觀法)을 권하고 있다.[42] 원시 불교와 아비달마, 중관사상 모두 연기설이라는 축을 중심으로 붓다의 무기설을 이해하고 있다고 볼 수 있는데, 무르띠는 붓다의 침묵을 단순히 우빠니샤드적 부정과 같은 것이라고 오해하고 있는 것이다.

c. 지금 무기설에 대한 아비달마의 해석에서 보았듯이 아비달마사상은 불설을 왜곡 한 것이 아니라 불설을 체계적으로 정리한 것인데 무르띠는 아비달마 사상을 요소 실재론이라고 도식적으로 규정한 후 이는 불의를 계승한 중관사상의 취지에 어긋난다고 일방적으로 매도하고 있다. 그러나 중관사상에서는 결코 아비달마사상을 전적으로 부정 하지 않았다. 정확히 말하면 중관파에서는 아비달마를 부정한 것이 아니라 아비달마적 교리에 대한 실체론적 이해만을 부정한 것이다. 용수의 진작이라고 간주되는 『권계왕송』이나 『인연심론』, 『보행왕정론』등의 논서에서 아비달마적인 교리는 전적으로 긍정된다. 또, 『대지도론』의 다음과 같은 구절을 보면 아비달마에 대한 용수의 태도를 명확히 알 수 있다.

> 보살은 제법이 사연(四緣)으로부터 생하는 것을 알아서 관찰하지만 사연 가운데서 정상(定相)을 취하지 않는다. … 반야바라밀에서는 다만 사견을 제거하는 것이지 사연을 파하는 것이 아니다.[43]

---

42) 김성철, 「龍樹의 無記觀」, 『印度哲學』 제3집, 1993, p.157 참조.
43) 용수, 『大智度論』(大正藏25), pp.297b-c.

사연설은 인과관계에 대한 아비달마적인 분석인데, 『중론』 제1 관인연품에서는 사연에 대해 낱낱이 논리적으로 부정하고 있다. 그러나 위의 인용문에서 보듯이 그런 부정은 사연설을 파기해 버리기 위한 목적이 있는 것이 아니라 사연에 대한 실체론적 집착을 파하기 위한 것이다. 이런 논의는 사연설 뿐만 아니라 『중론』전체의 소재가 되는 모든 불교 개념에 대해서도 동일하게 적용할 수 있는 것이다. 열반, 여래, 연기, 사제(四諦), 삼상(三相), 오온, 육처 , 업과 업을 짓는 자, 탐욕과 탐욕을 내는 자 등 모든 불교 개념들을 『중론』을 통해 논파하고 있지만 이는 이런 개념들에 대한 집착(取)을 씻어 주기 위한 것이지 부정하기 위한 것은 아니다.

이렇게 중관사상에서는 아비달마를 전적으로 부정하고 새로운 내용의 교리를 창출한 것이 아니라 아비달마 불교 교리에 덧붙여 공의 개념을 도입하였던 것이다. 그 어떤 불교 개념이라고 하더라도 취하지 말고 이해할 것을 가르친 것이 중관사상이라고 할 수 있을 것 같다. 즉, 아비달마를 부정한 것이 아니라 아비달마 교리를 대하는 태도를 비판한 것이 바로 중관사상이다. 그러나 무르띠는 아비달마와 중관을 계승 관계로 보지 않기에 중관사상과 십이연기설과의 관계, 중관사상과 오온설과의 관계에 대한 조망이 부족하다.

d. 무르띠는 공성에 대한 진술, 즉 모든 명제의 본질에 대한 진술은 그 성질상 '모두'에 포함될 수는 없다고 한다(p.163). 이는 『회쟁론』서두에 등장하는 반대론자의 질문, 즉 모든 것이 공하다면 이런 진술 자체도 모든 것에 포함될 테니 자가당착에 빠진다는 의미의 질문에 대해 무르띠 나름으로 제시하는 해답인 듯하다. 그러나 이런식으로 '공성의 진술'을 다른 차원에 있는 명제로 간주하는 것은 『회쟁론』에 제시되어 있는 용수의 해결 방안과는 다르다. 용수는 그런 공성의 진술 자체도 공하다고 본다. 그러나, 마치 허깨비가 허깨비를 제압할 수 있듯이 공하다는 부정의 진술도 그 공능(功能)은 있을 수 있다고 말한다.[44] 모든 것이 공하다는 비판 명제는 취(取)하지 않고 들었을 때에는 깨달음을 향한 공능이 있지만, 취하고 들으면 다시 문제를 야기한

다. 따라서 그런 진술이 명제냐 아니냐가 문제가 되는 것이 아니라, 취하고 받아들이느냐 아니냐의 여부가 그 자가당착성의 문제를 푸는 관건이 된다. 공성의 자가당착에 대한 무르띠의 해결은 럿셀의 역리 해결방안 중 하나인 계형이론(階型理論, Type theory)과 그 맥을 같이하는 듯하며, 이는 중관사상의 진정한 취지에서 이탈해 있는 것이다.

Ⅵ. 무르띠 중관학의 가치

지금까지는 부정적인 면에서 무르띠를 비판해 보았지만 현대 불교학에 끼친 무르띠의 영향은 잃은 것(失)이 하나라면 얻은 것(得)이 백이라고 할 수 있다.

찬사와 비판을 동시에 받고 있는 무르띠의 중관학은 사실 많은 곳에서 일관성을 결여한 논의를 펼치고 있다.[45] 어떤 곳에서는 실재라는 말을 부정하기도 하고 다른 곳에서는 중관사상이 결코 실재를 부정한 것이 아니라고 주장하기도 한다. 어떤 곳에서는 이제(二諦)가 단계로서 구분된다고 했다가 다른 곳에서는 오직 진제(眞諦)만이 실재한다고 주장한다. 이 이외에도 상반된 주장이 많이 발견된다. 이로 인해 수많은 불교학자들이 무르띠라는 산을 향해 돌팔매질을 하였던 것이다. 무르띠 자신도 서문에서 자신의 논의가 일관성을 결여하고 있을 것이라고 토로하고 있다. 그러나 무르띠를 이해하는 경우 그 의도만을 포착하면 그리 문제될 것이 없을 것 같다. 마치 공사상이 아비달마를 부정한 것이 아니라 아비달마 교리를 '취하지 않고 수용'할 것을

---

44) nirmitako nirmitakaṃ māyāpuruṣaḥ svamāyayā sṛṣṭaṃ/ pratiṣedhayeta yadvat pratiṣedho 'yaṃ tathaiva syāt//(꼭두각시가 또다른 꼭두각시를 제압하거나 허깨비가 자신이 만들어 낸 또 다른 허깨비를 제압하는 경우를 생각해 보라. 이런 부정은 이와 마찬가지일 것이다) *Vigrahavyavārtanī*, 제23게. K. Bhattacharya trsl., *The Dialectical Method of Nāgārjuna*, Motilal Banarsidas, text, p.25.

45) Huntington, 앞의 책, p.204.

가르친 것이듯이 …. 『불교의 중심철학』은 마치 도스토예프스키의 소설과 같다. 난삽함과 치밀함을 동시에 보이고 있지만 그 논의의 성실성과 기지에 넘치는 수많은 비유들로 인해 앞으로도 중관사상 연구를 위한 무궁무진한 보고의 역할을 할 수 있으리라고 생각된다.

산스끄리뜨어로 쓰여 있기에 언어적으로도 해독하기 어려울 뿐만 아니라 사상적 난해성에 있어서도 타의 추종을 불허하는 중관파의 고전들을 현대적 언어로 풀어 체계적으로 재현해 내었다는 데서 무르띠는 가히 독보적이다. 서문에서 무르띠는 다음과 같이 말한다.

> **나는 이 작업을 행하면서 문헌 학자나 골동품 수집가처럼 접근한 것이 아니라 중관학의 근본 정신을 진정코 재건하고 또다시 포착하고자 노력하였다**(서문 p.ix).

이는 불교 전통 속에서 생활하는 일본이나 우리나라의 학인들이 배워야 될 점이라고 생각된다. 극동의 불교권에서는 연기, 자성, 열반, 무아 등 자국어로 표현할 수 있는 전통적 불교 술어들이 통용되어 왔기에 불교학자들이 불교 술어들을 현대화할 필요도 크게 느끼지 못하였고, 그에 따라 불교사상에 대한 이해도 인습적 이해에 그친 경우가 많았던 것 같다. 그러나 서구어로 불교학을 하는 경우에는, 방대한 불교 술어의 의미에 대해 하나하나 재음미하고 고민한 끝에 각각의 술어에 해당하는 현대어를 선정하게 되고, 불교 교리에 대한 이해도 그와 유사한 서구 사상과의 실질적인 비교 하에 이루어진다. 불교 전문 용어가 없다는 것이 오히려 장점이 된 것이다. 따라서 서구어로 불교학을 연구한 학자들은 문사수(聞思修) 삼혜(三慧)에서 적어도 사(思)의 단계까지는 도달하였다고 볼 수 있다. 무르띠의 중관학은 이점에 있어서 귀감이 된다. 진정한 저술이란 단순한 지식의 전달을 넘어 자신이 개척해 낸 의식의 수준까지 독자를 끌어 올려 주는 작업이 되어야 한다. 이런 의미에서 무르띠의 『불교의 중심철학』은 철학하는 방법을 가르치는 철학서라고 할 수 있다. 즉, 교리에 대한 도식적 소개보다 자신이 소화한 논리를 풀어서 설명한다. 따라서 『불교의 중심철학』은 중관사상에 대한 지식의 획득은 물론이고 지혜가 얻어지는 책이다. 무르띠의 기지가 번득이는 구절 몇 군데를 인용해 보자.

> [중관적] 부정이란 판단하는 태도 자체를 부수어 버리는 몽둥이인 것이다(p. 159).

이는 선가(禪家)의 할, 방의 역할을 그대로 나타낸 말 아닌가?

> 중관적 변증법은 일종의 정신적 유도(柔道)이다(p.132).

쁘라상가(prasaṅga), 즉 귀류법적 논의에 대한 비유로 이보다 더 적절한 것이 있을까? 귀류논증은 상대의 힘을 이용하여 상대를 쓰러뜨리는 유도와 동일한 논의 방식이라는 말이다.

보살의 자아계발에 대해 논하면서 무르띠는 정신적 수행이란 마치 신발을 신는 것과 같은 것이라고 다음과 같이 설명한다.

> 개인의 욕구에 맞춰 외부 세계를 변화시키는 것은 세속적 인간이 가는 길이다; 이것은 가시에 찔리지 않기 위해 땅 위에 전체적으로 융단을 깔아 나가는 것과 같다. 그러나 신발 한 켤레만 신으면 보다 저렴한 경비로 효과적으로 이와 똑같은 목적을 달성할 수가 있다(pp.267-268).

마지막 장은 단연 이 책의 백미이다. 한국에서는 6.25전쟁이 끝나고 세계는 바야흐로 이념적 냉전의 시대에 들어설 무렵 출판된 책임에도 불구하고 무르띠가 다음과 같은 말을 할 수 있었다는 사실에 대해 사뭇 놀라움을 금할 수 없다.

> 사회 구조를 계급 없는 토대 위에 재조직하는 일에 전념함으로써 보다 공평한 분배를 실현 하고, 우리의 슬기와 자원을 이용하여 생산을 증대시키는 것이 그에 대한 처방이라고 제안하기도 한다. 이런 주장이 구체적으로 나타난 모습이 '파시즘(Fascism)'과 '공산주의(Communism)'이다. 물질을 유일한 가치로 인정하면서 이들은 가장 이득이 많은 문명을 창출하려고 노력하였다. … 만일 변증법적인 필요성에서라면 그것을 실험해 볼 필요가 있다. 우리는 그런 실험을 포기하기 이전에 물질이라는 기준이 전혀 쓸모없는 것이라는 사실을 확신하고 있어야 한다. … 그 배후에 깔려 있는 근본 원리는 사악한 것이다. … 그러나 그 사회의 감독자, 즉 지배 계급 스스로 더 많이 사유(私有)하는 일은 무엇으로 막을 것인가? … 그들은, 플라톤(Plato)의 『국가(Republic)』에 등장하는 나라의 감독자들과 같이, 소유의 본능을 초월해 있어야 하고 계급과 재산에서 멀리 벗어나 있어야 한다(pp.338-339).

공성에 대한 치밀한 논리적 분석을 통과한 후 마지막 장을 읽게 되면, 중관사상에 대한 연구가 비단 학문적 가치만 갖는 것이 아니라 진정한 사회 개혁을 위한 토대가 된다면서 정신적 혁명을 부르짖었던 40년 전 무르띠의 육성이 그대로 들려오는 듯하다.

> …… 비록 자본주의와 공산주의 사이의 싸움이 [이 세계가 처한] 질환의 진정한 본질을 흐리게 만드는 경향이 있기는 하지만 문제는 싸우는 양측에 있는 것이 아니다. 필요한 것은 이 세계가 영성적(靈性的, Spiritual)으로 개혁되는 일이다. … '다양한 길을 밟는다는 자유'와 '궁극적 존재'를 훌륭하게 결합시켜 주는 신비적 종교만이 이 세계의 통합을 희망할 자격이 있는 것이다. … 중관적 절대론에 대해 이론적으로 이해하는 것도 이 세계를 영적으로 개혁시키기 위한 토대를 준비한다는 의미에서 틀림없이 가치를 가질 것이다(p.342).

Ⅶ. 맺는 말

필자는 우선 제 II 장을 통해 서구 중관학 연구의 변천사를 간략하게 살펴봄으로써 무르띠의 중관학의 위상과 그 가치를 조망해 보았다. 체르밧스키에 의해 시도되었던 칸트적 중관 해석을 계승한 무르띠는 원시불교는 물론 중관파의 거의 모든 논서를 위시하여 다른 인도 학파들의 방대한 문헌 자료에 근거를 두고 엄밀한 논리를 구사하며 중관체계 전체에 대해 최초의 종합적인 조망을 시도하였던 것이다. 이 책은 출판된지 40년이 지난 오늘날까지 그 체계의 치밀성과 논의의 성실성으로 인해 모든 중관학 전공자들의 전범이 되고 있다. 간혹 무르띠의 칸트적 중관 해석이 일단의 학자들에 의해 비판을 받기도 하지만, 무르띠 자신이 이 책 서문에서 비교철학적 연구의 한계와 불가피성을 미리 전제하고 있는 것이기에 그것이 저자의 허물이 될 수는 없을 것이다. 고전 문헌에 대한 해석은 언제나 새롭게 시도될 수 있는 것이고 그 어떤 해석도 영원하고 결정적인 해석이라고 말할 수 없는 법이기에 어떤 해석 틀을 갖고 접근했느냐가 문제가 되는 것이 아니라 자신이 선택한 해석 틀에 대해 얼마나 충실했느냐가 문제가 된다고 볼 수 있다. 이런 의미에서 무르띠의 작업은 '칸트적 중관 해석'에 관한 한 독보적 가치를 갖는다고 말할 수 있을 것이다.

칸트적 틀에 대입하여 중관사상을 설명하고 있기는 하지만 무르띠는 결코 중관사상이 칸트의 비판론과 동일하다고 보지 않았다. 칸트의 경우는 이성비판의 역할이 '신앙'을 위한 공간을 확보해 주는 데 있었던 반면 중관에서는 변증법적 비판 그 자체가 반야바라밀다로서의 직관이며 절대 그 자체가 된다고 무르띠는 설명한다. 칸트 뿐만 아니라 헤겔, 브래들리, 인도 내의 유식학파, 베단따 등에서도 비판적 변증법을 구사하고 있기는 하지만 중관적 변증법만이 비판적 변증법의 정신에 충실한 진정한 절대론이라고 무르띠는 주장한다.

이성의 이율배반적 갈등을 파악해 내었다는 점에서 칸트의 비판론과 유사하지만 '순수이성'과 '실천이성'이 합일되어 있다고 보는 점에서 칸트와 그 종착점을 달리하고, 가상(假象)과 절대(絶對)의 관계를 논하지만 베단따처럼 존재를 우위에 두지도 않을 뿐만 아니라 유식학파처럼 관념을 우위에 두지도 않고 양자 모두를 철저히 부정하는 중관파의 비판적 절대론이야말로 독단주의의 기미가 완전히 배제된 진정한 절대론이라고 무르띠는 주장하는 것이다.

따라서 무르띠가 채택한 칸트적 틀이 문제될 수도 없고 그가 중관 체계에 대해 내린 절대론이라는 규정이 문제될 수도 없을 것이다.

다만 아비달마와 중관사상과의 관계를 계승이 아닌 단절로 보았다는 점, 붓다의 무기설과 우빠니샤드적인 neti neti를 구분하지 못했다는 점 등이 그의 과오로 지적될 수 있을 것이다.

- 『가산학보』 제4집, 1995년

중관논리의 이해

Nāgārjuna의 운동부정론
-『중론』 관거래품을 중심으로 -

I. 서론

1. 문제의 제기

하숙생이라는 유행가는 “인생은 나그네길 어디서 왔다가, 어디로 가느냐?”라는 구절로 시작하여 동일한 구절로 끝을 맺는다. 지극히 상식적이고 통속적인 의문이지만 그 발상은 반야계 경전 상에 나타난 ‘종하처래 지하처거(從何處來 至何處去)’라는 구절과 그 궤를 같이 한다. 반야계 경전 상에서는 “어디서 왔다가 어디로 가느냐?”는 물음에 대해 ‘불래 불거 부주(不來 不去 不住)’라는 답을 내리고 있다. 비단 인생뿐만 아니라 모든 사물의 실상은 오는 것도 가는 것도 머무르는 것도 아니라는 것이다. 이와 유사한 형식의 물음과 그 해결은 선가(禪家)의 일화에서도 얼마든지 찾아볼 수 있다.

> 마조(馬祖) 스님이 백장(百丈)을 거느리고 길을 가다가 들오리가 날아가는 것을 보고 말했다. “저게 뭐냐?” “들오리입니다.”하고 백장이 대답하니까 마조 스님은 다시 “어디로 갔지(什麼處去也)?” 하고 물었다. “저쪽으로 날아가 버렸습니다(飛過去也).” 백장의 이 대답에 마조 스님은 느닷없이 백장의 코를 잡아 비틀었다. 백장은 너무 아파 참을 수가 없어서 울음을 터뜨렸더니 마조 스님은 “가긴 어딜가(何曾飛去)!”라고 말했다.[1] (『벽암록』, 제53칙)

백장야압자(百丈野鴨子)라는 『벽암록』의 일화에서는 "어디로 가느냐?"는 물음에 대해 그 '간다(去)'는 개념에 입각하여 해답을 제시하는 것이 아니라 그 물음 자체를 부정해 버린다. 즉 모든 것이 거래(去來)한다고 보고 제기되는 의문 자체를 송두리째 뽑아 버린다고 할 수 있다. '거래'라는 개념은 인생의 오고감(去來), 들오리의 날아감(飛去)은 물론 초기불교에서는 아나함(Anāgamin)[2] 사다함(Sakṛdāgamin)[3]이나 육취(六趣, gati)를 위시하여 계절이나 시간의 흐름 등[4] 일체의 이동현상 모두에서 사용된다.[5] 다른 모든 개념과 마찬가지로 그런 이동현상은 우리 인간의 속제(俗諦)적 분별에 기반을 두고 성립된 개념이다. 그런데 그 모든 '거래사(去來事)'가 없다는 것, 즉 '불래불거'인 까닭은 무엇일까? 반야계 경전에서의 비유적인 설명[6]이나 선가에서의 파격적인 해소를 통해 그 의미를 체득할 수도 있다. 그러나 용수(Nāgārjuna, 150-250경)의 『중론(中論)』 제2장 관거래품(觀去來品)에서 우리는 이에 대한 철저한 논리적 구명(究明)을 발견하게 된다. 『중론』 관거래품에서 용수는 다양한 거래 개념의 범위 중 실제 우리 주변에서 쉽게 접할 수 있는 이동현상, 즉 '움직임'에 대해 총 25게송에 걸쳐 그 공성을 논증하였다. 일체가 공이라서 오는 것도 가는 것도 없다고 하는데 그 까닭은 무엇일까? 분석과 분별에 물든 현대인은 선문답이나 비유적인 예화보다 철저한 논리적 구명을 요구한다. 『중론』에서는 논리적 설명을 통해 공성에 대한 언어도단(言語道斷)의 신비적 직관을 이끌어낸다.

나가르주나가 『중론』 관거래품에서 운동에 대한 실체론적 이해를 철저하게 부정하고 있지만 그것이 허무주의적 단멸론이 될 수는 없다. 무르띠(Murt

---

1) 안동림 역, 『신역 벽암록』(서울: 현암사, 1982), p.269.
2) 성문사과(聲聞四果)의 하나, 불래과(不來果)라 번역한다. 이용하 편, 『불교사전』(서울: 동국역경원, 1982), p.547.
3) 성문사과의 하나, 일래과(一來果)라 번역한다. 위의 책, p.356.
4) 吉藏, 『中觀論疏』(大正42), p.54.a.
5) 본고에서는 '거래'를 번역하면서 문장의 맥락에 따라 '움직임, 운동, 감, 이동, 이행' 또는 그냥 '거래'로 다양하게 표현하였다.
6) 본고, 제1장, 2절 참조.

i)의 지적대로 중관(中觀)은 '실재에 대해 어떤 견해도 갖지 않는 것'이지 '실재가 없다'는 교리는 아니기 때문이다.[7] 따라서 『중론』 관거래품의 내용은 엄밀히 말해 '운동의 실재성을 부정한 것'이라고 하기 보다는 운동에 대한 실체론적 사고방식을 비판한 것이라고 할 수 있다. 그러나 비판이라는 온건한 방법으로는 인간의 뿌리 깊은 실체론적 사고방식을 시정하기가 쉽지 않다. 따라서 나가르주나는 악취공(惡取空)의 우려에도 불구하고 『중론』 전품에 걸쳐 철저한 부정논법을 사용하고 있다. 필자 역시 그런 실천적 목적을 중시하여 운동을 부정하는 방식으로 관거래품의 논리를 구명하고자 하였다.

2. 연구의 목적과 범위

『중론』 관거래품에서는 상의상대적(相依相待的) 연기관[8]에 입각하여 '거래 현상'을 총 25게송에 걸쳐 논리적으로 비판하고 있다. 넓게는 '거래', 좁게는 '움직임'이라고 부를 수 있는 '이동 현상'에 대한 실체론적(유자성론적, 有自性論的) 이해를 시정함으로써 '이동 현상'에 수반되는 모든 사태(事態)의 공성을 논증한다. "무엇이 움직여 어디로 간다."고 할 때 '무엇'이란 것도 '움직임'이란 것도 '어디로(갈 곳)'이란 것도 모두 독자적으로 존재한다고 할 수 없다.[9] 서로 상의상대(相依相待)하고 있기 때문이다. 그러나 우리는 누군가가 걸어갈 때 "그가 움직여 어디로 간다."고 분별을 일으키게 된다. 즉 하나의 종합적 현상을 '그(체, 體)', '움직이는 모습(상, 相)', '어디로 감(용, 用)'의 세 가지 개념으로 구분하여 바라본다.[10] 이런 분열된 의식구조가 바로 유자

---

7) Murti, T.R.V., *The Central Philosophy of Buddhism*(London: George Allen and Unwin Ltd., 1970), p.330.

8) 원시경전의 연기인 십이지 연기는 "이것이 있을 때 저것이 있고, 이것이 없을 때 저것이 없는" 일방향의 연기설인 반면 중관불교의 연기설은 "이것이 있을 때 저것이 있고, 저것이 있을 때 이것이 있다."는 쌍방향의 연기설이다. 전자는 피연생과(彼緣生果)의 의미이고 후자는 상의상대성(相依相待性)을 의미한다. 安井廣濟,『中觀思想の硏究』(東京: 法藏館, 1970), pp.14-16 참조.

9) "是故 去 去者 所去處 皆無." 『中論』(大正30, p.5b).

성론적 사고방식이며, 그런 방식으로는 사물의 진상을 파악하지 못한다. 분열된 의식(분별, 分別)의 불합리성(공성, 空性)을 통찰함에 의해 사물의 진상이 드러나게 되는 것이다. 관거래품에서는 운동에 대한 위와 같은 실체론적 사고방식을 철저하게 비판하고 있으며, 본고에서는 이러한 운동 부정의 논리를 청목(靑目, Piṅgala, 300-400경)과 월칭(月稱, Candrakīrti, 600-650경)의 주석을 중심으로 현대학자들의 견해를 참조하여 분석하였다.

관거래품의 논리를 구명함에 있어서 다음과 같은 과제를 열거할 수 있다.

첫째, 『중론』이 반야경의 공사상을 계승하였다면 관거래품은 반야경에서의 불래불거사상과 구체적으로 어떤 연관이 있을까?

둘째, 흔히 관거래품이 팔불게(八不偈)중 불래불출(不來不出)을 집중적으로 구명한 것이라고 한다.[11] 그렇지 않다고 볼 수는 없을까?

셋째, 관거래품의 논리를 분석할 때 훈고학적이고 문헌학적인 연구는 자칫하면 단지 학문적 효용으로 그치기 쉽다. 『중론』이 종교적이고 실천적 성격을 갖고 있다면 그 논리 역시 현대적 언어로 재생 가능해야 한다. 운동부정론이라고 하면 희랍 철학자 제논(Zeno)을 떠올리게 되는데 서양철학에서는 Zeno 이래 Hegel, Bergson, Black에 이르기까지 다양한 측면에서 운동 현상에 대한 비판이 있어 왔다. 이런 서양철학에서의 운동 비판론은 용수의 논리와 어떤 차이점이 있을까?

넷째, 관거래품이 독립된 논서가 아니라 총 27품으로 구성된 『중론』의 한 부분이며 관거래품의 논리가 『중론』 내 다른 품에서도 가끔 활용되고 있음을 발견할 수 있다. 그러면 관거래품에서 거래를 부정하기 위해 쓰인 논리는 다른 현상에는 어떤 식으로 적용될 수 있을까?

---

10) 『起信論』에서 대승을 체와 상과 용으로 구분하여 설명하는데 본고에서는 이런 분류를 현상의 세 가지 측면에 대응시킬 수 있는 것으로 보아, 거법(去法)에 대해 이런 삼중구조를 차용하여 대응시켜 보았다. 『大乘起信論』(大正32), p.575c 참조.

11) 安井廣濟, 『中觀思想の硏究』(東京: 法藏館, 1970), p.142.

본고에서는 이러한 의문을 해결하고자 먼저 제Ⅱ장에서는 '운동'이라는 현상에 어떤 문제점이 있는지 살펴보면서 Zeno 이래 서양철학에 나타난 운동 현상에 대한 구명의 노력을 정리하여 관거래품 해석을 위한 인식론적 기초로 삼았다.

제Ⅲ장에서는 먼저 『중론』을 저술하게 된 취지를 살펴본 후 『중론』의 사상적 배경이 되는 반야경에서의 거래부정론(不來不去)과 팔불 중 불래불출(不來不出)의 의미를 분석하여 관거래품과의 연관성을 조명해 보았다.

제Ⅳ장에서는 월칭의 Prasannapadā와 『중론』 청목소 및 그에 대한 현대 학자들(山口益, 梶山雄一, 本多惠, Murti, Kalupahana, Inada 등)의 견해를 비판적으로 수용하면서 본격적으로 관거래품의 논리를 분석하였다. 각 게송의 배열순서보다 그 의미를 중심으로 전체 게송을 1.운동과 지각의 괴리, 2.운동체와 운동의 연기적 관계, 3.운동의 삼상(三相)의 세 가지 항목으로 분류하여 그 의미를 현대적으로 해석하였다.

제Ⅴ장에서는 관거래품에서 사용된 논증 형식을 『중론』 내 다른 품에서 쓰이는 동일한 논리형식에 대비시키면서 용수의 운동부정론의 특징과 그 실천적 의의를 밝혔다.

Ⅱ. 서양철학적 관점에서 본 운동의 인식 기제(機制)

살아 있는 우리 중생들은 분명히 눈앞에서 이리 저리 이동해가는 '움직임'을 바라보고 있고 우리의 신체 또한 굽히고, 일어나고, 뻗치고, 웅크리는 '운동'을 한다. 그런 운동이 의심할 여지없이 우리의 눈을 통해 지각되고 있다. 그러나 좀 더 면밀히 검토해 보면 그런 '운동지각'에는 많은 문제점이 내포되어 있다는 것을 발견하게 된다. 예를 들면 눈앞에서 파리 한 마리가 S자 곡선을 그리면서 날아간다고 할 때 우리에게 그 S자 곡선이 모두 동시에 지각되는 것은 아니다. 매 순간 순간 어느 정도 길이의 커브(Curve)만 인지될 뿐인데 우리는 S자 곡선을 한꺼번에 지각했다고 느끼며 별 문제의식 없이 살아가고 있다. 그러나 결코 그럴 수는 없다.

파리의 S자 비행은 한꺼번에 이루어지는 것이 아니라 시간의 흐름에 따라 순차적으로 그려지는 것이다. 그러니 날아가는 파리를 바라볼 때 느껴지는 '운동감'은 찰나 찰나 변해가는 것이지 S자라는 전체 운동의 궤적이 한 순간에 동시에 지각되는 것은 아니다.

그렇다면 항상 현재인 지각의 순간은 그 길이가 얼마나 될까? 현재의 찰나는 어느 정도의 길이를 가질까? 아니면 아무 길이도 없는 것일까? 찰나가 어느 정도의 길이가 있다면 그 길이는 또 다시 세분될 수 있기에 자교상위(自敎相違)[12)]의 오류에 빠진다. 즉 최소 단위로써 찰나를 설정했는데 그것이 세분되면 더 작은 길이의 단위가 존재하게 되므로 처음에 '최소 단위'라고 규정한 전제가 그 의미를 상실하게 된다. 그렇다고 해서 찰나에 길이가 없다면(0) 찰나가 아무리 누적되어도 시간이 흐르지 않게 되어 역시 오류에 빠진다. 찰나 이론이 봉착하게 되는 이율배반이라고 할 수 있다.

이런 식의 시간관에 입각할 때 바로 Zeno(490?-430 B.C.E.)의 역리(逆理)가 도출되게 된다. 고대 희랍 Elea학파의 Zeno가 의도한 바는 운동을 귀류적으로 논파함으로써 그의 스승 Parmenides(540-470? B.C.E.)의 입장을 옹호하는 것이었다. 다원론자인 Pythagoras(582-500 B.C.E.)학파의 주장처럼 시공(時空)이 분할 가능하다고 하더라도 운동은 존재할 수 없음을 논증한 것이다.[13)] Robert Brumbaugh는 Zeno의 역리는 시간과 공간의 분할 정도에

12) 『인명입정리론』에 실린 33가지 논리적 오류 가운데 하나로 '자기 학파의 교리에 위배되는 주장을 내세우는 것'이 이에 해당한다. 찰나설은 아비달마 교학의 이론으로, '더 이상 나누어질 수 없는 최소 단위의 시간'을 의미한다. "한 찰나는 시간의 극한에 대한 명칭인데, 다시 쪼개어 반 찰나가 되게 할 수 없다(一剎那名時邊際更不可析為半剎那)." 『阿毘達磨藏顯宗論』(大正29, p.799a).

13) Burnett, J., *Early Greek Philosophy*(New York: Meridian Books, 1957), p.31

따른 네 가지 조합에 각각 대응되는 것이라고 해석했다.14) 즉 시간과 공간의 연속성(무한분할 가능성)과 비연속성(최소 단위의 존재) 여부에 따라 Zeno의 역리(逆理)가 네 가지로 구분된다는 것이다. 시간의 경우 연속적이란 말은 찰나가 어느 정도의 길이를 가진다는 의미이다. '화살의 역리'나 '이분(二分) 분할의 역리'는 시간의 연속성에 바탕을 두고 있고, 'Achilles와 거북의 역리'와 '경기장의 역리'는 시간의 비연속성에 바탕을 둔 것이다.15) 그래서 Zeno는 "날아가는 화살은 날아가지 않는다."든지16) "Achilles가 거북을 앞지르지 못한다."는 역리를 펼쳤던 것이다. Bergson(1859-1941)은 시공의 속성과 운동의 괴리에 대한 Zeno의 역리를 비판하면서 운동의 속성에 대해 다음과 같이 규정했다.

> 사람들은 운동이 공간에서 일어나는 것이라고 말하는데 운동이 동질적이고 분할할 수 있는 것이라고 단언할 때, 바로 그 운동이 통과한 공간을 생각하고 있는 것이다. … 움직이는 물체가 한 위치에서 다른 위치로 옮겨가는 과정, 즉 지속(持續)을 점유하고 있으며 의식 있는 목격자에게만 현실성을 갖는 그러한 과정은 공간에서 빠져나와 있다. … 운동은 정신적인 종합이며, 심적인 종합이라서 넓이가 없다. … 우리가 생각하기에 Elea학파의 궤변은 운동과 동체가 통과한 공간을 그처럼 혼동한데서 비롯한 것이다.17)

Bergson은 공간화된 사유의 오염을 씻어 버리고 순수한 결정으로서의 운동만 추출하여 그 운동이 공간 속에 있는 것이 아니라 거기서 빠져 나와 정신

8.
14) Siderits and O'Brien, "Zeno and Nāgārjuna on Motion", *Philosophy East and West* 26, No.1 (Hawaii: University of Hawaii Press, 1976), p.282.
15) 위의 책, pp.282-285.
16) 네 가지 역리 중 '화살의 역리'를 소개하면 다음과 같다. "시간은 무한 분할 가능하고 또 찰나는 그 길이가 없기 때문에 어느 순간이건 화살은 그 길이와 똑같은 공간에 멈춰 서 있다. 그러므로 화살은 결코 움직이지 않는다. 다시 간단히 말하자면 길이 없는 찰나가 아무리 누적되어도 시간이 경과할 수 없다. 즉 아무리 많은 찰나를 합쳐도 그 총합계는 항상 '0'이다." 위의 책, pp.283-284.
17) Bergson, 『시간과 자유의지』, 정석해 역(서울: 삼성출판사, 1977), pp.104-105.

적, 심적 과정 속에서 넓이 없이 존재하는 것이라고 주장했다. 다시 말해 운동은 외계에 실재하는 것이 아니라 우리의 정신 내에 존재하는 것이란 말이다.

Hegel(1770-1831)은 Zeno를 '변증법의 창시자'라고 찬양하면서 다음과 같이 말했다.

> 일반적으로 우리가 운동에 관하여 말할 때 한 물체가 한 장소에서 다른 장소로 옮긴다는 것을 의미한다. 이 둘 중 어느 한 곳에 있다면 이 물체는 정지되어 있기 때문이다. 그렇다고 둘 사이에 있다고 말한다 해도 아무런 의미가 없다. 왜냐하면 둘 사이도 하나의 장소가 될 것이며 똑같은 어려움이 나타나기 때문이다. 그러나 운동이란 한 장소에 있으면서 동시에 거기 있지 않은 것을 의미한다. 공간과 시간의 연속성이 운동을 비로소 가능하게 하는 것이다.[18]

또, Hegel은 운동이란 바로 부정성(否定性)과 연속성의 통일이라고 주장한다. 즉 시간과 공간의 본질이 바로 운동이라는 것이다. 그리고 이러한 본질을 구성하는 것이 무한한 연속성과 연속성의 부정인 비연속성이다. 운동은 그러므로 연속성과 비연속성의 통일이다. 운동은 모순이고 모순의 통일이다.[19] Hegel은 연속성(正)과 비연속성(反)의 모순을 통일(合)하여 변증법적으로 '운동'을 관념의 차원으로 승화시켰다.[20]

시간, 공간 속에서 도저히 '운동'이 존재할 여지가 없다면 그것은 시공 속에 있는 것이 아니라 차원을 달리하여 우리의 관념 속에 있는 것이라고 그 도피처를 찾을 수 있다. 이런 과정은 수학적으로 미분학이라는 훌륭한 도구

---

18) 강대석, 『그리스 철학의 이해』(서울: 한길사, 1987), p.55에서 재인용.

19) 위의 책, p.54.

20) Murti는 Hegel 의 변증법을 '정립과 반정립간의 대립을 제거하기 위해 양자를 제3의 관념으로 통합시킴으로써 그 둘 사이의 부조화를 없애 조화롭게 하는 것'이라고 하고 이와 달리 용수의 변증법은 '그 대립쌍 양쪽을 모두 부정하는 것'이라 Hegel 式으로 통합된 관념은 또 다른 상(相)에 불과한 것으로 Mādhyamika의 변증법과 다르다고 한다. Murti, 앞의 책, p.128, p.301 참조.

를 이용하여 표현할 수 있다. Stcherbatsky는 인식의 미분구조에 대해 다음과 같이 설명했다.

> **마치 수학자가 미분을 통해 속도를 계산해 내듯이 인간의 마음도 이와 같아서 천성적인 수학자로서 순간적인 감각으로부터 지속을 축조해 낸다.**[21)]

사실 운동뿐만이 아니라 모든 변화상(變化相)은 미분기제(微分機制, Differential mechanism)를 통해 우리에게 지각되는 것이다. 시간의 흐름에 따라 발성되고 귀에 들리는 언어에서 의미를 채득하는 과정이나 오케스트라의 심포니를 듣고 그 음조를 감득하는 과정 모두 미분기제를 통해 이루어진다고 볼 수 있다. Black(1954)은 Zeno의 역리를 비판하면서 현재 매 순간 느끼는 '운동감', 즉 '움직임의 느낌'은 'i라는 순간의 속도'라고 보아 이를 해결했다.[22)] 즉 'i라는 순간'으로 미분해 나가서 얻은 'i라는 순간의 속도'가 곧 움직임의 느낌이다. 이를 수학적으로 표현하면 다음과 같이 된다.

우리가 어느 순간 느끼는 속도감(움직임의 느낌)은 물체가 그 순간에 순간적으로 이동한 거리를 그 순간의 길이로 나눈 값이다. 즉,

$$\text{속도 } (v) = \frac{\text{순간적으로 이동한 거리}(s)}{\text{그 순간의 길이}(t)}$$

그런데 움직임을 느끼는 순간은 그 길이가 '0'일 수도 없고 어느 길이를 가질 수도 없다. 이는 앞에서 언급했듯이 '찰나론이 봉착하게 되는 이율배반

---

21) Stcherbatsky, *Buddhist Logic* Vol.I (New York: Dover Publications Inc., 1962), p.107.

22) *The Encyclopedia of Philosophy*, Vol.8 (New York: The Macmillan Company & The Free Press, 1978), p.375.

적 상황'이다. 찰나가 길이가 있다면 더 세분될 수 있기에 자교상위(自教相違)의 오류에 빠진다.[23] 찰나가 길이가 없는 '0'이라면 다음과 같이 불능(不能)이나 부정(否定)의 등식이 된다.

$$\text{속도 } (v) = \frac{\text{거리}(s)}{0} \quad \text{(불능)}$$

$$\text{속도 } (v) = \frac{0}{0} \quad \text{(부정)}$$

그러면 이런 난국을 어떻게 벗어날 수 있을 것인가? 우리가 느끼는 '움직임의 느낌(속도감)'은 움직이는 물체의 현재 순간의 속도인데, 그 '순간 속도'는 무한히 '0'에 수렴하는 시간 동안 이동한 거리(ΔS)를 무한히 '0'에 수렴하는 그 순간의 길이(ΔT)로 나눈 값이다. 이것이 바로 미분이다. 우리는 기억속의 전찰나의 상황에, 감각에 비친 현찰나의 느낌을 대비시켜 변화를 지각하게 되는데 이에 의거해 '운동의 지각기제'를 기술해 보자.

현재의 속도(현재의 운동감, 빠르기) = Vp,
현찰나 운동체의 위치 - 전찰나 기억속의 운동체의 위치 = ΔS,
현찰나 시간좌표 - 전찰나 기억속의 운동체의 시간좌표 = ΔT,
라고 할 때

$$Vp = \frac{\Delta S}{\Delta T} \text{ 인데 } \Delta T\text{가 무한히 '0'에 수렴한다면}$$

$$Vp = \lim_{\Delta T \to 0} \frac{\Delta S}{\Delta T} \text{ 가 된다.}$$

---

23) Zeno의 '경기장의 역리'가 이를 입증한다. Siderits and O'Brien, 앞의 책, pp.284–285 참조.

이 경우 등식은 성립한다.

이 때 운동(Vp)은 시간(ΔT)이나 공간(ΔS)과는 다른 차원(등식의 좌변)에 있다.

이상과 같이 필자는 운동의 문제점을 지적하면서 Zeno 이래 Hegel , Bergson 및 Black의 운동 비판을 개괄적으로 살펴보았다. Zeno는 시공 속에서 운동이 존재 불가능함을 논증했고, Hegel, Bergson 및 Black 등은 모두 운동이 시공과는 다른 차원에 존재한다고 밝혔다. Black의 경우 운동의 인식기제를 미분구조로 파악한 것만 해도 대단한 업적이라고 생각된다. 그러나 본고 제Ⅳ장에서 밝히겠지만 용수의 운동 부정론과 비교할 때 이 모두가 실체론적 [유자성론적, 有自性論的] 사고방식의 한계를 벗어나지 못한 것이다.

Ⅲ. 관거래품의 사상적 배경

1. 『중론』의 취지

청목은 용수(150-250경)가 『중론을』 저술하게 된 동기를 반야경을 인용하면서 다음과 같이 주석했다.

> 부처님께서 열반에 드신 후 오백년이 지난 상법시대(像法時代)에 사람들의 근기가 우둔해져 모든 법에 대해 깊이 집착하게 된다. 십이인연, 오음, 십이처, 십팔계 따위의 결정적인 모습을 구하려 하게 되니 부처님께서 의도하신 바는 알지 못하고 단지 문자에만 집착하게 된다. … 용수보살께서 이런 것을 [방지하기] 위해 이 『중론』을 지으셨다.[24)]

---

24) "佛滅度後 後五百歲 像法中 人根轉鈍 深著諸法 求十二因緣 五陰 十二入 十八界等決定相 不知佛意但著文字 … 龍樹菩薩 爲是等故 造此中論." 『中論』(大正30), p.1.

즉 부처님께서 무아(無我)를 설하기 위해 오음(五陰, 五蘊), 십이처(十二處), 십팔계(十八界) 등의 교설을 베풀고, 중생을 해탈케 하기 위해 십이인연(緣起)의 설법을 행하였는데 세월이 흐름에 따라 무아의 체득이나 해탈이라는 목적(佛意)은 도외시하고 오온, 십이처, 십팔계, 십이연기 등의 법(文字)의 정체를 탐구하는 것에만 집착하는 결과가 초래되었다. 이런 주객전도의 상황을 시정하기 위해 저술한 것이 바로 이 『중론』이다.

오음, 십이처, 십팔계설은 모두 아공(我空), 즉 무아의 진리를 설명하기 위해 쓰여졌던 범주들이었다. 그런데 그 목적은 도외시하고, 색(色), 수(受), 상(想), 행(行), 식(識)의 실재를 주장하게 되면 문제가 커진다. 불타 설법의 목적은 어떤 이론적인 도그마를 제창하기 위함이 아니었다. 불타는 중생의 고통을 제거하여 안온함을 안겨 주고자[발고여락(拔苦與樂)]하는 실천적인 목적을 갖고 있었기에 병에 따라 약을 주듯이[응병여약(應病與藥)] 교화 대상의 근기에 따라 설법하는 철저한 대기설법으로 일관하였다. 이를 『대지도론』에서는 다음과 같이 주석했다.

> 모든 불법은 한량이 없어 마치 큰 바다와 같다. 중생의 뜻에 따라 행하는 까닭에 여러 가지로 법을 설하신다. 때로는 유(有)라 하고 때로는 무(無)라 하며, 때로는 상(常)이라 하고 때로는 무상(無常)이라 하며, 때로는 고(苦라) 하고 때로는 락(樂)이라 하여, 때로는 아(我)라 하고 때로는 무아(無我)라 하며, 때로는 삼업(三業)을 부지런히 하여 모든 선법(善法)을 포섭하라 하고 때로는 일체법(一切法)이 그 짓는 모습이 없다고 하신다. 이처럼 여러 가지로 다르게 설하신다.[25]

그러나 불타의 열반 후 세월이 흐름에 따라 그런 '대기(對機)' 또는 '응병(應病)'의 측면은 망각하게 되고 '설법(說法)' 또는 '여약(與藥)'의 측면만 남

25) "諸佛法無量有若大海,隨衆生意故種種說法,或說有或說無,或說常或 說無常,或說苦或說樂或說我或說無我,或說数行三業攝諸善法或說一 切法 無作相 如是等種種異說." 『大智度論』(大正25), p.192a.

게 되었다. 불전결집의 부정적 측면은 이와 같은 법의 석고화, 정형화라고 할 수 있다. 그러나 이는 위대한 성인의 열반 후에 항상 야기되는 불가피한 결과이다. 불전 결집 후 오백 여 년의 세월이 흐르면서 불교는 2부 18종으로 가지를 치면서 방대한 아비달마 교학을 성립시켰다. 아비달마적인 불교 이해는 불타의 설법을 정연한 체계로 조직화 시키려는 노력이었다. 경에서는 대화체로써 교리를 논하고 있음에 반하여 논부(論部)는 경(經) 중에 있는 교리를 조직화하고 체계화하여 이것을 해석, 기술하고 있다. 즉 논부 는 철학적 글(書)이다.[26] 그러나 이런 노력은 불타가 설한 문자의 재현에는 성공했을지 몰라도 그 의도를 소홀히 하게 되는 결과를 가져 왔다. 이들은 법상(法相)의 일정한 모습만 탐구하게 되어 학문적 번잡함만 가중시켰던 것이다. 그러던 중 불멸 후 6백 여 년 경 용수보살이 분연히 일어나 석고화 된 불법의 타파, 즉 불의(佛意)의 재현이라는 일대 혁신을 일으켰다.

『중론』은 용수의 저작 중 가장 대표적인 것으로 불교 내적으로는 설일체유부(說一切有部), 불교 외적으로는 Sāṃkhya, Vaiśeṣika의 실체론적[有自性論的] 진리관을 그 파사(破邪)의 대상으로 삼았다.[27] 사제(四諦)를 위시하여 사연설(四緣說), 윤회와 열반 등 초기 불교의 여러 개념을 모두 부정하고 있는데 자칫 그 취지를 오해하여 그 모든 것이 없음을 주장하는 것이 『중론』의 목적이라고 이해하게 되면 결국 악취공에 떨어지게 된다. 이에 대해 『대지도론』 사연의품(四緣義品)에서는 사연(四緣)을 예로 들어 다음과 같이 해명했다.

> 보살은 제법이 사연으로부터 생하는 것을 알아서 관찰 하지만 <u>사연 가운데에서 정상(定相)을 취하지는 않는다.</u> … 반야바라밀가운데서 <u>다만 사견을 제거하는 것이지 사연을 파(破)하지는 않는다.</u>[28]

---

26) 金東華, 『俱舍學』(서울: 동국대학교석림회, 1982), pp.34-35.
27) 金東華, 『佛教教理發達史』(서울: 삼영출판사, 1977), p.515 및 吉藏, 『中觀論疏』(大正42), p.132b 참조.
28) "菩薩觀知諸法從四緣生而<u>不取四緣中定相</u> … 般若波羅密中<u>但除邪見而不破四</u>

따라서 『중론』을 이해할 때도 용수가 아비달마적 불교 이해에 대해 우려했던 것과 마찬가지로 용수의 의도는 도외시하고 그 문자에 집착하는 잘못을 범해서는 안 될 것이며 관거래품의 논리를 이해할 때도 이런 점을 염두에 두어 그 목적이 '거래 현상을 실체론적으로 바라보는 우리의 사고방식의 시정'에 있음을 명심해야 할 것이다.

2. 반야경에서의 거래 부정론

용수는 여러 가지 대승경전중 반야계통의 경전의 영향을 가장 많이 받았으며 관거래품의 불거사상(不去思想)도 반야경에서 그 시원을 찾을 수 있다. 반야계 경전에 등장하는 불래불거부주(不來不去不住)라는 구절에 대한 논증으로써 관거래품이 성립되었다고 볼 수 있는데[29] 불래불거부주, 또는 불래불거, 또는 무래무거(無來無去)라는 구절은 『대품반야경』을 위시하여 『소품반야경』[30] (또는 『도행반야경』)[31], 『방광반야경(放光般若經)』[32] (또는 『칠만송반야경』) 및 『금강경』[33]에서도 발견할 수 있다. 『대품』이나 『소품반야경』 모두 용수 이전에 존재했던 것으로 이 중 『대품반야경』은 유일하게 용수의 주석이 『대지도론』[34]으로써 전해지고 있어 본고에서는 『대품반야경』을 중심으로 불래불거의 개념과 그에 대한 비유적 설명, 그리고 『대지도론』에 언급된 용수의 해설을 고찰해 보았다.

『대품반야경』에서는 제23 함수품(含受品)과 제89 담무갈품(曇無竭品)에 '불래불거부주'라는 표현이 집중적으로 등장하고 있다. 비단 사람이나 사물

緣." 『大智度論』(大正25), pp.297b-c.

29) 『大智度論』(大正25), pp.427c-428a.

30) 『小品般若經』(大正8), p.562b, p.584a, c.

31) 『道行般若經』(大正8), p.473c, p.475a.

32) 『放光般若經』(大正8), p.32c, pp.82b-c, pp.129b-c.

33) 『金剛般若波羅密經』(大正8), p.572b.

34) 작자에 대해 이설이 많다. 加藤純章, 「大智度論の世界」, 『講座大乘佛教2, 般若思想』(東京; 春秋社, 1982), pp.159-162 참조.

뿐만이 아니라 일체법이 거래의 주체가 된다고 하는데 그렇게 거래하는 듯이 보이는 일체법이 "오지도 않고 가지도 않으며 머물지도 않는다."는 말은 무슨 의미일까? 타인에게 자신의 의사를 납득시키기 위해서는(위타비량, 爲他比量) 최소한 삼단논법의 구조를 갖추어야 하는데 대품반야경에서는 종(宗), 인(因), 유(喩)[35]의 삼단구조 중에서 종(宗)과 유(喩)가 설명의 주조를 이루고 인(因)으로서의 설명은 그 분량이 그리 많지 않다. 담무갈품을 보면 '무래무거(無來無去)'를 설명하는 장문에 걸친 비유를 발견할 수 있다. 담무갈 보살이 살타파륜(薩陀波崙) 보살에게 다음과 같이 말한다.

> 비유하자면 마치 봄(春)이 끝나는 달에 태양이 뜨거울 때 아지랑이가 움찔거리는 것을 보고 그것을 쫓아가 물을 구하려고 하는 사람이 있다. 너는 어떻게 생각하느냐? 이 물이 어떤 연못, 어떤 산, 어떤 샘에서 [흘러]오느냐? 또 지금은 어느 곳으로 [흘러]가느냐? 동쪽 바다나 서쪽 바다, 남쪽 바다나 북쪽 바다이겠느냐? 살타파륜 보살이 말하기를 스승이시여 아지랑이에는 원래 물이 없는데 어떻게 오는 곳이나 가는 곳이 있겠습니까? 담무갈 보살이 살타파륜 보살에게 말했다. 선남자야, 어리석은 사람이 알지 못하고 덥고 갈증에 못이겨 아지랑이가 움찔거리는 것을 보고 물이 없는데도 물이라는 생각을 내느니라. … 선남자야, 모든 부처님은 색신(色身)으로써 볼 수 없다. 모든 부처님의 법신(法身)은 무래무거니라. 모든 부처님의 오는 곳, 가는 곳도 이와 같으니라.[36]

여기서는 무래무거라는 종(宗)에 대해 아지랑이를 물로 착각하는 경우를 유(喩)로 들어 설명하고 있다. 즉 아지랑이를 물로 착각할 때 그 착각된 물이 어디서 오는 것도 어디로 가는 것도 아닌 것처럼 모든 부처님의 법신은 무래

35) 宗: 주장, 因: 이유, 喩: 실례. 원의범역, 「간추린 인도 논리학」, 『한글대장경』 136 (서울: 동국역경원, 1972), pp.479-480 참조.

36) "譬如春末月日中熱時 有人見焰動 逐之求水望 得於汝意云何 是水從何池何山何泉來 今何所去 若入東海西海南海北海耶 薩陀波崙言 大師焰中尚無水 云何當有來處去處 曇無竭菩薩語薩陀波崙菩薩言 善男子 愚夫無智為熱渴所逼 見焰動無水生水想 … 善男子 諸佛不可以色身見 諸佛法身無來無去 諸佛來處去處亦如是." 『大智度論』(大正25), pp.744c-745a.

무거라는 것이다. 이어서 공후(箜篌)라는 악기의 소리 등을 예로 들어 모든 부처님뿐만 아니라 모든 법이 무래무거임을 설명하고 있다.

> … 비유하자면 공후의 소리와 같다. [소리가] 나올 때 온 곳이 없고 사라질 때 가는 곳이 없다. 중연(衆緣)이 화합하므로 생하는 것이다. 조(槽)와 경(頸)과 피(皮)와 현(絃)과 주(柱)와 곤(棍)과 사람이 손으로 두들김의 여러 인연이 화합하여 소리가 있게 된다. 이 소리는 조(槽)로부터 나온 것도 아니고 경(頸)으로부터 나온 것도 아니며 … 사람의 손으로 부터 나온 것도 아니다. 중연이 화합하여 비로소 소리가 있게 된다. 이런 인연들이 떠나 버릴 때도 역시 가는 곳이 없다. 선남자야, 모든 부처님의 몸도 역시 이와 같아서 한량없는 공덕의 인연으로 생하는 것이지 하나의 인이나 하나의 연이나 하나의 공덕으로 생하는 것이 아니며 또 아무 인연 없이 있는 것도 아니다. 중연이 합해서 있는 것이다. 여러 부처님의 몸은 한 가지 일로부터 이룩되는 것이 아니다. 오되(來) 그 기원이 없고 가되(去) 그 도달하는 바가 없다. … 또한 일체의 법이 래거상(來去相)이 없음을 알아야 하느니라.[37]

또 바닷속 보물의 예를 들면서 그 보물은 어디에서 온 것이 아니라 중생의 선근의 인연으로 바닷속에서 이런 보물이 나온다고 설명하고 있다.[38] 이처럼 담무갈품(曇無竭品)에서는 불래불거라는 종(宗)에 대해 장문의 비유를 들어 교시하지만 그 인(因)에 대해서는 중연화합고(衆緣和合故)라는 간단한 문구만 들고 있다.

한편 제23 함수품을 보기로 하자.[39] 여기서는 일체법을 열거하면서 그 모든 것에 대해 "좇아 오는 바가 없고, 가는 바도 없고, 머무르는 바도 없다(無所從來 亦無所去 亦無所住)."라고 서술하면서 그 인(因)으로 '움직이는 모

---

37) "譬如箜篌聲 出時無來處 滅時無去處 衆緣和合故生 有槽有頸有皮 有絃有柱有棍 有人以手鼓之衆緣和合而有聲 是聲亦不從槽出 不從頸出 … 亦不從人手出 衆緣和合乃有性 是因緣離時亦無去處 善男子 諸佛身亦如是 從無量功德因緣生 不從一因一緣一功德生 亦不無因緣有 衆緣和合故有 諸佛身不獨從一事成 來無所從去無所至… 亦當知無一切法來去相." 『大智度論』(大正25), p.745b.

38) 위의 책, p.745a-b.

39) 위의 책, p.427b-c.

습이 없으므로(不動相故)'라고 간단히 언급한다. 그러나 그것은 '무래무거'와 같은 의미이므로 인으로서의 역할이 충분하지 못하다. 또 여기서는 일체법으로 색을 위시한 오온과 그 법(法), 여(如), 성(性), 상(相) 을 비롯하여, 무위법(無爲法)과 그 법, 여, 성, 상에 이르기까지 총 303가지 현상을 열거하고 있으며 이에 대한 용수의 주석에 관거래품의 게송이 등장한다.

> … 묻기를, 지금 제법의 존재에서 오고 감을 볼 수 있는데 어째서 부동상이고 무래무거라고 말하는가? 답하기를, 래거상은 앞에서 이미 논파했지만 지금 다시 설명 하겠다. 일체의 불법(佛法) 중에는 '나'도 없고 '중생'도 없고 '지자(知者)'도 없고 '견자(見者)'도 없다. 그러므로 래자(來者)나 거자(去者)도 없다. 래자, 거자가 없으므로 래거상 또한 없어야 하리라. 또 삼세(三世)중에 거상을 찾아봐도 얻을 수 없다. 왜냐 하면 이거(已去) 중에는 거가 없으며 미거(未去) 중에도 거가 없으며, 이거와 미거를 떠나서 거시(去時)도 거가 없다. … 거상(去相)을 떠나서는 거시를 얻을 수 없으며 거시를 떠나서는 거상을 얻을 수 없다. 어떻게 거시가 거한다고 말하겠는가? … 그러므로 거자는 거하지 않고 불거자도 거하지 않고 거와 불거를 떠나서는 거도 있을 수 없다. 래자(來者)와 주자(住者)도 이와 같다. 40)

우선 무아설에 입각하여 오는 주체(來者), 가는 주체(去者)가 있을 수 없음을 밝히고 그에 따라 오는 모습(來相)이나 가는 모습(去相)이 있을 수 없다고 논증한다. 그리고는 관거래품의 게송을 요약하고 있는데 여기서 거상(去相)과 거시(去時)의 상의상대적 연기 관계를 명백히 하고 있다. 관거래품에서는 제2게에서 제5게에 걸쳐 거시(去時)를 논파하고 있는데 이로 미루어 보아 그 논거가 거상(去相)과 거시(去時)의 연기적 관계에 있다는 것을 확증

---

40) "問日 諸法現有來去可見 云何言不動相無來無去 答日 來去相先已 破 今當更說 一切佛法中無我無衆生乃至無知者見者 故來者去者無 來者去者無故 來去相亦應無 復次 三世中求去相不可得 所以者何 已去中無去未去中亦無去 離已去未去去時亦無去… 離去相去時不可得 離去時去相不可得 云何言去時去 … 是故去者不去不去者亦不去 離去不去亦無有去 來者住者亦如是." 『大智度論』(大正25). pp.427c-428a.

할 수 있다. 또 인용 부분 마지막에서 "래자(來者)와 주자(住者)도 이와 같다."고 첨언하고 있음을 볼 수 있다. 즉 관거래품은 불거불래부주라는 명제에서 불거라는 부분에 대한 논증이며 불래나 부주는 그 논증과 동일한 형식으로 논파할 수 있다는 말이다.

제31 「초품중37품의(初品中三十七品義)」에서도 정업(正業)을 설명하면서 관거래품을 요약하여 인용하고 있는데 여기서는 「함수품」에서의 거상(去相), 거시(去時)라는 용어를 거업(去業)과 거처(去處)라는 용어로 바꿔 쓰고 있다.

> … 왜냐하면 거업이 없이 지금의 거처는 얻을 수 없으니 만일 거업이 없으면 지금의 거처는 곧 거업이 없게 되며 거업 없이는 곧 지금의 거처는 없게 된다. 이 모습들은 함께 연(緣)이 되는 까닭이다. 단지 지금의 거처가 거를 갖는다고 말할 수 없다. 또 만일 지금의 거처가 거업을 갖는다면 거업 없이 응당 지금의 거처가 있어야 하며 거처 없이 응당 거업이 있어야 하리라 [41]

즉 gamyamāna를 거처(去處)로 번역하고 gati를 거업(去業)으로 번역하여 그 양자 사이의 상의상대적 연기 관계에 입각해서 그것이 각각 독자적으로 존재할 수 없는 것이라고 설명하고 있다. 본고에서는 『대지도론』의 이러한 해석을 토대로 관거래품 제2게에서 제5게까지를 분석하였다.

지금까지 살펴 본 것처럼 반야경에서는 불래불거부주라는 종지에 대해 주로 비유로써 설명을 하고 있으며, 『중론』 「관거래품」은 그에 대해 논리적 인(因)의 역할을 함으로써 위타비량(爲他比量)의 삼단 구조를 보완해 준다고 할 수 있다.

3. 팔불게와 불래불거

41) "… 何以故 除去業 今去處不可得 苦除去業 今去處則無去業 除去 業則無今去處 是相與共緣故 不得但言今去處有去 復次 苦今去處有去業 離去業應當有今去處 離去處應當有去業." 『大智度論』(大正25), pp.205b-c.

용수는 불타 정각의 핵심인 반야공사상을 팔불게로 집약하였고『중론』은 그 팔부중도(八不中道)에 의거하여 총 27가지 항목에 걸쳐 불교 내외의 다양한 개념에 대한 실체론적[유자성론적, 有自性論的] 이해를 논파한 것이다. '불생불멸, 불상부단, 불일불이, 불래불출'의 팔불게는 반야계 경전 상에서 무수히 등장하는 쌍차부정(雙遮否定)의 대구(對句)에서 그 연원을 찾을 수 있다.[42]『반야심경』에서의 '불생불멸 불구부정 부증불감'을 위시하여 불합불산(不合不散), 불수불사(不受不捨), 부정부란(不定不亂), 불시불수(不施不受), 부지불우(不智不愚) 등 쌍차부정의 대구는 반야계 경전 도처에서 발견할 수 있다. 그러면, 반야 공사상이 집약된 팔불게는 무엇을 뜻하며 그 중 불래불출은 관거래품과 어떤 관계에 있는 것인지 살펴보기로 한다.

팔불게에 대한 자세한 설명은 월칭의 소보다 청목의 소나 무외소(無畏疏)[43] 에 자세하게 언급되어 있다. 청목소나 무외소의 내용은 대동소이한데 청목소를 중심으로 팔불의 의미를 해석해 보기로 한다.

anirodham anutpādam	불생역불멸(不生亦不滅)
anucchedam aśāśvatam	불상역부단(不常亦不斷)
anekārtham anānārtham	불일역불이(不一亦不異)
anāgamam anirgamam	불래역불출(不來亦不出)

청목의 소를 분석해 보면 이런 팔불게는 각각 독자적 의미를 띄고 있는 것이 아니라 공성에 대한 네쌍(四雙)의 측면에서의 조망인 것을 알 수 있다. 즉 불생불멸이라는 쌍구(雙句) 하나로 일체법을 파할 수 있는데 사람에 따라 이해의 측면이 달라 네 개의 쌍구로 논파하는 것이다. 다음의 구절을 보자.

42) 眞野龍海,「龍樹における般若經の理解」,『龍樹教學の硏究』(東京: 大藏出版, 1983), p.205 참조.
43) 寺本婉雅 編,『梵漢獨對校 西藏文 和譯 龍樹造 中論 無畏疏』(東京: 國書刊行會, 1977), pp.4-15.

물음: 불생불멸로 이미 일체법을 파(破)했는데 어째서 다시 여섯 가지로 불게(不偈)를 설하느냐?

답변: 불생불멸의 뜻을 성립시켜 주기 위해서이다. 불생불멸은 받아들이지 않지만 불상부단을 믿는 사람이 있다. 만일 불상부단을 깊이 탐구하면 그것이 곧 불생불멸이 된다. 왜냐하면 법이 만일 실제 있다면 곧 응당 없지 않으리니 먼저 있다가 지금 없어지는 것이 단(斷)이다. 또 만약 먼저 있는 성품이라고 하면 이것이 곧 상(常)이다. 그러므로 불상부단을 말한다.44)

여기서 '단(斷)'을 '선유금무(先有今無)'라고 했는데 이는 '먼저 있던 것(先有)'이 멸하여 '지금은 없다(今無)'는 의미가 된다. 또 만일 '먼저 있는 성품(先有性)'이라고 하면 이것이 곧 상(常)이라고 설명했는데 공관 불교에서는 '무엇이 있다(有性)'는 표현은 '항상되다(常)'는 표현과 동일한 의미라고 본다.45) 먼저 있던 것이 그대로 생(生)한다면 상주한다는 말이 되고, 먼저 있던 것이 없어진다면(滅) 지금의 것과 단절되어 있다는 말이 된다. 이 때 선유(先有)를 인(因)이라 하고 새로 생한 것을 과(果)라고 할 수 있는데 이런 '인과 과'라는 용어에 대입하여 불생불멸과 불상부단의 의미를 정리하면 다음과 같이 된다.

불생불멸(不生不滅): 인(因)이 과(果)로 그대로 생하는 것도 아니고, 과가 생할 때 인(因)이 완전히 멸하는 것도 아니다.

불상부단(不常不斷): 과가 생할 때 인이 과로 항상되게 이어지는 것도 아니고 과가 인과 단절되어 있는 것도 아니다.

청목소(靑目疏)나 무외소(無畏疏)를 보게 되면 남은 두 쌍구의 의미도 씨앗(因)과 싹(果)에 빗대어 위와 같은 형식으로 설명하고 있다. 그래서 불일불

---

44) 『中論』(大正30), pp.1-2.
45) Sharma, Chandradhar, *Critical Survey of Indian Philosophy*(Delhi: Motilal Banarasidass, 1976), p.87.

이와 불래불출의 의미를 인(因)과 과(果)에 대입하여 정리하면 아래와 같이 된다.

불일불이(不一不異): 인과 과가 같은 것(-)도 아니고 다른 것(異)도 아니다.

불래불출(不來不出): 과가 생할 때 인이 과로 가는 것(出 또는 去)도 아니고 과가 인 아닌 다른 곳에서 오는 것(來)도 아니다.46)

이처럼 팔불게는 인간의 네 쌍(四雙)의 사유방식에 대입하여 공성을 표현한 것이라고 볼 수 있다. 청목소에서는 여러 가지 대립쌍 중에서 '인과 과'를 '종자와 싹'에 대비시켜 설명했지만 『중론』 전 품을 훑어 보면, 네 쌍의 사유방식이 '인과 과' 간의 관계뿐만 아니라 '주체(體) 와 작용(用)', '모습(相)과 실재(體)', '능(能)과 소(所)' 등의 관계에까지 두루 적용되고 있음을 알 수 있다. 월칭은 제8 관작작자품(觀作作者品)에서 서로 상의상대하는 쌍으로 다음과 같은 법들을 들면서 그 모든 쌍의 관계가 '작자(作者)와 업(業)간의 관계'에서와 같은 형식으로 설명될 수 있다고 했다.

> 소생(所生, janya)과 능생(能生, janaka), 거자(去者, gantṛ)와 거법(去法, gamana), 소견(所見, draṣṭavya)과 능견(能見, darśana), 소상(所相, lakṣya)과 능상(能相, lakṣaṇa), 소기(所起, utpādya)와 능기자(能起者, upadāka), 부분(部分, avayava)과 유분(有分, avayavi), 덕(德, guṇa)과 유덕(有德, guṇin), 능량(能量, pramāṇa)과 소량(所量, prameya)47)

---

46) 청목은 "마치 씨앗 가운데서 싹이 좇아 올 곳이 없는 것과 같다. 만일 오는 것이라면 싹이 응당 다른 곳에서 와야 한다. 마치 새가 날아와 나무에 깃들임과 같이. 그러나 실제 그렇지 않다. 그러므로 不來이다. … 세간에서 눈으로 만물이 不出임을 본다. 만일 出이 있다면 응당 싹이 씨앗에서 出함을 보아야 한다. 마치 뱀이 굴에서 나오듯이. 그런데 실제 그렇지 않다. 그러 므로 不出이다."라고 한다. 『中論』(大正30), pp.2b-c.

47) 安井廣濟, 『中觀思想の硏究』(京都: 法藏館, 1979), pp.90-91에서 재인용.

이 모든 대립쌍간의 팔부중도적 공성을 논하는 것이 『중론』의 내용이라고 보아도 큰 무리가 없다.

월칭은 팔불게중 불래불거(anāgamam anirgamam)에 대한 논증이 관거래품의 내용이라고 했고, 『대지도론』 제89 담무갈품(曇無竭品)에서는 무래무거무주를 주석하면서 관거래품이 그에 대한 논증임을 암시하고 있었다. 월칭은 관거래품을 주석하면서 그 서두에서 다음과 같이 기술했다.

> 비록 생(生)의 부정에 의해서 조건부 발생[緣起]으로 불멸(不滅) 등의 특수상이 성립했다고 하더라도 불래불거의 조건부 발생을 증명하기 위해서 세간에 잘 알려진 '가는 것', '오는 것'이라고 하는 운동의 부정을 목적으로 한 어떤 다른 이론이 서술되지 않으면 안 된다.[48]

그러나 이를 문자 그대로 수용하는 데는 문제가 있다. 왜냐하면 관거래품 게송 중에 '거자(去者)'와 '거법(去法)'의 불일불이성에 입각한 논증이 보이기 때문이다. 팔불게가 『중론』의 각품보다 상위에 있다면 그 팔불보다 하위에 처하는 각론에서 다시 팔부중도적 논리를 펴는 것은 문제가 되기 때문이다. 따라서 관거래품은 단순히 팔불 중 불래불거에 대한 논증인 것만은 아니다. 그 논증 속에 팔불중도의 원리가 다시 내재해 있어 팔불게와 관거래품은 상호포섭의 관계에 있다고 보아야 한다.

한역 경전에서는 불래불거 또는 무래무거라는 표현만이 일률적으로 등장하고 있다. 그러나 범문(梵文)을 찾아보면 그 용어에 다소 차이가 있음을 알게 된다. 반야경에서는 불래와 불거에 대해 다음과 같이 다양하게 기술하고 있다.

불래: anāgatikā, anāgata, na-āgama

불거: agatikā, agata, na-gamanam[49]

---

48) Candrakirti, *Prasannapadā*, 本多惠 譯, チヤンドラキルテイ プラサンナパダー和譯②(서울: 大韓傳統佛教研究院, 1988), p.83.

또 팔불게 상에서는 불래불출(또는 불래불거)를 anāgamam anirgamam 이라고 하여 그 표현을 조금 달리 한다. 그러나 다음과 같은 월칭의 설명으로 미루어 보아 그 모두를 동일한 의미로 간주해도 무방할 것 같다.

> 래(來, āgati)는 오는 것(āgama)으로, 먼 곳에 있는 것이 가까운 곳으로 오는 것(āgamana)이다. 거(去, nirgati)는 가는 것(nirgama)으로 가까운 곳에 있는 것이 먼 곳으로 가는 것(gamana)이다.[50]

4. 거래의 의미

관거래품 본송을 해석하기에 앞서 무엇보다 중요한 것은 '거래'의 의미를 확정하는 일이다. Murti[51] 나 Kalupahana[52] 등은 범문을 영역하면서 '거래'를 단순히 '운동(motion)'으로만 설명 하고 있는데 반해 길장의 『중관론소』나 『대품반야경』, 월칭의 소 등을 면밀히 검토해 보면 '거래'는 비단 물리적 운동뿐만이 아니라 '주체의 이동 현상' 모두를 지칭하는 것임을 알 수 있다. 먼저 월칭의 소에 나타난 구절을 통해 '거래'의 의미를 파악해 보기로 한다.

> 누구도 이 세상에서 죽어서 저 세상으로 이행하거나 혹은 가는 것이 아니다. ... 도장에 의해서 도장 자국이 보이지만 그 도장의 이행은 인지되지 않는다. 또 이 [도장 자국]는 그 [도장] 가운데 없으며, 또 다른 것으로부터 [오는 것]도 아니다. 이처럼 형성된 것은 단절도 항상됨도 없다.... 만일 종자가 그대로 싹으로 이행한다면 종자 그대로라서 그 싹은 아닐 것이다...[53]

---

49) 고익진 편, 『범한영 대조 팔천송반야경』(서울: 東國大學校 佛教大學, 1986), p.521.

50) Candrakirti, *Prasannapadā*, 山口益 譯, 『淨名句論と名づくる 月稱造 中論釋一』(東京: 弘文堂書房, 1947), p.6.

51) Murti, T.R.V., 앞의 책, p.170.

52) Kalupahana, D.J., *Nāgārjuna, The Philosophy of the Middle Way*(New York: SUNY press, 1986), pp.118-131.

월칭의 소에서는 공간적 운동뿐만 아니라 위의 예문처럼 육취(六趣)의 왕래, 도장과 그 도장 자국 간의 이행, 종자와 싹 간의 이행 등 다양하게 '거래사(去來事)'를 열거하며 그를 부정하고 있다. 이런 식의 거래개념(去來槪念)은 비단 월칭 뿐만 아니라 청목소에서도 볼 수 있다. 또 청목소의 주석서인 길장의 『중관론소(中觀論疏)』에서는 '거래'의 의미를 총 일곱 가지로 열거하고 있는데 표로 정리하면 다음과 같다.[54]

	래(來)	거(去)
세간인	사람의 움직임, 추위와 더위의 왕래	
외도 - 만물의 기원	자재천으로부터 오는 것 (원인 없이 옴)	자재천으로 되돌아가는 것 (원인 없이 감)
삼세유부(三世有部)[55]	미래로 부터 현재가 오는 것	현재가 과거로 흘러가는 것
이세무부(二世無部)	거짓 되게 연(緣)이 되는 것	연이 흩어지는 것
성실대승(成實大乘) - 무명의 식굴(識窟)로부터 흘러와 三界에 들어온다	처음 일어난 일념이 선인(善因)을 일으킴	근원으로 돌아감
지론사(地論師)	진(眞)을 어기고 망(妄)을 일으키는 것	망을 쉬고 진에 돌아가는 것
섭대승사(攝大乘師)	육도중생이 본식(本識)으로 부터 오는 것	

본장 제1절에서 살펴보았듯이 『대품반야경』에서 일체법이 '거래'의 주체가 된다고 하는 점까지 참작하면 '거래'라는 것은 비단 시(時), 공(空) 속에서의 물리적 운동뿐만이 아니라 인(因)과 과(果)간의 이행, 시간과 계절의 흐

53) Candrakirti, *Prasannapada*, 本多惠 譯, 앞의 책, pp.100-101.
54) 吉藏, 앞의 책, p.54a.
55) 길장 소에는 '二世有部'로 되어 있으나 길장이 영향을 받은 지림(智琳)의 소에는 '三世有部'로 되어 있다. 내용적으로 '三世有部'가 합당하다. 平井俊榮, 『中國般若思想史硏究』(東京: 春秋社, 1976), p.191 참조.

름, 생각의 발생, 육도윤회 등 '주체의 이동 현상', 모두를 일컫는다고 할 수 있다. 길장은 불래불출과 불래불거 개념을 비교하면서 전자는 총괄적인 인과거래(因果去來)를 의미하고 후자는 사(事)에 즉(卽)해 논의한 것이라고 설명했다.[56]) 따라서 운동이라는 현상 한 가지에만 적용시켜 논리를 전개하더라도 그 논리를 '주체의 이동 현상' 모두에 확대 적용할 수 있는 것이다.

Ⅳ. 관거래품에 나타난 운동 부정의 논리

1. 운동과 지각의 괴리

(1) 시간과 지각의 괴리

"만물은 유전한다. 한 번 들어갔던 강물에 우리는 두 번 다시 들어갈 수 없다."[57]) 이런 Heracleitos(535-475 B.C.E.)의 경구는 삼법인(三法印)중 제행무상인(諸行無常印)에 해당된다고 볼 수 있다. 모든 것은 변한다. 한 순간도 머무르고 있지 않다. 이렇게 거대한 시간의 흐름 속에서 인간은 삶의 보금자리를 틀고 있는 것이다. 공초 오상순은 '방랑의 마음'에서 다음과 같이 노래한다.

흐름 위에 보금자리 친
오 - 흐름 위에 보금자리 친
나의 혼(魂) …[58])

56) 吉藏, 앞의 책, pp.53-55.
57) 강대석, 앞의 책, pp.61-62.
58) 공초 오상순의 시 '방랑의 마음'에서 인용. 정한모·김용직 공저, 『한국 현대시 요람』(서울: 박영사, 1980), p.89.

그런데 그 보금자리의 부피는 얼마나 될까? 틀림없이 우리는 매 순간 순간의 현재 속에서 살아가고 있다. 이미 흘러가 버린 과거는 지금 있을 수도 없고 지금 느낄 수도 없다. 아직 흘러가지 않은 미래 또한 지금 있을 수도 없고 느낄 수도 없다. 그렇다면 지금 생생히 느껴지는 현재는 얼만큼의 길이를 갖고 있는 것일까? 만약 찰나에 길이가 있다면 현재의 찰나 역시 존재 한다고 할 수 있다. 그러나 용수는 시간성(時間性)은 결코 우리 인간의 지각에 포착될 수 없다고 단언한다.

> 이미 가버린 것은 가고 있지 않다. 아직 가지 않은 것도 가고 있지 않다. 이미 가버린 것과 아직 가지 않은 것을 떠나서 지금 가고 있는 것은 인지되지 않는다.
> gataṃ na gamyate tāvadagataṃ naiva gamyate/
> gatāgatavinirmuktaṃ gamyamānaṃ na gamyate// (제1게)[59]

여기서 '이미 가버린 것'과 '아직 가지 않은 것'이 가고 있는 것이 아니라는 구절은 쉽게 납득할 수 있지만 문제가 되는 것은 gatāgatavinirmuktaṃ으로 시작하는 하반부의 게송이다. 월칭은 '이미 가버린 것'과 '아직 가지 않은 것' 이외에 '지금 가고 있는 중'이라고 하는 제3의 다른 시간의 종류를 우리들은 보지 못한다[60]고 설명하고 있다. 이 말은 아래와 같이 두 가지 의미로 다르게 해석할 수 있다.

① 과거, 현재, 미래는 상호 의존적 관계에 있는데 전반 게송에서 과거,

---

59) "已去無有去 未去亦無去 離已去未去 去時亦無去." 『中論』, 구마라습 역(大正30. p.1), 제1게. 이하 관거래품 인용부는 출처를 생략함. 제1게 범문의 'gamyate'가 구마라습 역에서는 모두 '去'로 번역되었으나 波羅頗密多羅 譯의 『반야등론』에서는 '受'로 번역 되었다. √gam은 'to go'나 'to move' 등 이동의 뜻과 함께 'to perceive'라는 지각의 뜻도 있다. 필자는 山口益이나 Inada의 견해와 같이 上半偈에서는 '去'의 의미로 下半偈에서는 '受'의 의미로 번역하였다. Inada, K., *Nagārjuna*(Tokyo: The Hokuseido Press, 1970), p.44 참조.
60) Candrakīrti, *Prasannapadā*, 앞의 책, p.84.

미래가 없음이 밝혀졌으니 그에 의존하는 현재도 있을 수 없다.

② 전반 게송에서와 달리 과거와 미래가 있다고 하더라도 현재가 있다는 것만은 불합리하다.

그런데 월칭소나 청목소의 논조는 제1게의 하반(下半) 게송을 ②의 의미로 해석 한다. 즉 시간이란 것에 '이미 가버린 과거'와 '아직 가지 않은 미래'가 있다고 해도 그 외의 시간이어야 할 '현재'는 있을 수 없다는 말이다. 이 말은 형식논리학의 배중률(排中律)을 '흘러가는 시간'에 적용하여 내린 결론이다. 배중률은 "A는 B 이거나 비(非)B[B가 아닌 것]이지 그 중간의 것은 있을 수 없다."는 명제로 표현된다.61) 그래서 '흘러가는 시간'에 이를 대입하면 "시간(A)은 이미 흘러가버린 것(B)이거나 이미 흘러가버린 것이 아닌 것(非B)이며 그 이외의 다른 것일 수는 없다."는 식으로 된다. 여기서 '이미 흘러가버린 것이 아닌 것(非B)'은 미래로써 현재(지금 흘러가는 중인 것)는 있을 수 없다는 결론을 내리는 것이다.

이에 대해 반대론자가 지금 지나가고 있는 사람의 발에 밟혀지는 곳이 현재라고 반론한다. 그러나 발의 앞부분은 이미 지나가버린 장소(過去)이고 발의 뒤꿈치 쪽은 아직 지나가지 않은 장소(未來)에 포함되기에 지금 지나가고 있는 중인 것(現在)은 있을 수 없으며 발가락이나 그 구성 원소의 경우도 이와 마찬가지라고 설명한다.62) 즉 발가락, 더 작게는 그 구성 원소도 '지나가

61) 박종홍, 『일반논리학』(서울: 박영사, 1985), p.18.
62) Candrakirti, *Prasannapadā*, op. cit., p.84., 여기서 山口益 이나 本多惠는 "발가락의 앞끝에 존재하는 원자 바로 앞의 장소는 그에게 가버린 것(장소)에 포함된다. 뒷꿈치에 존재하는 맨 마지막 원자의 바로 뒤의 장소는 그에게 (아직) 가지 않은 장소에 포함 된다."고 번역 한다. 그러나 이렇게 되면 Siderits and O'Brien의 지적대로 그 사람이 뒤로 후퇴하여 걸어가야 논리에 합당하다 (Siderits and O'Brien, op. cit., p.290.). Siderits and O'Brien은 제21행과 제22행의 tasya 와 gate 사이에 'a'를 삽입하면 다시 전진의 의미가 되어 해결된다고 한다. 그러나 그렇게 되더라도 발이 처한 곳이 문제가 된다. 따라서 Murti 의 번역처럼 '발의 앞쪽 반'과 '발의 뒤쪽 반'으로 이해하는 것이 옳다. Murti, T.R.V., op. cit., p.179.

버린 부분(과거)'과 '아직 지나가지 않은 부분(미래)'으로 양분될 뿐이지 제3의 부분인 '지금 지나가고 있는 부분(현재)'은 있을 수 없다는 것이다.

청목도 이와 유사하게 '지금 지나가고 있는 중인 것(去時)'은 반은 '가버린 것(去)'이고 반은 '아직 가지 않은 것(未去)'이라고 설명한다. 전방으로 무한히 열려진 미래와 후방으로 무한히 열려진 과거가 있다고 하더라도 그 경계부인 현재는 길이가 '0'이라서 있을 수 없다는 논리라고 볼 수 있다. 이를 도시(圖示)하면 다음과 같이 된다.

← 시간 →	
이미 가버린 것	아직 가지 않은 것

과거 ↓ 미래

지금 가고 있는 것

현재 = 0

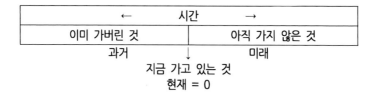

그런데 현재만이 있을 수 없는 것은 아니다. 전반 게송에서 선언했듯이 과거와 미래도 있을 수 없기에 '과거, 미래, 현재'가 모두 있을 수 없는 것이다. 우리가 시간을 하나의 선적인 흐름으로 파악할 때 과거, 미래, 현재에 일어나는 사건은 어느 것이건 우리의 지각으로 포착할 수 없다. 그러나 인간은 대부분 시간을 그렇게 직선적 흐름으로 간주하는 한편 과거, 현재, 미래가 모두 실재하여 지각되고 있다는 착각(전도망상, 顚倒妄想) 속에서 살아가고 있다. 그러나 과거건, 미래건, 현재건 어느 한 순간의 사건도 모두 시간의 도도한 흐름 속에서 일어나는 것이기에 우리의 지각에 포착될 수는 없는 것이다. 『금강경』의 '과거심불가득 현재심불가득 미래심불가득(過去心不可得 現在心不可得 未來心不可得)'이라는 구절도 관거래품 제1게의 논거에 따라 이해할 수 있다. 본고 제2장에서 언급했던 희랍 철학자 Zeno의 '화살의 역리' 역시 순간을 무한히 '0'에 수렴시킬 때 발생하는 결론이다. 제1게만 보면 용수의 운동 부정의 논리가 Zeno의 그것과 유사한 것처럼 생각하기 쉽다.[63] 그러나, 앞으로 본고 제V장 제1절에서 더 명확히 밝히겠지만 Zeno의 역리는 가상의 정지된 시공 속에서 일어나는 물리적 운동을 부정한 것이고 그 목적이 '부동(不動)'을 귀류적으로 입증하는데 있었던 반면 관거래품 제1게의 논리는 제행무상이라는 토대 위에서 유전하는 일체 사건의 실재성을 비판한 것이라고 볼 수 있다.

(2) 지각과 실재의 괴리

만일 과거, 미래, 현재 어느 경우건 우리의 인식에 포착될 수 없고 있을 수도 없는 것이라면 아무 일도 일어나지 말아야 할 터인데 그렇지 않은 것이 현실이다. 과거의 움직임, 미래의 움직임이 지금 있을 수 없다는 것은 인정하더라도 현재 우리 눈앞에서 벌어지고 있는 다양한 움직임은 존재하는 것이 분명하지 않은가? 그래서 반대론자는 손, 발의 움직임을 예로 들어 움직임의 실재를 반문하고 있다.

> 움직임이 있는 곳에 가는 것이 있다. 그래서 움직임은 [지금] 가고 있는 중인 것이니 [이미] 가버린 것이나 [아직] 가지 않은 것이 아니라 움직임이 가고 있는 중인 곳에 가는 것이 있다.
> ceṣṭā yatra gatistatra gamyamāne ca sā yataḥ/
> na gate nāgate ceṣṭā gamyamāne gatistataḥ// (제2게)64)

논리적으로 생각해 보면 과거, 미래, 현재가 모두 실재할 수 없는 것이기에 움직임이 있을 만한 여지가 없다고 볼 수도 있겠으나 우리는 살아가면서 분명히 움직임을 지각하고 있는 것이다. 바로 그 지각되는 움직임에 움직임이 있다고 반대론자는 주장한다.65) 이것은 비단 반대론자의 주장일 뿐만 아니

---

63) Siderits and O'Brien(op. cit., p.289.)이나 梶山雄一[정호영 역, 『空의 논리』(서울: 민족사, 1989), p.84]의 견해.
64) "動處則有去 此中有去時 非已去未去 是故去時去."

라 상식적으로 살아가는 우리 인간 대부분의 생각이다. 눈앞에서 틀림없이 오고 가는 움직임이 일어나고 있지 않은가? 그러나 여기에서 '지각(知覺)'과 '실재(實在)'의 크나큰 괴리를 발견할 수 있다. "무엇이 있다."고 할 때 그것은 어느 만큼의 부피를 갖고 시(時), 공(空)을 점유하고 있는 것일 텐데, 제1게에서 고찰해 보았듯이 부단히 흘러가는 시, 공속에는 어느 한 순간도 무엇이 있을 만한 여백이 없다. 따라서 그 '있다'는 '무엇'은 시, 공 속에는 도저히 있을 수 없다. 그러면 어디에 있다는 말인가? 우리의 지각적 앎 속에 있는 것일까? 제2장에서 고찰했듯이 움직임이 시, 공 속에 있다고 볼 때 발생 하는 모순을 해결하기 위한 노력이 Zeno 이래 서양철학에 있어 왔는데, Bergson이나 Hegel 및 Black 모두 '움직임'이라는 현상 그 자체를 부인하지 않고 논리를 전개시켰다. 즉 "정신 속에 있다."든지 "모순으로써 있다."고 결론을 짓고 있다.66) 그러나 용수는 "움직임의 지각이 있다."는 관념론적 해결도 결코 용납치 않는다. 왜냐하면 지각과 실재는 서로 상의상대적(相依相待的) 연기관계에 있기에 지각이 있으므로 실재가 있고 실재가 있음에 지각이 있는 것이며 그 어느 한 쪽이 독립적으로 존재한다고 볼 수 없기 때문이다. 이런 연기관에 의거한 설명은 앞에서 거론했던 『대품반야경』의 주석서 『대지도론』에도 잘 나타나 있다.67)

청목은 "가고 있는 중인 움직임에 가는 것이 있다."는 분별을 비판하여 마치 '움직이는 모습'이라는 그릇 속에 그와 별개인 '실재의 움직임'이라는 과일이 들어가 있다는 것과 같은 말이라서 잘못이라고 한다.68) 지각된 모습과

---

65) 반대론자는 '가고 있는 중인 것(gamyamāna)'을 앎(知覺)에 대비시키고 '가는 것(gati)'을 시공속의 이동(실재의 움직임)에 대비시키면서 그 지각된 움직임이 실재움직임이라고 한다.월칭은"그러므로 가고 있는 중인 것만 가지고 있는 것이다."를 주서가면서 "이 경우 하나의 〈감〉은 안다고 하는 의미이고 다른 〈감〉은 다른 장소에 도달한다는 의미이다(eki 'tra gamirjñānārthaḥ aparaśca deśantarasaṃpraptyartha iti)."라고 풀이한다. Candrakīrti, *Mādhyamikavṛtti*, Pousin. ed. *Bibliotheca Buddhica*, No.4.(Tokyo: Meicho-Fukyūkai, 1977), p.94.

66) 본고 제Ⅱ장 참조.

67) 본고 제Ⅲ장, 제2절 참조.

실재의 어느 하나가 선행할 수도 없고 서로 독립적으로 존재할 수도 없는 것인데 "움직이는 모습에 움직임이 있다."고 하게 되면 그 둘을 분리시켜 바라보는 것이므로 잘못이다. 그래서 용수는 다음과 같이 선언한다.

> [지금] 가고 있는 중인 것에서 도대체 어떻게 가는 것이 성립 되겠는가? [지금] 가고 있는 중인 것은 가는 것이 없으면 결코 성립하지 못하는데
> gamyamānasya gamanaṃ kathaṃ nāmopapatsyate/
> gamyamāne dvigamanaṃ yadā naivopapadyate// (제3게)69)

> 가고 있는 중인 것이 있다고 하는 사람에게는 가는 것 없이 가고 있는 중인 것이 있다고 하는 과실이 수반된다. 왜냐하면 가고 있는 중인 것이 가지고 있기 때문이다.
> gamyamānasya gamanaṃ yasya tasya prasajyate/
> ṛte gatergamyamānaṃ gamyamānaṃ hi gamyate// (제4게)70)

> 지금 가고 있는 것에 가는 것이 있다면 두개의 가는 것이 있다고 하는 과실에 떨어진다. [즉] 그 [지금] 가고 있는 중인 것에 의한 것과 그 [지금 가고 있는 중인 것]에 있어서의 가는 것이다.
> gamyamānasya gamane prasaktaṃ gamanadvayam/
> yena tadgamyamānaṃ ca yaccātra gamanaṃ punaḥ// (제5게)71)

제3게와 제4게에서는 지금 눈에 지각된 움직임(gamyamānam)과 실재의 움직임이 서로 상의상대하고 있어서 지각된 움직임이 따로 있을 수 없음을

---

68) 『中論』(大正30) p.4a.
69) "云何於去時 而當有去法 若離於去法 去時不可得." 제3게 하반부 의 범문 gamyamānam hy agamanam- 에서 hy agamanam 은 Poussin본에는 dvigamanam으로 표기되어 있다. 아울러 Poussin은 Tibet본을 대조하여 Tibet본에는 hy agamanam으로 되어 있다고 주석했다. 본고에서는 Inada, Kalupahana, 山口益 등 제학자들의 고견에 따라 hy agamanam으로 표기한다.
70) "若言去時去 是人則有咎 離去有去時 去時獨去故."
71) "若去時有去 則有二種去 一 謂爲去時 二謂去時去."

밝힌 것이다. 지각된 움직임은 그 이전에 실재의 움직임이 존재 했어야 가능한 것인데 제1게에서 실재의 움직임이 존재할 수 없음을 밝혔기에 지각된 움직임이 존재 한다고 볼 수 없다는 것을 논증한 것이다. 이런 논증 유형은 본고 제Ⅳ장, 제2절에서 취급할 '운동체'와 '운동'의 상의상대적 연기관계와 같은 형식으로 '실재의 운동'과 '운동의 모습'간의 상의상대적 연기관계에 의거한 논증이라고 볼 수 있다.

제5게는 위와 다른 측면에서 '지각된 움직임'에 '실재의 움직임'이 있다고 볼 때 발생하는 오류를 지적하고 있다. 즉 '지각된 움직임'에 '실재의 움직임'이 있다고 하면 지각과 실재라는 차원을 달리한 두 가지 영역을 동일선상에 놓고 진술하는 것이 되어 움직임이 두개가 있게 된다는 것이다. 즉 하나는 '지각된 움직임'이고 다른 하나는 그 '지각된 움직임'이 실재한다고 볼 때 있게 되는 '실재하는 움직임'이다. 즉 지각의 차원과 실재의 차원을 구분해 볼 때 실재의 차원은 제1게에서 도저히 있을 수 없음이 판명되었는데 그렇다고 하여 실재는 없지만 "지각된 것은 있다."고 말하게 되면 그 '있다'는 진술 속에 이미 실재론적 사고방식이 내재해 있어 움직임의 실체가 지각과 실재의 양 차원에 공존하는 결과가 된다. 즉 두개의 움직임이 있게 된다.

Murti 는 gamyamānam 을 운동체에 부속된 움직임이라고 하며 gamanam 을 공간에서 벌어지는 움직임이라고 하면서 논의를 전개시키고 있으나 그 대의(大義)는 위와 대동소이하다.72)

이를 제2장에서 살펴본 서양철학자들의 이론과 간단히 비교해 보기로 한다. Zeno는 시, 공이 분할 가능하다고 할 때 운동이 불가능함을 논증하고 있는데 Bergson은 Zeno의 역리를 비판하면서 운동을 정신적 현상으로 승화시켰다. Hegel의 변증논리적 해명이나 Black의 미분학적 해결 모두 Bergson과 그 맥락이 동일하다고 볼 수 있다. 그러나 운동의 모순을 변증법적으로 파악하여 정신 내에서의 종합이라고 규정한 서양철학자들의 실체론적 입장

---

72) Murti, T.R.V., 앞의 책 p.179.

과 달리 용수는 제2-5게에 걸쳐 소위 변증적 파기법(破棄法)으로써 철저하게 운동의 공성을 주장하는 것이다.

2. 운동체와 운동의 연기적 관계

관거래품 제1~5게에서는 '움직임'이라는 현상과 우리 인간의 '지각'사이에 가로놓인 장벽을 분석하면서 '움직임의 공성'을 논증하였다. 이런 식의 접근은 Zeno 이래 Bergson, Hegel 등의 이론과 그 맥락이 다르지 않다. 이런 식의 접근에서도 용수의 특징을 발견할 수 있었지만 총 25게송으로 이루어진 관거래품 중 거의 대부분이 이와는 다른 방식으로 운동의 공성을 논증하고 있다. 앞으로 살펴볼 접근 방식에서 우리는 용수 사상의 독창성과 우월성을 확인할 수 있다.

제6~11게, 그리고 제18~25게에 걸쳐서 용수는 '운동체'와 '운동'의 상의상대적 연기 관계에 입각하여 운동을 실체론적(有自性論的)으로 바라보는 우리의 사고방식의 오류를 지적 한다. 즉 체(體)와 용(用)간의 상호의존성(緣起)에 바탕을 두고 운동의 불합리성을 논증한다. 용수는 문맥의 흐름에 따라 논의를 진행시키면서 유사한 논조의 게송을 반복적으로 제시하고 있는데 이들 게송을 그 의미에 따라 분류하면 아래와 같다.

제6, 7, 18-21게: 운동체와 운동의 불일불이성(不一不異性)
제8-11, 22, 23게: '운동체가 운동한다'는 분별의 오류
제24, 25게: 총괄적 설명

그럼 먼저 운동체와 운동의 불일불이성, 즉 상의상대적 연기관을 표명하는 게송을 분석해 보기로 한다.

(1) 운동체와 운동의 불일불이

가는 것이 둘이라는 과실(過失)에서 가는 놈이 둘이라는 과실에 떨어진다. 왜냐하면 가는 놈 없는 가는 것은 성립치 않기 때문이다.
dvau gantārau prasajyete prasakte gamanadvaye/
gantāraṃ hi tiraskṛtya gamanaṃ nopapadyate// (제6게)[73]

만일 가는 놈이 없다면 가는 것은 성립치 않는다. 가는 것이 없는데 어떻게 가는 놈만이 있을 수 있겠는가?
gantāraṃ cettiraskṛtya gamanaṃ nopapadyate/
gamane 'sati gantātha kuta eva bhaviṣyati// (제7게)[74]

그런데 가는 것이 가는 놈과 다르다는 것은 타당치 못하다.
anya eva punar ganta gateriti na yujyate (제18게 상반)[75]

그런데 만일 가는 놈이 가는 것과 다르다고 분별된다면 가는 것은 가는 놈 없이 있을 것이고 가는 놈은 가는 것 없이 있게 되리라.
anya eva punargantā gateryadi vikalpyate/
gamanaṃ syādṛte ganturgantā syādgamanādṛte// (제20게)[76]

이상 열거한 게송에서는 가는 놈, 즉 '운동체'와 가는 작용, 즉 '운동'이 서로 독립적으로 존재할 수 없음을 이야기하고 있다. 이는 팔불게의 불일불이 중 불이(不異)의 측면을 설명한 것이다. 비단 사람이 움직여 지나가고 있을 때뿐만 아니라 어떤 것이건 '운동체가 운동하고' 있을 때 그것은 〈하나의 사실〉인데 인간은 그 〈하나의 사실〉 을 체(體)와 용(用)으로 구분하여 표현하는 습성을 갖고 있다. 즉 "달리는 사람이 달려간다."라든지 "비가 내린다." 또는 "내가 밥을 먹는다."라는 식으로 〈주어 + 술어〉의 문장 형식으로 그것을 표현하게 된다. 그 표현의 이면에는 인간의 그런 분별력, 즉 '주체'와 '작

73) "若有二去法 則有二去者 以離於去者 去法不可得."
74) "若離於去者 去法不可得 以無去法故 何得有去者."
75) "去法異去者 是事亦不然."
76) "若謂於去法 有異於去者 離去者有去 離去有去者."

용'이 자성(svabhāva)을 가지고 서로 독립적으로 존재한다고 보는 유자성론적(有自性論的, 실체론적) 사고방식이 깔려 있다. 그러나 달려가기 전에는 달리는 사람이 있을 수 없고, 내리기 전에는 비라고 할 수 없고 밥을 먹기 전에는 밥 먹는 사람이 있을 수 없으며 그 역(逆)도 마찬가지다.

이렇게 체와 용의 상의상대적 연기관에 의거하여 '운동체'와 '운동'의 불가분리성을 논하는 것이 관거래품에 나타난 '불이'의 사상이라고 할 수 있다. 그러나 그렇다고 해서 '운동체'가 곧 '운동'이라고 볼 수도 없다. 이는 '밥먹는 사람'이 '밥먹는 행위'라고 할 수 없고 '내리는 일'을 곧 '비'라고 할 수 없는 것과 마찬가지다. 만일 같다(一)고 하면 세상만사는 아무 구별도 할 수 없게 된다. 불이의 측면을 강조한다고 해서 그에 반대되는 동일성을 주장하는 것은 아니다. 이런 오해에 대한 우려에서 다음과 같은 게송을 설한다.

> 가는 놈이 곧 가는 것이라는 것 그것은 타당치 못하다.
> yadeva gananaṃ gantā sa eveti na yujyate/ (제18게 상반[上半])77)

> 만일 가는 것이 곧 가는 놈인 것, 그것이 실로 인정된다면 작자(作者)와 작업(作業)이 실로 하나의 존재라는 말이 된다.
> yadeva gamanaṃ gantā sa eva hi bhavedyadi/
> ekībhāvaḥ prasajyeta kartuḥ karmaṇa eva ca// (제19게)78)

청목은 제19게를 주석하면서 "만일 그렇게 되면 그것은 착란이 되어 '가는 것'으로 인하여 '가는 놈'이 있거나 '가는 놈'으로 인하여 '가는 것'이 있는 인연을 파괴하게 되며, 또 사람은 상(常)하고 법(法)은 무상(無常)한데 만일 그 양자가 동일하다면 그 둘이 모두 상하거나, 모두 무상하게 되는 오류에 빠진다."79)고 했다. 월칭은 "'가는 놈'과 '가는 것'이 동일하다면 작자(作者)

77) "去法則去者 是事則不然."
78) "若謂於去法 卽爲是去者 作者及作業 是事則爲一."
79) 『中論』(大正30), p.5b.

와 운동이 하나로 되어 작자와 운동의 구별도 있을 수 없게 되며 '절단이라는 운동'과 '절단하는 사람'이 같다는 말이 되어 불합리하다."고 주석했다.[80] 청목과 월칭 모두 '행위'와 '행위자'의 별리성(別異性)에 기반을 두고 논의하고 있다.

지금까지 고찰한 불일불이의 측면에서 '운동체'와 '운동'이 같지 않다는 것은 납득하기 쉽다. 그 양자가 다르지 않다(不異)는 점에 대해 논한 부분이 불일(不一)에 대한 논증보다 그 양이 많은데, 이점에서 『중론』의 실용적 성격을 짐작할 수 있다. 즉 인간으로서 이해하기 힘든 부분(불이의 측면)에 더 많은 양을 할애함으로써 이론을 넘어선 응병(應病)에 주안점을 두고 있다고 볼 수 있다.

> 동일한 존재라거나(一) 또는 다른 존재라거나(異) 하는 양자에서 알려지지 않은 것이 어떻게 성립 하겠느냐?
> ekībhāvena vā siddhirnānābhāvena vā yayoḥ/
> na vidyate tayoḥ siddhiḥ kathaṃ nu khalu vidyate// (제21게)[81]

이처럼 운동체와 운동의 관계는 같다거나 다르다고 하는 인간 분별력의 한계를 벗어나 있는 것이다.

상의상대적 연기관은 불교 사상사적으로 볼 때 용수의 저작에서 처음 등장한다고 해도 과언이 아니다.[82] 『중론』 사상의 핵심이 반야 공사상을 계승한 것이라고 할 때, 그 공성을 논증하는 상의상대적 연기관은 어디서 비롯된 것일까? 용수의 논서에서 Sāṃkhya, Vaiśeṣika, Jaina 등의 학파는 언급하고 있으나 니야야(Nyāya)학파에 대한 직접적인 거론은 없다.[83] 그러나 용수가 『니야야수뜨라』의 16구의(句義)를 비판하는 『광파론(廣破論, Vaidalyaprakaraṇa)』을 저술했다는 점에서 보듯이 용수는 니야야학파의 논리학을 숙지하

---

80) Candrakirti, *Prasannapadā*, 本多恵 譯, 앞의 책, p.97.
81) "去去者是二 若一異法成 二門真不成 云何當有成."
82) 安井廣濟, 앞의 책, pp.14-25 참조.
83) 梶山雄一, 정호영 역, 『空의 논리』(서울: 민족사, 1989), p.103.

고 있었다. 운동체와 운동의 불가분리성은 니야야학파에서도 거론하고 있었다. 여기서 니야야의 Kārana 개념 중 'Samavāya(내속, 內屬) 관계'를 비교해 보기로 한다.

니야야에서 Kārana(因)와 Karya(果) 관계를 말할 때 Samavāya(직접적 원인) 관계를 그 중 하나로 들고 있는데 이는 공간적으로 뗄래야 뗄 수 없는 관계를 가리킨다.[84] Samavāya 관계에 있는 것으로 다음과 같은 쌍들을 들고 있다.

①전체와 부분 (avayavin, avayava)
②물체와 그 속성 (dravya, guṇa)
③운동과 그 운동체 (kriya, kriyāvat)
④종(種)과 류(類) (vyakti, jāti)
⑤원소와 그 특징 (nitya dravya, viśeṣa)[85]

이런 쌍들은 서로 불가분리한 필연적 결합 관계에 있는 것들로 한 쪽이 없으면 다른 한 쪽도 있을 수 없다. 관거래품에서 운동체와 운동의 관계를 얘기할 때 쓰이는 논조는 ③kriya와 kriyāvat의 관계에 대비될 수 있다. 초기불교에서 십이연기로 대표 되는 피연생과(彼緣生果)라는 일방향의 연기법이 『중론』에 이르러 상의상대적 연기관으로 확대되는데[86] 그 발상에 있어서 니야야와의 교류가 있지 않았을까 생각된다. 즉 십이연기에서 "이것이 있음에 저것이 있고 이것이 멸함에 저것이 멸한다."는 일방향의 연기관이 "이것이 있음에 저것이 있고 저것이 있음에 이것이 있다."는 쌍방향의 연기관으로 확대되는데 바로 그 발상이 니야야의 Samavāya 관계와 유사하다. 그러나 종국

84) 원의범 역, 「간추린 인도 논리학」, 『한글대장경』 136(서울: 동국역경원, 1979), p.449.
85) 같은 책.
86) 安井廣濟, 앞의 책, pp.14-15 참조.

에 가서 니야야는 체(體)가 용(用)에 선행한다고 보아 중관불교와 그 입장을 달리하고 있다. 이는 요소 실재론적인 그들의 사상체계에서 비롯된 입장이다.

(2) 운동체가 운동한다는 분별의 오류

앞의 (1)에서 문제가 됐던 불이의 측면을 좀 더 구체적으로 논증하면 어떻게 될까? 우리 인간은 주체와 작용을 나누어서 "주체가 작용한다."고 보는 사고방식(分別)을 갖고 살아가는 경우가 대부분이다. 그러나 아래 게송[87] 에서 논증하듯이 주체가 그 작용을 별개로써 사용할 수 없다.

> 그처럼 가는 놈이 간다고 하는 것이 어떻게 성립 하겠는가? 가는 작용 없이 가는 놈이 있는 때가 결코 있을 수 없는데 …
> gantā tāvadgacchatīti kathamevopaoatsyate/
> gamanena vinā gantā yadā naivopapadyate// (제9게)[88]

> 가는 놈이 간다고 하는 것은 다음과 같은 오류에 빠진다. 가는 것 없이 가는 놈이 있어서 가는 놈이 간다는 식이 된다.
> pakṣo gantā gacchatīti yasya tasya prasajyate/
> gamanena vinā gantā ganturgamanamicchataḥ// (제10게)[89]

> 가는 놈이 진정 간다면 두 개의 가는 것이 있게 된다. 가는 놈이라고 하는 말에서 가는 놈과 또 간다는 것이다.
> gamane dve prasajyete gantā yadyuta gacchati/
> ganteti cocyate yena gantā sanyacca gacchati// (제11게)[90]

---

87) 한역 청목소에서는 제10게와 제11게의 배열이 바뀌어 있다. 그러나 제4게, 제5게의 논법의 배열에 비추어 볼 때 범문이 옳다고 할 수 있다. 길장 역시 이를 지적하면서 번역자 라집의 실수라고 해명한다(蓋是翻論者誤). 길장의 혜안을 짐작 할 수 있다. 吉藏, 『中觀論疏』(大正42), p.57c 참조.

88) "若去者有去 則有二種去 一謂去者去 二謂去法去." (한역의 제10게)

89) "若言去者去 云何有此義 若離於去法 去者不可得." (한역의 제9게)

가는 것에 의해 가는 놈이 말해지는 경우 그 가는 것을 그[가는 놈]는 가지 않는다. 왜냐하면 가는 것 이전에는 존재치 않기 때문이다. 실로 누가 어디로 가겠는가?
gatyā yayocyate gantā gatiṃ tāṃ sa na gacchati/
yasmānna gatipūrvo 'sti kaścit kiṃ ciddhi gacchati// (제22게)91)

가는 것에 의해 가는 놈이라고 하는 경우 그[가는 놈]는 그[가는 운동]와는 다른 것[가는 운동]을 가는 것은 아니다. 왜냐하면 한 사람의 가는 놈에게 두 개의 가는 것[운동]이 있는 것은 불합리하기 때문이다.
gatyā yayocyate gantā tato 'nyāṃ sa na gacchati/
gatī dve nopapadyete yasmādeke pragacchati// (제23게)92)

"가는 놈이 간다."는 표현 대신 "얼음이 언다."거나 "꿈을 꾼다."는 문장을 예로 들어 설명하는 것이 한국어의 특성에 비추어 볼 때 더 이해하기 쉽다. "얼음이 언다."고 하면 이미 얼어 있는 것(얼음)이 다시 '언다'고 하니 중복 서술하는 결과가 된다. "꿈을 꾼다." 말에서도 '꿈'이라고 하면 이미 꾸어지고 있는 것을 의미하는데 그것을 다시 꾼다고 하니 이중(二重)표현이 되어 두개의 꿈이 있게 되는 오류에 빠진다. 즉 '꿈'이라고 할 때의 꿈과 '꾼다'라고 할 때의 꿈 말이다. 제11게는 이런 맥락으로 이해해야 한다. 언어학에서는 이런 표현을 〈동족(同族) 목적어〉를 갖는 문장이라고 지적한다.93) 그러나 그에 대한 인생론적 해명까지는 하고 있지 않다. "얼음이 언다."든지 "꿈을 꾼다." 뿐만 아니라 "꽃이 핀다.", "비가 내린다.", "내가 살고 있다." 등의 무수한 표현도 문학적으로는 〈동족 목적어〉를 갖는 것은 아니지만 그 의미는 이중표현이 되고 있다. '꽃'이라고 하면 벌써 피어 있는 것이고, '비'라고 하면 벌써 내리고 있는 것이고 '나'라고 하면 이미 살아 있는 것인데 그것이

90) "若謂去者去 是人則有　離去有去者 說去者有去."
91) "因去知去者 不能用是去 先無有去法 故無去者去."
92) "因去知去者 不能用異去 於一去者中 不得二去故."
93) 이익섭·임홍빈 공저, 『국어문법론』(서울: 학연사, 1983), p.142.

다시 '피고', '내리고', '살고' 있으니 이중표현이 된다는 말이다. 이런 잘못은 주체와 작용을 나누어서 바라보는 사고방식의 반영이며, 그런 분별의 최면이 결국 주객 분열의 실존적 자기소외까지 초래한다고 볼 수 있다. 관거래품 게송의 반 정도가 '운동체와 운동의 관계'에 할애되고 있는 점으로 미루어 보아 이 '체용상즉사상(體用相卽思想)'이 용수의 운동 부정론의 핵심이라고 간주되며 비단 관거래품(觀去來品)뿐만 아니라 『중론』 도처에서 이런 형식의 논리를 발견할 수 있다.

3. 운동의 삼상(三相) (출발 - 운동 - 멈춤)

운동이라는 현상은 유위법이라서 '생(生), 주(住), 이(異), 멸(滅)' 또는 '성(成), 주(住), 괴(壞), 공(空)'이라는 생성과 소멸의 굴레를 벗어날 수 없다.[94] 생, 주, 이, 멸의 4상(四相)을 생, 주, 멸의 3상(三相)으로 줄여서 표현하기도 한다. 그렇다면 운동의 3상은 무엇일까? 운동이 처음 생하는 것을 '출발'이라고 할 수 있고 운동이 지속되는 과정은 '운동'하는 중에 있으며 운동이 멸하는 것이 '멈춤'이라고 할 수 있다. 지금 까지는 운동의 주상(住相)인 '운동'에 대해 그 공성을 살펴보았다. 관거래품 제12~17게에서는 그 생상(生相)인 '출발'과 그 멸상(滅相)인 '멈춤'에 대해 논파하고 있다. 운동의 주상을 부정한다고 하더라도 인접 개념인 생상과 멸상은 존재한다고 볼 수 있기에 용수는 그 두 가지 개념까지 철저하게 논파하고 있는 것이다.

(1) 출발의 부정

이미 가버린 것에서 '간다는 것'은 시작하지 않는다. 가지 않은 것에서 '간다는 것'은 시작하지 않는다. 지금 가고 있는 중인 것에서도 시작하지 않으니 어디서 '간다는 것'이 시작하겠는가?

94) 『中論』, 앞의 책, p.9a.

gate nārabhyate gantuṃ gantuṃ nārabhyate 'gate/
nārabhyate gamyamāne gantumārabhyate kuha// (제12게)[95]

가는 것이 시작하기 이전에는 지금 가고 있는 것이나 또는 이미 가버린 것이 있지 않다. 거기에서 시작하는 가는 것인데 어떻게 가지 않은 것에 가는 것이 있겠는가?
na pūrvaṃ gamanārambhādgamyamānaṃ na vā gatam/
yatrārabhyeta gamanamagate gamanaṃ kutaḥ// (제13게)[96]

모든 경우에 반드시 간다고 하는 것의 시작이 보이지 않는데 어떻게 이미 가버린 것, 지금 가고 있는 중인 것, 아직 가지 않은 것을 분별하겠는가?
gataṃ kiṃ gamyamānaṃ kimagataṃ kiṃ vikalpyate/
adṛśyamāna ārambhe gamanasyaiva sarvathā// (제14게)[97]

제12게와 14게의 논조는 본품 제1게에서의 논조와 동일하다. 출발이라는 현상이 과거에도 미래에도 현재에도 존재할 수 없다는 것이다. 이렇게 과거, 미래, 현재 삼시(三時) 어느 때에도 그 법을 포착할 수 없다는 논조는 관거래품 뿐만 아니라 여타의 품에서도 다양한 개념에 대해 두루 적용하고 있다. '본다는 작용(見)',[98] '불타는 작용(燃)',[99] '생겨남(生)',[100] '소멸함(滅)'[101] 등은 모두 삼시 어느 때건 존재할 수 없다고 논한다. 출발이라는 현상도 유위법의 일종이기에 삼시 어느 때에도 그 존재를 인정할 수 없다.

95) "已去中無發 未去中無發,去時中無發 何處當有發." De La Vallée Poussin 편의 범문에는 제12게 上半의 gantumnārabhyate' gate가 gantam nārabhyate' gate로 되어 있고 Inada 및 Kalupahana도 그에 따르고 있다. 그러나 三枝充悳은 이를 √gam의 부정사 gantum의 오식이라고 한다. gantam이라는 √gam의 변화형이 있을 수 없기에 본고에서는 三枝充悳의 견해를 따른다. 三枝充悳 譯, 『中論』 上(東京: 第三文明社, 1984), p.133 참조.
96) "未發無去時, 亦無有已去, 是二應有發未去何有發."
97) "無去無未去 亦復無去時 一切無有發何故而分別."
98) 관육정품 제3게. 『中論』, 앞의 책, p.6.
99) 관육정품 제3게 장행. 같은 책.
100) 관삼상품 제15게. 앞의 책, p.10.
101) 관삼상품 제27게. 위의 책, p.11.

제13게에서는 먼저 '이미 가버린 것'과 '지금 가고 있는 중인 것'에 출발이 있을 수 없다고 선언하고 '아직 가지 않는 것'에 출발이 있을 수 없다는 것을 말하고 있어 제12, 14게와 약간 그 형식을 달리 하지만 그 논거는 동일하다. 청목은 제13게에 대해 다음과 같이 설명했다.

> 만일 사람이 아직 출발하지 않았다면, 지금 가고 있는 중인 것도, 이미 가버린 것도 있을 수 없다. 만일 출발이 있다면 마땅히 지금 가고 있는 중인 것이나 이미 가버린 것의 두 곳에 있어야 한다. 그런데 그 두 곳에 모두 없다. 그리고 아직 가지 않을 때에는 출발이 있을 수 없으므로 아직 가지 않은 것에 어찌 출발이 있겠는가?[102]

(2) 멈춤의 부정

운동이라는 주상(住相)이 소멸하는 상태 즉 운동의 멸상(滅相)은 '멈춤'이다.[103] 운동을 부정하게 되면 인간의 상대적 분별력은 그 반대 개념인 멈춤, 즉 '정지'가 있다고 생각하기 쉽다. 본고 제2장에서 고찰한 Zeno의 역리가 논증하고자 했던 목적도 결국은 '부동(不動)'을 입증하는데 있었다. 그러나 용수는 제15~17게에 걸쳐 '멈춤'이라는 현상도 부정하고 있다.

> 가는 놈은 머물지 않는다. 이처럼 아직 가지 않는 놈 역시 머물지 않는다. 가는 놈과 가지 않는 놈 이외에 어떤 제3의 것이 머물겠는가?
> gantā na tiṣṭhati tāvadagantā naiva tiṣṭhati/
> anyo ganturagantuśca kastṛtīyo 'tha tiṣṭhati// (제15게)[104]

> 가는 놈이 그처럼 머문다고 하는 것이 어떻게 실로 성립하겠는가? 가는 작용이 없을 때, 그 때 역시 가는 놈은 성립하지 않는데 …
> gantā tāvattiṣṭatīti kathamevopapatsyate/

102) 위의 책, p.4c.
103) 위의 책, p.5a.
104) "去者則不住 不去者不住 離去不去者 何有第三住."

gamanena vinā gantā yadā naivopapadyate// (제16게)[105]

가고 있는 중인 것에도, 가버린 것에도, 가지 않은 것에도 멈춰 있는 것은 없다. 가는 것, 활동을 시작하는 것, 정지하는 것은 가는 작용과 마찬가지다.
na tiṣṭhati gamyamānānna gatānnāgatādapi/
gamanaṃ sampravṛttiśca nivṛttiśca gateḥ samā// (제17게)[106]

청목은 제15게를 주석하면서 '머무름'은 '가는 것'이 멸하는 것이라서 '가는 것'이 없으면 '머무름'도 있을 수 없다고 해석했다.[107] 즉 '머무름'은 '감'에 대한 상대적인 개념이므로 가는 놈만이 머무를 수 있는 것인데 '지금 가고 있는 놈'은 '머무른 것'이 아니고 '가지 않는 놈'은 머무를 수조차 없기에, '머무름'은 어디에건 있을 수 없다고 논변하는 것이다. 또 제16게에서는 운동이 없다는 전제 하에 '운동'과 '운동체'는 불이적 관계에 있어 운동체도 있을 수 없다고 하면서 그것이 머문다는 사실은 더 더욱 있을 수 없다고 주장하고 있다.

제17게에서는 위의 논리를 세상에서 '발생하는 모든 일'과 '소멸하는 모든 일'에 대해 똑같이 적용할 수 있음을 선언하고 있다. 활동의 시작 또는 발생을 청목소에서는 '행(行)'으로 번역하는데 그것은 씨앗이 싹에서 줄기로 그리고 잎으로 이어져 가는 것을 의미하고, 정지 또는 소멸을 '지(止)'라고 번역하면서 이는 "씨앗이 사라지니 싹도 사라지고, 줄기, 잎도 사라진다."는 의미라고 주석하고 있다. 청목은 이것은 곧 십이연기의 유전연기(行)와 환멸연기(止)를 의미한다고 부연 설명하였다.[108]

105) "去者若當住 云何有此義 若當離於去 去者不可得."
106) "去未去無住 去時亦無住 所有行止法 皆同於去義."
107) "何以故 因去法滅故有住 無去則無住." 『中論』, 앞의 책, p.5a.
108) 위의 책, p.5a.

V. 관거래품 논리의 응용과 그 특징

필자는 지금까지 월칭과 청목의 소에 의거하여 현대 학자들의 견해를 참조하면서 용수의 운동 부정의 논리를 분석하였다. 그런데 그 논리는 비단 '운동' 또는 '이동 현상'에만 적용될 수 있는 것만은 아니다. 그와 동일한 유형의 논리가 『중론』 전품에 걸쳐 원용되고 있음을 볼 수 있다. 『중론』에서 용수는 팔부중도에 입각하여 불교 내외의 제 개념에 대한 실체론적(有自性論的) 분별을 시정하고 있는데, 관거래품에서 비판된 '이동 현상'에 대해서도 다른 품에서 쓰인 논리와 같은 형식으로 논의하고 있다. 본고 제4장에서 관거래품의 내용을 총 여섯 가지 항목으로 분류 하여 논의하였는데 그 핵심을 다시 간추리면 '운동에 대한 통시적(通時的) 고찰'과 '공태적(共態的) 고찰'로 묶을 수 있다. 길장의 용어를 빌면 '통시적 고찰'을 삼시문파(三時門破)라고 할 수 있는데[109] 제1, 12, 15, 17게가 이에 해당된다. '공태적 고찰'은 제2~5게에서의 '모습과 실재의 분열을 논파하는 경우'와 그 이외의 게송에서 보이듯이 '주체와 작용의 분열을 논파하는 경우'로 다시 세분할 수 있는데 그 논조는 동일하다. 이런 분류에 따라 관거래품의 논리가 다른 품에서 어떻게 적용되는지, 또 그 특징은 무엇인지 고찰해 보기로 한다.

1. 운동에 대한 통시적 고찰

제1게에서 사용된 삼시문파(三時門破)의 논리는 『중론』 전품에 걸쳐 그리 많이 등장하고 있지 않다. 제3 관육정품(觀六情品) 제3게에서는 거래품을 예로 들어 그 논증을 생략하고 있으며 청목은 그를 구체적으로 풀이 하여 아래와 같이 설명하고 있다.

---

109) 吉藏, 앞의 책, p.54.

불(火)의 비유는 눈으로 보는 현상에 적용할 수 없다. 이거(已去), 미거(未去), 거시(去時)를 논할 때 이런 것은 이미 모두 답변 했다. (제3품 3게)[110)]

… 마치 '이미 불타버린 것', '아직 불타지 않은 것', '지금 불타고 있는 것' 모두에 불타오름이 없는 것과 같고 '이미 본 것', '아직 보지 않은 것', '지금 보고 있는 것' 모두에 본다는 상(相)이 없는 것과 같다. (위 게송의 장행)[111)]

이런 식으로 거래품 제1게송을 원용하는 논증은 제7 관삼상품의 제15, 17게에서도 발견할 수 있다. '생'이나 '멸'이 삼시 어느 때건 있을 수 없다는 것이다.[112)] 따라서 삼시문파의 논리는 비단 운동뿐만 아니라 '보는 것(見)', '불타오름(燃)', '생겨남(生)', '사라짐(滅)' 등 세간의 여러 개념에 대해 두루 적용할 수 있다. 예를 들어 '들리는 소리'에 적용하면 아래와 같이 된다.

이미 들린 것은 지금 들리지 않고, 아직 들리지 않은 것도 지금 들리지 않고, 이미 들린 것과 아직 들리지 않은 것을 떠나서 지금 들리는 것 역시 있을 수 없다.

더 나아가서 '맛 보는 것', '감촉되는 것', '생각하는 것' 등 인간에게 일어날 수 있는 모든 현상도 위의 형식에 대입하여 그 공성을 논증할 수 있다.

그런데 현대 학자들 중에는 이런 원용 가능성을 간과하고 단지 '운동'에 대한 논파라고만 보아 이를 Zeno의 역리와 비교하는 사람이 많이 있다. 그러나 Zeno의 역리가 운동에만 국한된 것임에 비해 용수의 논리는 일체의 유위법에 두루 적용할 수 있는 논리이다. 운동의 경우, Zeno의 역리에서는 가상의 정지된 시, 공 속에서 상대적 이동인 물리적 운동만 비판하고 있는 반면 용수의 논리는 철저한 무상성의 바탕 위에서 다시 공간적으로 이동하고 있는

110) "火喩則不能 成於眼見法 去未去去時 已總答是事."
111) "如已燒未燒燒時俱無有燒 如是已見未見見時俱無見相."
112) 『中論』, 앞의 책, p.10-11.

물리적 운동을 비판하고 있다. 사실상 운동에는 본질적 이동(無常)과 물리적 이동(運動)의 두 가지가 중첩되어 있는 것이기에 용수의 논리가 더 포괄적이라고 할 수 있다.

불교 내적으로도 또 다른 류의 운동 부정론을 볼 수 있는데 이들은 모두 찰나론적 무상관에 입각해서 운동을 부정하고 있다. Vasubandhu(세친, 320-400경)는 [순간순간 사물이] 절멸되어 버리기 때문에 움직임이 있을 수 없다고 한다.[113] 즉, 램프의 불꽃이 이동할 때 불꽃이 이동한 것 같이 보이지만 순간순간의 매 장소마다 다른 불꽃이 타오르는 것이라서 움직임은 있을 수 없다는 것이다.[114] 후대에, 용수에 사상적 근원을 둔 Śāntarakṣita(적호, 725-788)와 Kamalaśīla(연화계, 740-795) 역시 이와 동일한 논조로 운동을 부정하고 있다. "찰나적 사물들은 이동할 수 없다. 왜냐하면 그것이 나타난 순간 사라져 버리기 때문이다."[115]라거나 "제2의 찰나에는 전찰나에 존재했던 것은 눈꼽만큼도 남아 있지 않다."[116]라는 말은 모두 Vasubandhu처럼 찰나론적 시간관에 바탕을 둔 운동 부정론이다.

『중론』이 중국에서 구마라습(344-413)에 의해 한역 되면서 중관불교는 삼론학으로 중국적 전개를 하게 되는데 구마라습의 제자 승조(僧肇, 374-414)에게서도 찰나론적 시간관에 입각한 운동 부정론을 발견할 수 있다. 승조의 『조론(肇論)』 중 「물불천론(物不遷論)」의 한 구절을 예로 들어 본다.

> **과거의 사물은 그대로 과거에 존재하는 것이지 현재로부터 과거에 이르른 것이 아니요, 현재의 사물은 그대로 현재에 있는 것이지 과거로부터 현재에 이르른 것이 아니다.** [117]

---

113) Stcherbatsky, 앞의 책, p.98.
114) 위의 책, p.97.
115) 위의 책, p.98.
116) 위의 책, p.118.
117) "昔物自在昔 不從今以至黃 今物自在今 不從書以至今." 僧肇, 『物不遷論』, 塚本善隆編, 『肇論硏究』(京都: 法藏館, 1954), p.9.

이어서 승조는 만물이 부동인 소이로 '세(世)의 각 성품이 일세(一世)에만 머물기' 때문이라고 논하고 있다. 즉 공간의 3차원과 시간의 1차원을 합한 시공 4차원 좌표 상에서 어떤 사물도 이동할 수 없기에 사물이 천류(遷流)하지 않는다(物不遷)는 것이다.118)

Vasubandhu 와 Śāntarakṣita, Kamalaśīla 및 승조 모두 무상성이라고 부정적으로 표현된 시간성의 본질을 찰나라는 긍정적 용어로 포착하여 '운동부정론'을 펼쳤지만 본고 제Ⅱ장에서 고찰했듯이 찰나설은 필연적으로 이율배반에 떨어지고 만다. 뿐만 아니라 무상성에 대한 찰나론적 이해는 자칫하면 단멸론에 떨어지기 쉽다. 전찰나의 것이 후찰나에는 조금도 남아 있지 않아 운동이 불가능하다는 논조는 팔불게 중 불상부단에서 '부단'에 위배되는 단멸론이다. Śāntarakṣita, Kamalaśīla 및 승조 등이 용수의 사상을 계승했다고 하지만 그들의 운동 부정론은 용수의 것만큼 철저하지 못하다고 볼 수 있다.

2. 운동에 대한 공태적 고찰

(1) 모습과 실재의 분열에 대한 논파

관거래품 제2~5게는 '지금 지각되는 움직임의 모습(lakṣaṇa)'을 '실제 시공 속에서 이루어지는 움직임'이라고 간주할 수 없음을 논증하고 있다. 그 양측은 상의상대하고 있어서 전자 없이 후자가 있을 수 없고 후자 없이 전자가 있을 수 없다. 전자에 후자가 있다고 하게 되면 운동이 두 개가 존재하게 되는 오류에 빠진다. 이런 논리 역시 운동뿐만 아니라 '실재'와 '모습'이 관계

118) 이런 이해는 Nāgārjuna의 중관적 사유를 계승했다기 보다는 설일체유부 이래의 찰나론적 시간관에 더 가깝다. Robinson 역시 「물불천론」을 주석 하면서 설일체유부와 중관불교가 혼합된 듯하다고 평했다. Robinson, R.H., *Early Mādhyamika in India and China*(Delhi: Motilal Banarasidass,1978), p.154 참조.

되는 어떤 경우건 적용될 수 있다. 제5 관육종품(觀六種品)의 아래와 같은 게송이 이에 해당된다.

> **허공의 모습이 있기 전에는 허공 그 자체가 있을 수 없다. 만일 허공 그 자체가 먼저 있었다면 아무 모습 없이 존재한다는 오류에 빠진다. (제5품 제1게)**[119]

즉 모습 없이 실재가 있을 수 없으며, 실재 없이 모습이 있을 수 없기에 허공의 모습이 있기 전에는 허공 그 자체(실재의 허공)가 있을 수 없다. 『금강경』에서 "무릇 있는 바 모습은 모두 허망(虛妄)이니 만일 모든 모습이 모습 아님을 보게 되면 곧 여래를 본다."[120] 는 구절도 이런 논리로 해석할 수 있다. 제9 관본주품(觀本住品) 제3게도 이와 유사한 형식의 논리이나[121] 이런 '모습과 실재'의 분열에 대한 논파는 『중론』에 그리 많이 등장하지는 않는다. 그 보다는 주체와 작용, 또는 인(因)과 과(果) 간의 분열에 대한 논파가 주조를 이루고 있다.

(2) 주체와 작용의 분열에 대한 논파

관거래품 게송의 반 정도가 '운동체(가는 놈)'와 '운동(가는 것)'의 상의상대적 연기관에 입각한 논파로 이루어져 있다. 이는 포괄적으로 말해서 '체'와 '용' 간의 상의상대적 관계에 입각한 것이라고 볼 수 있다. 본고 제3장 3절에서 거론했듯이 월칭은 거자(가는 놈)와 거법(가는 것)을 위시하여 소생(所生)과 능생(能生), 소견(所見)과 능견(能見) 등 여러 가지 대립쌍들의 관계가 모두 작자(作者)와 업(業)간의 관계에 빗대어 논파할 수 있다고 하였는데 작자

---

119) "空相未有時 則無虛空法 若先有虛空 卽是無相."
120) "凡所有相皆是虛妄 若見諸相非相 即見如來." 『金剛般若波羅密經』(大正8), p. 749a.
121) 『中論』, 앞의 책, p.13.

가 곧 '체' 이고 업이 곧 '용'이라 해도 무리가 없을 것이다. 체용(體用), 인과(因果), 능소(能所)간의 상의상대적 관계에 입각한 논증은 거래품을 위시하여 육정품(六情品), 오음품(五陰品)및 연가연품(燃可燃品) 등 『중론』 전 품에 걸쳐 실려 있다. 몇 가지 예를 들어 보자.

> 만일 염법(染法)없이 염자(染者)가 먼저 있다면 이 염욕자로 인(因)하여 염법이 생하는 것일 텐데 … [그럴 수는 없다.] (제6품 제1게)122)

> 행위로 인하여 행위자가 있게 되고, 행위자로 인하여 행위가 있게 된다. (제8품 제11게 상반[上半])123)

> 타는 연료로 인하여 불이 있다면 불이 이루어지고 나서 다시 이루어지는 것이 된다. (제10품 제9게 상반)124)

> 눈은 아직 보지 않을 때는 눈이라고 할 수 없다. 그래서 눈이 능히 본다는 말은 타당치 못하다. (제3품 제4게)125)

> 물질의 요소(원소) 없이 물질이 있을 수 없다. 물질 없이는 물질의 요소도 있을 수 없다. (제4품 제1게)126)

> 만일 이 오온이 오온을 갖는 사람과 다르다고 하면 응당 다른 사람이 고(苦)를 짓는다고 해야 한다. (제12품 제3게)127)

이처럼 인과 과, 또는 체와 용 간의 불일불이적 관계, 즉 팔부중도적 관계에 의거해 논증한 예는 많다. 관거래품에서 '운동체'와 '운동'의 불일불이적

---

122) "若離於染法 先自有染者 因是染欲者 應生於染法."
123) "因業有作者 因作者有業."
124) "若因可然然 則然成復成."
125) "見若未見時 則不名為見 而言見能見 是事則不燃."
126) "若離於色因 色則不可得 若當離於色 色因不可得."
127) "若謂此五陰 異彼五陰者 始是則應言 從他而作苦."

관계를 논증한 형식 역시 다양한 개념에 적용할 수 있다. 본고 제4장 제2절 (2)항에서 "내가(體) 밥을 먹는다(用)."거나 "비가(體) 내린다(用)."는 등의 문장에 적용시켰듯이 이런 체용(體用) 상즉(相卽)의 논리는 체와 용을 나누어 바라보는 우리 인간의 분별을 시정해 준다고 할 수 있다. 불교 내적으로 무아설과 윤회설의 Dilemma 를 해결하기 위해 등장한 독자부(犢子部)의 보특가라(補特伽羅) 이론의 문제점도 체용 상즉에 의거해 지적할 수 있다.128) "보특가라가 윤회한다."는 이론에는 '윤회'라는 '용'과는 별도로 '보특가라'라는 '체'가 먼저 있어서 그것이 윤회를 쓰게(用) 된다는 분별이 깔려 있다. '보특가라'라고 하면 그것은 벌써 윤회하는 것이고 '윤회한다'고 하면 그 이면에 어떤 '주체'를 전제로 하는 표현인데 이 양자가 서로 독립된 것으로 보고 '보특가라가 윤회한다'는 실체론적 분별을 하니 잘못인 것이다.

Ⅵ. 결론

지금까지 본고에서는 '불래불거'라는 반야경의 종지를 철저하게 논리적으로 구명한 『중론』 관거래품의 사상을 가능한 한 현대적 언어로 재조명함으로써 용수의 운동 부정론의 특징을 밝힘과 아울러 논리를 통한 불지(佛智)의 체득 가능성을 모색해 보았다.

이를 위해 먼저 반야경에서의 불래불거 사상 및 팔불게와 관거래품의 관계를 살펴본 후, Zeno 이래 서양철학에서의 운동에 대한 논의를 인식론적 기초로 삼아 관거래품에서의 거래 부정론을 운동 개념을 중심으로 현대적으로 해석해 보았다. 논의의 편의를 위해 '거래'라는 용어의 의미를 '운동'이라

---

128) 山口益은 '去者去'에 대한 논의가 독자부나 정량부의 보특가라 논사를 염두에 두고 이루어진 것이라고 설명한다. ; Candrakirti, *Prasannapadā*, 山口益 譯, 앞의 책, p.146 참조.

는 의미 한 가지에 국한 시켰으나 본고 제Ⅲ장 제4절에서 밝혔듯이 '거래'라는 것은 비단 물리적 운동뿐만 아니라 시간의 흐름, 인(因)과 과(果) 간의 이행 등 '주체의 이동 현상' 모두를 지칭한다는 것을 염두에 두어야 한다. 지금까지 논의를 전개하면서 필자는 다음과 같은 결론을 내릴 수 있었다.

첫째, 『중론』이 반야경의 불래불거사상을 계승하였다고 볼 때 『중론』 관거래품의 불거사상은 반야경의 불래불거사상을 계승한 것이라고 할 수 있다. 『대지도론』 「함수품」 등에서 불래불거인 소이(所以)를 설명할 때 관거래품의 게송을 축약하여 인용하고 있는 것으로 미루어 보아 이를 확증할 수 있었다. 또 반야경에서는 불래불거라는 종지에 대해 아지랑이, 악기소리 등 각종의 유비(喩譬)로써 설명하는 이단(二段) 구조로 구성되어 있는데 관거래품의 논리는 그에 대한 인(因)의 역할을 함으로써 위타비량(爲他比量)의 삼단 구조를 보완해 준다고 할 수 있다.

둘째, 월칭 이후 야스이 고우사이(安井廣濟) 등은 관거래품이 팔불게중 불래불거를 논증한 것이라고 한다. 그러나 관거래품에서 거자(去者)와 거법(去法)의 불일불이등을 논증하는 것으로 미루어 보아 관거래품이 팔불게중 불래불거만을 풀이하기 위해 쓰여졌다고는 볼 수 없다. 관거래품은 '거법'에 부수되는 개념에 대한 팔부중도적 공성을 논한 것이라서 팔불게와 관거래품은 상호포섭의 관계에 있다고 보아야 할 것이다.

셋째, Zeno 이래 서양철학에 등장한 운동 비판론과 비교할 때 거래품 제1게는 Zeno의 역리에 대비될 수 있는데 제Ⅳ장 제1절 및 제Ⅴ장 제1절에서 고찰했듯이 제1게의 논리는 비단 운동뿐만 아니라 일체 현상에 두루 적용할 수 있는 논리이다. Zeno의 역리는 정지된 가상의 시공 속에서 발생하는 물리적 운동에 대한 논파인 반면 제1게는 제행무상 또는 Universal Flux 라는 토대 위에서 성립된 논리라서 비단 물리적 운동뿐만 아니라 유전(流轉)하는 모든 현상에 대해 그 실재성을 부정하는 것이다.

또 Zeno의 역리를 비판하면서 Bergson이나 Hegel, Black 등은 '시공 속에서의 존재가 불가능한 운동'의 존재 영역을 정신 내부로 승화 시켰는데 용수에 의하면 그런 승화 역시 실체론적(有自性論的) 사고방식의 한계를 벗어나지 못했다고 비판할 수 있다.

관거래품에서는 이 이외에 운동에 부수되는 개념, 즉 운동의 시작(출발)과 멈춤에 대해서도 비판한다. 인간의 상대적 분별력은 자칫하면 한 가지 사실의 부정을 보고 은연중에 그 반대 개념을 인정하는 함정에 빠지기 쉽다. 이런 우려에서 용수는 출발과 멈춤까지 부정하는 것이다.

관거래품 게송의 거의 반 이상이 '운동 주체'와 '운동'의 불일불이적 관계에 입각한 논증에 할애되고 있으며 이를 관거래품 불거사상의 핵심이라고 볼 수 있다. 운동 현상을 대할 때 "운동체가 운동한다."고 보는 것은 '하나의 사실'을 '주어 + 술어' 형식으로 나누어 바라보는(體用分裂) 인간의 실체론적 사고방식에서 비롯된 것이다. 그러나 '운동'이 있기 이전에 미리 '운동체'가 있어서 그것이 다시 '운동'이라는 작용을 쓸 수는 없다.

넷째, 관거래품을 올바로 이해하기 위해서는 그 논리가 다른 현상에 어떻게 적용되는지 비교하는 것이 필요하다. 봄(見), 불탐(燃), 생겨남(生), 소멸함(滅) 등에도 제1게의 논리가 적용되는 것으로 보아 그 논리는 비단 물리적 운동뿐만 아니라 무상의 토대 위에서 존재하는 모든 것(諸行)에까지 원용 가능함을 알 수 있다. 거래품에서는 모습(相)과 실재(體)의 분열, 또는 주체(體)와 작용(用)의 분열에 대해 논파하고 있는데 이는 운동을 비롯한 모든 현상을 '체(體)', '상(相)', '용(用)'으로 분리하여 바라보는 인간의 분별력을 무분별의 공성으로 귀환시키는 논리이다.

관거래품에 나타난 용수의 운동 부정의 논리는 철저하게 인식 비판으로 일관하고 있지만 그 사상적 연원은 반야 공사상에 두고 있으며 반야 공사상은 허무주의적 단멸론도 아니며, 지적 만족을 위한 희론도 아니며 실생활과 동떨어진 형이상학도 아닌, 지혜와 자비에 토대를 둔 육바라밀 실천행의 한 축인 것이다. 관거래품의 논리는 비단 '운동'뿐만이 아니라 모든 '행(行)'에 적용될 수 있으며 그 논리에 의해 우리 인간의 분별적 사고방식을 세척함으로써(상구보리) '내가(體) 착한 일을(相) 한다(用)'는 식으로 분별을 하지 않는(無住相) 진정한 대승보살행(下化衆生)의 지침이 된다고 볼 수 있다.

- 동국대학교 대학원 석사학위논문, 1988년

참고문헌

The Encyclopedia of Philosophy, Vol.8 (New York: The Macmillan Company & The Free Press, 1978)

Candrakīrti, *Prasannapadā*, *Bibliotheca Buddhica* Ⅳ(Tokyo: Meicho-Fukyūkai, 1977)

Candrakirti, *Prasannapadā*, 山口益 譯, 『淨名句論と名づくる 月稱造 中論釋一』(東京: 弘文堂書房, 1947)

Candrakirti, *Prasannapadā*, 本多惠 譯, チヤンドラキルテイ プラサンナパダ-和譯②(서울: 大韓傳統佛教研究院, 1988)

『放光般若經』(大正8)

『道行般若經』(大正8)

『小品般若經』(大正8)

『金剛般若波羅密經』(大正8)

『大智度論』(大正25)

『阿毘達磨藏顯宗論』(大正29)

『中論』(大正30)

『大乘起信論』(大正32)

『中觀論疏』(大正42)

『物不遷論』(大正45)

加藤純章, 「大智度論の世界」, 『講座大乘佛教2, 般若思想』(東京; 春秋社, 1982)

고익진 편, 『범한영 대조 팔천송반야경』(서울: 東國大學校 佛教大學, 1986)

金東華, 『俱舍學』(서울: 동국대학교석림회, 1982)

金東華, 『佛教教理發達史』(서울: 삼영출판사, 1977)

강대석, 『그리스 철학의 이해』(서울: 한길사, 1987)

梶山雄一, 정호영 역, 『空의 논리』(서울: 민족사, 1989)

박종홍, 『일반논리학』(서울: 박영사, 1985)

寺本婉雅 編, 『梵漢獨對校 西藏文 和譯 龍樹造 中論 無畏疏』(東京: 國書刊行會, 1977)

안동림 역, 『신역 벽암록』(서울: 현암사, 1982)

安井廣濟, 『中觀思想の研究』(東京: 法藏館, 1970)

원의범 역, 「간추린 인도 논리학」, 『한글대장경』 136 (서울: 동국역경원, 1972)

이용하 편, 『불교사전』(서울: 동국역경원, 1982)

이익섭·임홍빈 공저, 『국어문법론』(서울: 학연사, 1983)

정한모·김용직 공저, 『한국 현대시 요람』(서울: 박영사, 1980)

眞野龍海, 「龍樹における般若經の理解」, 『龍樹教學の研究』(東京: 大藏出版, 1983)

塚本善隆編, 『肇論研究』(京都: 法藏館, 1954)

平井俊榮, 『中國般若思想史研究』(東京: 春秋社, 1976)

Bergson, 『시간과 자유의지』, 정석해 역(서울: 삼성출판사, 1977)

Burnett, J., *Early Greek Philosophy* (New York: Meridian Books, 1957)

Inada, K., *Nagārjuna* (Tokyo: The Hokuseido Press, 1970)

Kalupahana, D.J., *Nāgārjuna, The Philosophy of the Middle Way* (New York: SUNY press, 1986)

Murti, T.R.V., *The Central Philosophy of Buddhism* (London: George Allen and Unwin Ltd., 1970)

Robinson, R.H., *Early Mādhyamika in India and China* (Delhi: Motilal Banarasidass,1978)

Sharma, Chandradhar, *Critical Survey of Indian Philosophy* (Delhi: Motilal Banarasidass, 1976)

Siderits and O'Brien, "Zeno and Nāgārjuna on Motion", *Philosophy East and West* 26, No.1 (Hawaii: University of Hawaii Press, 1976)

Stcherbatsky, *Buddhist Logic* Vol.I (New York: Dover Publications Inc., 1962)

용수의 무기관(無記觀)

Ⅰ. 무기설(無記說)의 의의

철학은 경이감에서 시작된다고 한다. 일상생활의 와중에서 누구든지 경이에 가득 찬 마음으로 다음과 같은 의문이 떠오른 경험이 있을 것이다.

> 우주에는 끝이 있을까, 없을까? 이 세상은 시작이 있을까 없을까? 사람에게는 자유 의지가 있는가, 아니면 모든 것이 숙명인가?[1)]

근대 서양철학자 칸트(Kant)는 인간의 이성이 경험의 범위, 즉 그 능력의 한계를 벗어난 위와 같은 형이상학적 의문에 답을 하려고 하면 전혀 상반된 결론(정립과 반정립)이 동등한 논리적 타당성을 갖고 도출되는 모순(이율배반: antinomy)에 빠진다고 하며 결국 그 해답은 이성에 의해 얻을 수 없다는 불가지론(agnosticism)적인 철학을 전개하였다.

그 소재는 다르지만 이와 유사한 문제가 불교 교학에서는 무기(無記, ⓟavyākata: 설명되지 않은)[2)]설이라는 이름 하에 다음과 같이 거론되어 왔다.

---

1) 칸트는 다음과 같은 네 쌍의 이율배반적 명제를 거론하는데 본문에서 예로 들은 의문은 ①과 ③에 해당한다.: ①세계는 시간적으로 시초가 있으며(없으며) 공간적으로 한계가 있다(없다). ②세계는 단순한 부분으로 되어 있다(있지 않다). ③모든 것이 필연이다(아니다). ④세계에는 절대적으로 필연적인 존재자가 있다(없다). 칸트, 전원배 역, 『순수이성비판』(삼성출판사, 서울, 1977), pp.339-359 참조.

2) Jayatilleke는 avyakāta를 unexplained 또는 answered(설명되지 않은 또는 대답

세간은 영원하다. 세간은 영원하지 않다. 세간은 유한하다. 세간은 무한하다. 영혼은 몸과 같다. 영혼은 몸과 다르다. 여래는 사후(死後)에 존재한다. 여래는 사후에 존재하지 않는다. 여래는 사후에 존재하기도 하고 존재하지 않기도 하다. 여래는 사후에 존재하는 것도 아니고 존재하지 않는 것도 아니다.[3)]

필자 역시 칸트적인 불가지론과 무기설을 대비시키면서 본 논문을 열어가고 있지만 서양 불교학이 시작된 이래 무기설을 서양철학적인 술어로 규정하려는 시도는 계속되어 왔다. 서양 불교학자들의 다각적인 무기관을 자야틸레케(Jayatilleke)는 다음과 같이 분류하고 있다.[4)]

대답되지 않은 질문

대답이 가능하다	대답이 불가능하다
1. (답은 있으나) 그 대답을 몰랐다. (회의주의, 소박한 불가지론)	3. 지성으로 포착할 수 없다. 지식의 한계를 넘어서 있다. (이성적 불가지론)
2. 대답을 알았으나 그 답이 지혜의 획득이나 해탈과는 무관하다. (실용주의)	4. 논리적으로 무의미하다. (논리실증주의)

자야틸레케는 십무기설(十無記說) 중 세간의 시간적 영원성의 문제와 공간적 한계의 문제는 이성적 불가지론(Rational Agnosticism)의 해결과 맥을 같이한다고 보고 나머지 여섯 가지 문제는 논리적으로 무의미한 의문이기에 파기된 것이며, 이는 일단 논리실증주의(Logical Positivism)적 해결과 유사

되지 않은)이라고, 번역하면서 inexpressible(표현할 수 없는)이라고 번역한 Murti의 견해를 비판하다. Jayatilleke, *Early Buddhist Theory of Buddhism*, p.170. 참조.

3) Pāli Nikāya의 10무기설: "antavā loko, anantavā loko, taṃ jivaṃ taṃ sarīraṃ, aññaṃ jivaṃ aññaṃ sarīraṃ, hoti tathāgato param marana, na hoti tathagato param marana, hoti ca na ca hoti tatha galo param maraṇā, n'eva hoti na na hoti tathāgato param maraṇā."

4) Jayatilleke, 앞의 책, pp.471-476.

하지만 무기설은 문제의 파기에 그칠 뿐만이 아니라 파기된 후 열반이라는 초월적 상태를 상정하는 점에서 논리실증주의적 해결과는 차이가 있다고 결론을 내리고 있다.[5] 이를 도식적으로 요약하면 다음과 같다.

논리실증주의: 형이상학적 의문 → 의문의 파기(침묵)
자야틸레케의 무기관: 형이상학적 의문 → 의문의 파기(무기) → 열반

그러나 '의문 → 무기 → 열반'이라는 3중 구조는 베단따(Vedānta)철학 등 인도철학의 몇몇 학파에서도 언급하고 있는 유형이기에 그것이 불교 고유의 특징이라고 하기에는 미흡한 점이 있다. 예를 들어 우빠니샤드(Upaniṣad)의 '네띠 네띠(neti neti, 아니라고, 아니라고)' 사상 역시 다음과 같이 그런 삼중 구조를 갖추고 있다.

궁극적 실재(형이상학적 의문) → neti neti → saccidānanda(해탈)
(아니라고, 아니라고) (有, 識, 喜)

그러나 원시경전의 무기설에서는 형이상학적 의문과 붓다의 침묵이라는 2중 구조 또는 위에서 거론한 3중 구조를 넘어서 다양한 실천적 접근이 이루어지고 있는 것을 볼 수 있다. 즉 무기설 이후 십이연기를 설한다든가 사성제를 설한다든가 중도를 설하고 있는 경문이 아함경이나 니까야(Nikāya) 상에 많이 등장한다. 따라서 불교의 무기설은 인도 종교에서 보편적으로 발견되는 '의문 → 무기 → 해탈'이라는 3중 구조를 넘어서 있다고 볼 수 있다. 무기 이후에 십이연기설과 이변(二邊)을 떠난 중도의 교설[6], 사성제의 교설[7], 오

5) Jayatilleke, 위의 책, p.475. Jayatilleke는 1945년에서 1947년까지 Whewell's Court의 비트겐슈타인의 방에서 열렸던 모임에 참가 할 수 있는 특전이 있었기에(같은 책, p.10 각주 참조) 논리실증주의에 대한 그의 견해는 신뢰할 수 있을 것 같다. 또 그 참가 시기로 미루어 보아 비트겐슈타인의 후기 저술인 *Philosophical Investication*(1953년 출판)의 사상에 Jayatilleke의 불교지식이 영향을 주었을 것이라고 추측할 수 있다.

온설[8] 등이 등장하는 것이 불교 무기설의 특징인데 이 교설들은 서로 다른 것이 아니라 동일한 연기실상에 대한 진술들이다. 즉 십이연기설은 각 연기지분(支分)들이 불상부단(不常不斷)의 중도인과적(中道因果的)으로 연결되어 있으며[9], 십이연기의 유전문(流轉門)이 사성제의 고, 집성제이며 환멸문(還滅門)이 멸, 도성제에 해당한다.[10] 또 십이연기 각 지분은 오온(五蘊)을 갖추고 있는 것이기에[11] 십이연기설은 오온의 무상한 흐름(제행무상)과 오온의 무실체성(제법무아)을 함의하고 있다. 이처럼 무기 이후의 교설은 모두 십이연기설과 연관이 되어 있는데 이런 맥락에서 볼 때 무기설은 다음과 같이 4중 구조로 이루어져 있다고 볼 수 있다.

의문 → 무기 → 십이연기의 실상 → 열반

무기 이후에 설시(說示)된 연기설은 얼핏 보면 그 의문 자체와는 관계없는 동문서답 식의 답변인 듯하지만 『대지도론(大智度論)』의 해석을 참조하면 이는 난문을 치료하기 위한 실천적인 교설이라는 것을 알 수 있다. 『대지도론』에서는 대치실단(對治悉檀)을 설명하면서 삼독(三毒) 중 치심(癡心)이 많은 자는 연기관(緣起觀)으로 치료한다고 말하는데 이때의 치심이란 소나 양처럼 어리석은 것이 아니라 사견(邪見)을 갖고 있는 것을 말한다고 해석한다.[12] 그런 사견이란 바로 14난문과 같은 것이다.[13] 즉 잘못된 사고방식을 갖고 세계를 바라보기에 14난문 등의 의문이 떠오르는 것이라고 본다. 따라

6) 『잡아함경』(대정2), p.85c, 24b 등.
7) 위의 책, pp.245-246a 등.
8) 위의 책, p.244b-c 등.
9) 십이연기가 중도인과론이라는 근거는 졸고(拙稿) 「八不中道思想의 始原으로서의 稻芉經과 緣起의 中道的 意義」(『불교연구』 8집, 1992, pp.115-136) 참조.
10) 宇井伯壽, 『印度哲學研究』 第二, 岩波書店, 昭和 40年, p.342.
11) 『아비달마대비바사론』(대정27), p.118.
12) "愚癡人者 非謂如牛羊等愚癡 是人欲求實道 邪心觀故 生種種邪見 如是愚癡人當觀因緣 是名為善對治法." 『大智度論』(대정25), p.60.
13) 『大智度論』(대정25), p.75a.

서 질문자는 그런 의문을 해결하려고 노력할 것이 아니라 연기관법(緣起觀法)을 수행하여, 이전에 자신에게 떠올랐던 질문 자체가 무의미한 질문이었음을 자각하여야 한다. 즉 그런 의문들은 마치 "소의 뿔을 쥐어짜면 우유가 몇 말이 나올까?"[14] "석녀(石女)[15]나 황문(黃門)[16]의 아이가 키가 클까, 작을까, 잘 생겼을까 못 생겼을까?"[17]라는 의문과 같아서 질문 자체가 잘못된 것이다. 다시 말해 붓다의 침묵을 야기한 난문이 질문자에게 생기는 이유는 그의 사고방식에 병이 들었기 때문이다. 연기 실상을 모르고 실체론적인 사고방식의 토대 위에서 세계를 바라보니까 우주의 한계라든지 여래 사후의 존재 여부에 대한 의문이 떠오르는 것이다. 따라서 붓다는 그런 의문에 답을 주지 않고 무기 이후에 십이연기설 등의 교설을 베풀었던 것이다.

우리의 사고방식의 병은 연기 실상에 대한 무지에서 비롯된다. 그런데 연기의 진정한 의미를 구현한 논서가 바로 용수의 『중론』이며 용수는 『중론』을 통해 여러 품(品)에 걸쳐서 원시경전의 정형적인 난문(難問)들을 취급하고 있다. 난문에 대해 가장 집중적으로 다루고 있는 품이 제27 관사견품(觀邪見品)이지만 그 이외에 제12 관고품(觀苦品), 제18 관법품(觀法品), 제22 관여래품(觀如來品), 제25 관열반품(觀涅槃品) 등을 통해 그러한 난문들의 무의미성을 논변하고 있다.

본고에서는 용수가 『중론』을 통해 구체적으로 난문에 대해 어떻게 대처하는지 고찰하여 붓다 무기설의 진정한 의의를 조망해 보고자 하였다. 또 그렇게 대처하는 용수의 논리는 비단 정형적인 난문에만 국한되지 않는다는 사실을 지적함으로써 무기설이 형이상학적 난문만이 아니라 인간의 모든 사량분별에까지 확장될 수 있다는 사실을 구명(究明)해 보고자 하였다. 이를 위해

14) 譬如人問搆牛角得幾升乳，是為非問，不應答
15) 不姙女.
16) 고자.
17) "十四難中若答有過罪 若人問 石女黃門兒 長短好醜何類 此不應答 以無兒故.", 『大智度論』(대정25), p.75a.

제2장에서는 우선 정형적인 난문에 대한 『중론』의 해석을 분석해 보았고 제3장을 통해 난문을 파하는 용수의 논리가 무엇에 토대를 둔 것이며 어떤 주제에까지 적용될 수 있는지 『중론』 내 다른 품에서의 논리와 비교 고찰해 보았다. 그리고 이를 토대로 용수의 무기관(無記觀)을 구명하였다.

Ⅱ. 정형적 난문에 대한 『중론』적 해석

무기설이라면 흔히 14무기설[18]이나 10무기설[19]을 전형적인 예로 든다. 또 무기를 야기하게 되는 난문의 종류를 62견(見)[20]으로 세분하기도 한다. 그러나 이들 세 가지 난문의 주제는 대동소이하다. 여래 사후(死後)의 존재 여부, 세간이나 자아의 상주 여부, 세간이나 자아의 한계(邊) 여부, 영혼(命)과 신체(身)의 동일성 여부 등을 주제로 하고 있는데, 이 네 가지 주제에 대해 사구분별(四句分別)로 세분한 정도에 차이가 있을 뿐이다. 그러나 아함경이나 니까야를 살펴보면 이런 네 가지 주제만이 무기의 계기가 되는 것은 아님을 알 수 있다. 유아(有我), 무아(無我)의 문제[21], 고(苦)의 자작(自作), 타작(他作) 여부[22] 등에 대해서도 붓다가 무기의 태도를 취하는 것을 볼 수 있다.

---

18) *Cūla Mālunkya Sutta*(M.N. I , pp.426-432) 등.

19) 『箭喩經』(대정1), pp.84a-85c.

20) 장아함의 『梵動經』(대정1, p.91b)이나 Dīgha Nikāya의 *Brahmajāla Sutta*(梵網經: D.N. I, p.22).

21) "… 有婆蹉種出家來詣佛所 合掌問訊 問訊已 退坐一面 白佛言 云何 瞿曇 為有我耶 爾時 世尊默然不答 如是再三 爾時 世尊亦再三不答 爾時 婆蹉種出家作是念 我已三問沙門瞿曇 而不見答 但當還去 時 尊者阿難住於佛後 執扇扇佛 爾時 阿難白佛言 世尊 彼婆蹉種出家三問 世尊何故不答 豈不增彼婆蹉種出家惡邪見 言沙門不能答其所問 佛告阿難 我若答言有我 則增彼先來邪見 若答言無我 彼先癡惑豈不更增癡惑 言先有我從今斷滅 若先來有我則是常見 於今斷滅則是斷見 如來離於二邊 處中說法 所謂是事有故是事有 是事起故是事生." 『잡아함경(대정2), p.245b.

22) "… 云何 瞿曇 為自作自覺耶 佛告婆羅門 我說此是無記 自作自覺 此是無記 云

그 이외에 자아와 고락(苦樂)의 관계, 세간 생성의 문제 등이 무기의 소재가 되기도 한다.23)

이렇게 여러 가지 난문이 있을 수 있지만 논의의 편의를 위해 ①세간과 자아의 변(邊), 무변(無邊)의 문제, ②세간과 자아의 상(常), 무상(無常)의 문제, ③여래 사후(死後) 유, 무의 문제, ④자아(命)와 몸(身)이 같은지(一) 다른지(異) 여부, ⑤고(苦)의 자작자각(自作自覺) 타작타각(他作他覺) 여부의 문제 등 대표적인 다섯 가지 주제에 한정하여 『중론』에서의 해석을 고찰해 보기로 하겠다.

1. 세간 변(邊), 무변(無邊)의 문제

현대 학자들은 세간에 한계(邊, anta)가 있는지 없는지 여부에 대한 난문을 흔히 우주의 공간적 한계에 대한 문제라고 해석하며 칸트(Kant)의 이율배반적 명제 중 첫 번째 명제에 대비시키기도 한다. Pāli Nikāya의 *Brahmajāla Sutta*와 그에 해당하는 한역 장아함의 『범동경(梵動經)』, 또 현장 역의 『아비달마대비바사론』 등에서도 이를 기세간(器世間)의 공간적 한계로 해석하기 때문에 이런 해석이 근거 없는 것은 아니다. 세간의 변, 무변의 문제는 다른 난문에서와 같이 네 가지 명제의 형식으로 표현된다. 즉 "세간은 한계가 있다." "세간은 한계가 없다." "세간은 한계가 있기도 하고 한계가 없기도 하다." "세간은 한계가 있지도 않고 한계가 없지도 않다."는 사구(四句)분별로 표현된다. 천안통(天眼通)으로 보니 상하 방향으로는 아래로 무간지옥이 끝이고 위로 초선천(初禪天)이 끝이지만 수평적으로 보면 끝이 없다는 우주의 공간적 모습에 토대를 두고 "세간은 한계가 있다."24), "세간은 한계가 없

何 瞿曇 他作他覺耶 佛告婆羅門 他作他覺 此是無記 婆羅門白佛 云何 我問自作自覺 說言無記 他作他覺 說言無記 此義云何 佛告婆羅門 自作自覺則墮常見 他作他覺則墮斷見 義說 法說 離此二邊 處於中道而說法 所謂此有故彼有 此起故彼起 …." 위의 책, p.85c.

23) 이중표, 『아함의 중도체계』, 1991, 불광출판부, p.41 참조.

다."[25], "세간은 한계가 있기도 하고 한계가 없기도 하다."[26] "세간은 한계가 있지도 않고 한계가 없지도 않다."[27]는 네 가지 판단을 내린다는 것이다.[28] 어쨌든 『아비달마대비바사론』이나 한역 『범동경』 등에서는 유변, 무변의 문제를 우주의 공간적 한계에 대한 문제로 보았던 것이 분명하다.

그러나 용수는 『중론』 제27 관사견품(觀邪見品)을 통해 이를 유정세간(有情世間)의 시간적 한계에 대한 문제로 취급하고 있다. 이에 대한 청목(靑目)의 해석에서도 변, 무변의 문제는 국토세간(기세간, 器世間)이 아니라 중생세간 (유정세간, 有情世間)에 대한 것이라고 설명하고 있다.[29] 또 *Brahmajāla Sutta*에 해당하는 한역본이지만 그 번역 시기가 이른 지겸(支謙, 220-253 C.E.) 역의 『범망육십이견경(梵網六十二見經)』에서는 세간의 변, 무변의 문제가 우주의 공간적 한계에 대한 문제인지 여부에 대해 전혀 언급하고 있지 않다. 따라서 세간이나 자아에 대한 한계의 문제가 공간적인 것이라고 보는 해석은 후대에 이루어진 것일 수도 있다.

사실 제행무상(諸行無常)이라는 법인(法印)의 토대 위에서 볼 때 공간이란 것은 존재하지 않을지도 모른다. 우리가 공간이 있다는 생각을 하는 순간 상변견(常邊見)에 떨어지고 만다. 세친의 찰나설이나 후기 중관파의 샨따락쉬따(Śāntarakṣita)의 찰나론에서 주장하듯이 시시각각 변해가는 세상이기에[30] 시위를 떠난 화살은 애초 의도했던 과녁을 도저히 맞힐 수 없다. 왜냐하면 겨냥했던 과녁은 과거로 흘러가 버렸고 지금 맞춘 과녁은 새로운 과녁이니까, 또 맞춘 화살도 애초에 쏜 과거의 그 화살이 아니고 새로운 현재의

---

24) 상하 방향만 본 사람의 견해.
25) 수평 방향만 본 사람의 견해.
26) 상하 방향으로는 한계가 있으면서 수평 방향으로는 한계가 없기도 하다는 견해.
27) 수평 방향으로는 한계가 있는 것이 아니면서 상하 방향으로는 한계가 없는 것이 아니라는 견해.
28) 『아비달마대비바사론』, 대정27, p.997c.
29) "世間有二種 國土世間 衆生世間 此是衆生世間." 『中論』, 제27 관사견품, 제24게 청목소(대정30, p.39a). (이하 『중론』에 해당하는 주석은 품수와 게송의 순서만 적기로 한다.)
30) Stcherbatsky, *Buddhist Logic I*, p.188.

화살이니까, 이렇게 재행무상의 토대 위에서 보면 고정된 공간에서 화살을 쏘아 과녁을 맞춘다는 행위가 존재할 수 없는 것이다. 즉, 공간은 사유가 조작해낸 것일 뿐 존재 할 수 없다.

이런 맥락에서 용수가 변, 무변의 문제를 공간이 아닌 시간성의 문제로 파악했는지 그 진의야 알 수 없지만 어쨌든 『중론』에서는 변, 무변의 문제를 기세간의 공간적 한계가 아니고 오온이 상속되며 윤회하는 유정류 생존의 미래의 시간적 한계에 대한 문제로 해석하고 있다.

> 만인 세간에 한계가 있다(有邊)면 어떻게 후세가 존재하겠는가? 그렇다고 세간이 무한하다(無邊)면 어떻게 후세가 있겠는가?[31]
>
> 온(蘊)들(= 五蘊)의 이런 상속은 바로 등불의 불꽃과 같이 나타나기 때문이다. 그렇기 때문에 무한하다거나 유한하다는 것은 타당하지 않다.[32]
>
> 만일 선행하는 것들(오온)이 파괴되고 이 온들에 연하여 (나중의) 저 온들이 생기는 것이라면 그런 경우 세간은 유한하리라.[33]
>
> 만일 선행하는 것들(= 온들)이 파괴되지 않고 그 온들에 연하여 (나중의) 이 온들이 생기는 것이 아니라면 그런 경우 세간은 무한하리라.[34]

이렇게 용수는 세간의 변, 무변의 문제를 우주의 공간적 한계에 대한 문제가 아니라 현생의 시간적 한계, 즉 등불처럼 타오르는 오온의 흐름에서 중생이 죽는 순간이 그 삶의 끝인지(有邊) 아니면 내세로 삶이 계속 이어지는지

---

31) antavān yadi lokaḥ syātparalokaḥ katham bhavet/ athāpyanantavāṃl lokaḥ paralokaḥ katham bhavet// 제27 관사견품, 제21게.

32) skandhānāmeṣa saṃtāno yasmāddīpārciṣāmiva/ pravartate tasmānnāntānanta vattvaṃ ca yujyate// 같은 품, 제22게.

33) pūrve yadi ca bhajyerannutpadyeranna cāpyamī/ skandhāḥ skandhān pratītye mānatha loko 'ntavān bhavet// 같은 품, 제23게.

34) pūrve yadi na bhajyerannutpadyeranna cāpyamī/ skandhāḥ skandhān pratītye mān loko 'nanto bhavedatha// 같은 품, 제24게.

(無邊) 여부에 대한 문제로 본다. 그러나 끝이 있다는 판단(유변론)이나 계속 이어진다는 판단(무변론)의 양자(二邊) 모두 극단적인 견해(見)로 옳지 못하다고 논변하고 있다. 등불이 타오르고 있을 때 전 찰나의 등불과 후 찰나의 등불은 같은 것도 아니지만, 그렇다고 해서 전혀 별개의 것도 아니듯이 '임종시의 마지막 오온'이 완전히 소멸하고 나서 '다시 태어나는 순간의 최초의 오온'이 발생하는 것도 아니지만, 그렇다고 해서 마지막 오온이 소멸하지도 않은 채로 최초의 오온이 발생하는 것도 아니다.35)

오온이 상속하며 윤회한다는 교설을 대할 때 우리 인간의 사고방식은 그 오온이 계속 이어진다고 보는 상견(常見)을 취하거나 그렇지 않으면 찰나 찰나 새롭게 발생한다는 단견(斷見)을 취하여 이해하게 된다. 인간인 이상 피치 못하게 떠올리는 그러한 분별은 윤회의 실상을 올바로 파악한 것이 아니기에 용수는 그 두 가지 견해 모두를 논파하는 것이다.

중생세간의 변, 무변의 문제에 대한 제3구 분별, 즉 "세간은 한계가 있으면서 한계가 없다."는 분별은 형식 논리학의 배중률에 토대를 두고 논리적인 차원에서 논파된다. 즉 세간이 유한하기도 하고 무한하기도 하다면 하나의 존재에 두 가지 상(相)이 있다는 꼴이 되니 옳지 못한 것이다.36)

제4구 분별, 즉 "세간은 한계가 있지도 않고 한계가 없지도 않다."는 분별은 제3구 분별에 대립적으로 의존된 관념이기에 제3구를 논파함으로써 자연히 논파될 수 있다.37)

세간의 시간적인 변, 무변의 문제에 대한 용수의 견해는 오온 상속 윤회이론에 토대를 두고 있으며 윤회를 부정하는 것이 아니라 윤회에 대한 잘못된 이해를 시정하고 있는 것이다.

---

35) 제21 관성괴품(觀成壞品), 범송 제18게: "최후의 것이 소멸한다면 최초의 생존(이 있다는 것)은 타당하지 않다. 최후의 것이 소멸하지 않는다고 해도 최초의 생존(이 있다는 것)은 타당하지 않다."
36) 제27 관사견품, 제26, 27게.
37) 같은 품, 제28게.

2. 세간 상(常), 무상(無常)의 문제

『중론』 제27 관사견품(觀邪見品)에서는 세간의 상, 무상의 문제를 아비달마 논서나 원시 경전에서와 같이 중생 생존의 시간적 지속성에 대한 문제로 본다. 용수는 변(邊), 무변(無邊)의 문제도 중생 생존의 시간적 한계 여부에 대한 문제로 보았지만 이는 미래의 일, 즉 현생과 내생 간의 문제이고 상(常), 무상(無常)의 문제는 과거의 일, 즉 전생의 삶과 현생의 삶이 이어지는 것인지(常) 단절된 것인지(無常) 여부에 대한 문제라고 구별하고 있다. 양 문제가 단지 시간적인 위치에 차이가 있을 뿐이지 문제의 핵심은 동일하다.

『중론』에서는 이것을 "미래세에 관한 난문은 과거세에 관한 난문과 동일하다."[38]고 표현하고 있다. 즉, 세간 유변론은 세간 무상론과 동일하고 세간 무변론은 세간 상주론과 그 구조가 동일한 것이다. 상, 무상론을 논하면서 용수는 천신(天神)의 예를 든다.

> 그 천신 그대로가 인간이 된다면 그와 같은 것은 상주하는 것이 된다. 또 천신은 태어나는 것이 아니리라. 왜냐하면 상주하는 것은 태어나지 않기 때문이다.[39]

> 만일 인간이 천신과 다르다면, 그렇다면 상주하지 않는 것이 되리라. 만일 인간이 천신과 다르다면 상속이 성립하지 않는다.[40]

이 게송만 보면 상주(常住)하는 존재의 대명사로 천신을 예로 들은 것 같이 보이고 또 이 게송을 그렇게 해석하는 학자도 있지만[41] 불교적으로 볼

---

38) adhvanyanāgale kim nu bhavisyāmilli darśanam/ na bhavisyāmi cetyetadatite nādhvanā samam// 제27 관사견품, 제14게.
39) sa devah sa manusyascedevar bhavati śāśvatam/ anutpannaśca devah syājjāya te na hi śāśvatam// 같은 품, 제15게.
40) devadanyo manusya cedaśāśvatamato bhavet/ devadanyo manusyaścetsamtat irnopapadyate// 같은 품, 제16게.
41) 야지마 요우기찌, 송인숙 역, 『空의 철학』, 대원사, P.137.

때 천신이란 존재도 삼계 내의 윤회하는 중생이기에 이는 옳은 해석이 아니다. 또 월칭소를 보면 이 게송은 전생에 천신이었다가 후생에 인간으로 태어나는 존재를 예로 든 게송이란 것을 알 수 있다.[42] 청목소에서는 이 게송에 대한 해설에서 직접적으로 오온설과 관계시켜 논의하고 있지는 않다. 그러나 같은 품 제8게 이후의 해설에서 천신이었다가 인간으로 태어나는 예를 들면서 오취온과의 관계 하에 전생의 천신과 후생의 인간의 동일성 여부를 논파하고 있는 것을 볼 수 있다. 즉, 제27 관사견품 제1게에서 제8게까지는 "과거세에 내가 존재했나 아닌가?"라는 의문을 일으킨 사고방식을 논파하고 있는데 이 의문은 세간 상, 무상의 난문과 동일한 것으로, 과거세에 의존해서 발생하는 것이라고 설명한다.

> **도대체 내가 과거세(前生)에 존재했었나 존재하지 않았었나, 세간은 상주했는가 등의 견해들은 '이전의 한계'에 의거해 있다.**[43]

이 경우에도 변, 무변의 문제와 마찬가지로 오온의 무상한 상속이 중도 인과적으로 이루어진다는 연기의 실상에 도대를 두고 전생과 현생의 삶의 관계에 대한 상견과 단견적 이해를 비판하고 있다.

3. 여래 사후(死後)의 문제

"여래가 열반 후에 존재할까, 아닐까?"라는 의문은 불교인이라면 누구나 떠올리게 되는 의문이기도 하지만 아함경에서도 전형적인 무기의 소재로 취급되고 있다. 아라한은 열반 후에 어떻게 될 것인가, 즉 모든 번뇌가 다해

---

42) "실로 적대자의 설에서는 인간의 생존 형태로 있는 어떤 자가 선업을 지으면 신의 생존 형태로 간다. 이 경우 만일 신인 그가 바로 인간이라고 하는 것처럼 양자가 동일하다면 그 때 상주하게 되리라." 本多惠 譯, *Prasannapadā*, p.523.

43) dṛṣṭayo 'bhūvaṃ nābhūvaṃ kiṃ nv atīte 'dhvanīti ca/ yāstāḥ śāśvatalokādyāḥ pūrvāntaṃ samupāśritāḥ// 제27 관사견품 제1게.

무여의열반(無餘依涅槃)에 들어간 아라한은 사후에 어떻게 될 것인가? 잡아합경을 보면 이에 대해 붓다는 동문서답 하듯이 오온의 무상, 오온 개고(皆苦)의 교설을 펼치고 있다.44) 그러나 이러한 아함경의 경문만으로는 완전한 이해에 미흡한 감이 있다. 용수는 『중론』 제25 관열반품 제17게에서 이에 대해 다음과 같이 선언하고 있다.

세존이 입멸한 후에도 존재한다고는 결코 생각되지 않는다. 존재하지 않는다고도, 양자(兩者)라고도, 양자가 아니라고도 결코 생각되지 않는다.45)

여래가 지금 생존해 계실 때도 그러한 4구분별이 허용되지 않기에 멸도 후에는 말할 필요 조차 없다. 그렇다면 어째서 여래가 생존해 있을 때도 사구분별이 허용되지 않는 것일까? 제22 관여래품을 보자.

(여래는) 오온이 아니고 오온과 다른 것도 아니며 그분(= 여래) 속에 오온이 있는 것도 아니고 그것들(= 오온) 속에 그 분이 있는 것도 아니며 여래가 오온을 갖는 것도 아닌데 이런 가운데 어느 것이 여래이겠느냐?46)

『잡아함경』에서도 여래 사후의 문제에 대해 붓다는 침묵을 지킨 후 위와 같은 내용을 반문하는 것을 볼 수 있다.47) 여래는 오온으로서 존재할 수가 없다. 여래가 오온의 모습을 취한다면 오온처럼 무상하다는 말이 되어 그 실체가 있을 수 없기 때문이다.48) 그렇다고 오온을 취하지 않고서, 여래가 존재할 수도 없다. 오온을 취하지 않으면 존재라고 할 수도 없기 때문이다.49) 그

---

44) 대정2, p.31b.
45) paraṃ nirodhādbhagavān bhavatītyeva nohyate/ na bhavatyubhayaṃ ceti nob hayaṃ ceti nohyate//
46) skandhā na nānyaḥ skandhebhyo nāsmin skandhā na teṣu saḥ/ tathāgataḥ skandhavānna katamo 'tra tathāgataḥ// 제22 관여래품 제1게.
47) 대정2, p.34b-c.
48) 제22 관여래품 제2게.
49) 같은 품 제7게.

래서 취하는 작용도 공(空)하고 취하는 주체도 공하니 어떻게 공한 여래로 공한 여래를 분별하겠는가?[50] 이렇게 여래는 생존 시에도 포착되지 않고 공하기에 그에 대해 '있다'거나 '없다'는 분별이 용납되지 않는데 여래 사후의 존재 여부는 더 말할 필요도 없다. 즉 누군가가 생존하여 포착되었어야 그의 사후 문제를 거론할 수 있는 것인데 생존 시에도 인간의 분별에 포착되지 않은 여래이기에 그 사후의 문제에 대한 분별은 도저히 있을 수 없다는 말이다.

용수는 여래 사후의 문제도 전술했던 세간의 '변, 무변'이나 '상, 무상'의 문제에서와 같이 오온과의 관계 속에 논의하고 있지만 시간성 속에서의 논의가 아니라 오온과 주체의 동일성 여부에 대한 문제로 취급하고 있는데 그 논리는 여래와 오온의 중도적 의존 관계에 입각해 있다.

4. 자아와 몸의 일(一), 이(異) 문제

영혼과 육체 간의 동일성 여부에 대한 문제도 전형적인 무기설에 속한다. 니까야에서는 영혼과 육체를 명(命, jīva)과 신(身, sarīra)이라는 용어로 표현하고 있지만 그 의미는 각각 자아(ātman)와 오취온(pañca upādāna skandhaḥ)에 해당한다고 볼 수 있다. 구마라습 역시 제27 관사견품(觀邪見品)에서는 산스끄리뜨문의 취(取, upādāna)를 신(身)으로 한역하고 있다.[51] 관사견품에서 신(身)과 자아(我)가 같다거나 다르다는 분별을 논파하는 논리는 제22 관여래품에서 여래와 오온의 관계를 논파하는 논리와 유사하다. 다음과 같은 게송을 보자.

> 그것(= 전생의 나)이 바로 나(= 현생의 자아)라고 하겠지만 취(取)가 구별된다. 그대의 의견대로라면 취를 떠난 '나'는 다시 무엇이겠느냐?[52]

---

50) 같은 품, 제10게.
51) 제27 관사견품, 제4, 5, 6게.

여래가 오온 이외의 존재라는 것이 용납되지 않듯이, 자아도 오취온을 떠나서는 존재할 수 없다.53) 그렇다고 오취온이 자아라고 한다면 그런 자아는 오취온처럼 찰나 생멸하는 것이기에 자기 동일성을 지닌 자아 즉, 탄생 이후 동일한 '나'라고 생각되어 온 자아일 수는 없다.54) 따라서 자아는 오취온과 다른 것도 아니고 오취온과 같은 것도 아니며 또 오취온과 관계 없는 별개의 자아가 존재할 수도 없고 존재하지 않을 수도 없다.55) 제18 관법품(觀法品)에서는 취(upādāna)라는 표현 대신 온(skandha)이라는 표현을 사용하지만 그 논리는 동일하다.56) 이렇게 자아와 오취온의 관계는 우리의 사량 분별이 포착할 수 없는 것이다.

5. 고(苦)의 자작자각(自作自覺), 타작타각(他作他覺) 문제

10무기설이나 14무기설에는 포함되지 않지만 고(苦)를 스스로 짓고 스스로 받는다는 자작자각(自作自覺), 타자(他者)짓고 타자가 받는다는 타작타각(他作他覺) 여부의 문제도 아함경이나 니까야 상에서 전형적인 난문으로 등장한다. 이에 대해서는 『중론』 제12 관고품에서 취급하고 있다. 아함경의 경문만으로는 이 문제가 구체적으로 무엇에 대한 문제인지 확실하지 않지만 아래와 같은 용수의 게송을 보면 "고(苦)로서의 오온을 그 오온이 스스로 짓는가, 아니면 전 찰나의 다른 오온이 짓는가?"라는 문제라는 것을 알 수 있다.

만일 (고를 고가) 스스로 짓는 것이라고 한다면, 그렇다면 무엇인가를 연하여

52) sa evātmeti tu bhavedupādānaṃ viśiṣyate/ upādānavinirmukta ātmā te katamaḥ punaḥ// 같은 품, 제4게.
53) 같은 품, 제5게.
54) 같은 품, 제6게.
55) 같은 품, 제8게.
56) 제18 관법품(觀法品) 제1게.

존재하는 것은 아닐 것이다. 실로 이 온(蘊)들을 연하여 저 온들이 발생하는 것인데 …[57]

이는 고(苦)의 자작자각(自作自覺)에 대한 비판이다. 지금 '나'에게 갖추어져 있는 오음성고(五陰盛苦)를 그 오음이 스스로 지은 것이라고 할 수 없다. 왜냐하면 찰나찰나 생멸하는 전 찰나의 오온의 소멸이 차제연의 역할을 해줌으로써 후 찰나의 오온이 발생할 수 있는 것이기 때문이다. 즉 후 찰나인 지금의 오온은 전 찰나의 오온의 소멸에 의존하여 발생한 것이기에 그 스스로 발생했다고 할 수 없다.

또 '나'라는 주체가 오온 이면에 있어서 오온의 고를 지을 수도 없다. 왜냐하면 오온과 별개의 개체는 존재할 수 없기 때문이다.[58]

고(苦)의 타작타각(他作他覺)설 역시 같은 논리로 비판된다. 전 찰나에 존재했던 '나'가 고를 지어서 지금의 '나'에게 고를 준다면 이는 (전 찰나의) 다른 놈이 지어서(타작) (후 찰나의) 다른 놈이 받게 된다(타각)는 말이 되는데 후 찰나는 아직 오온인 고를 받기 전이므로 받는 주체가 존재할 수 없다.[59] 왜냐하면 오온이 있어야 주체라는 관념이 형성될 수 있기 때문이다. 그러므로 타작타각이라는 판단 역시 옳지 못하다.

뿐만 아니라 자(自), 타(他)가 함께 짓는다는 공작(共作)설, 아무 원인 없이 지어진다는 무인작(無因作)설 역시 논리적인 이유에서 모두 옳지 못하다.[60]

『중론』에서는 고의 자작자각 타작타각 여부에 대한 문제 역시 오온설과 상관시키는데 전 찰나의 오온 혹은 주제와 후 찰나의 오온 혹은 주체 간의 의존 관계가 단절된 것도 아니고 동일한 것도 아니라는, 이변(二邊)을 떠난 중도의 논리로 논파하고 있는 것을 볼 수 있다.

---

57) 제12 관고품(觀苦品), 제2게.
58) 같은 품, 제4게.
59) 같은 품, 제5게.
60) 같은 품, 제9게.

Ⅲ. 용수의 무기관(無記觀) - 무기의 확장

제Ⅱ장에서 보듯이 용수는 정형적 난문들 모두를 연기적으로 무상하게 흘러가는 오온설의 토대 위에서 논의하고 있다. 현상계에는 찰나찰나 변하며 무상하게 흘러가는 막대한 고(苦)인 오온의 흐름만이 있을 뿐(純大苦陰)이다. 그리고 이것은 바로 폭류(暴流)와 같은 십이연기 지분들의 흐름이다.[61] 각 지분들이 오온으로 이루어진 십이연기 흐름의 실상을 파악하면 무명이 멸하게 되고 무명이 멸하면 더이상 신구의(身口意) 삼업(三業)의 영역에서 이루어지는 복(福), 비복(非福), 부동(不動)의 행을 짓지 않게 된다.[62] 그에 따라 행(行) 지분 이후의 모든 지분으로 지칭되는 고통의 세상만사가 소멸하게 된다(십이연기의 환멸문).[63] 실천적으로 말하면 이는 십이연기설의 삼세양중인과(三世兩重因果)적 해석에서 현재 이인(二因)인 '애'와 '취' 지분의 소멸로 인해 이루어질 수 있다. 즉 취(取)하지 않으면 해탈을 얻게 되는 것이다.[64] 그러나 십이연기 지분들의 관계, 또는 전 찰나의 오온과 후 찰나의 오온 간의 관계에 대한 파악이 단순한 인과관계로 파악된다면 결국 상견(常見)이나 단견(斷見)에 빠지고 만다.

무기(無記)의 소재들은 분명 오온무상(五蘊無常)의 토대 위에서 이루어지지만 난문들을 논파하는 논리는 이변(二邊)을 떠난 중도적 연기관에 토대를 두고 있다. 더 구체적으로 말해 시간적이거나 동시적인 인과관계에서 원인과 결과는 단절된 것도 아니고(不斷) 원인이 결과에까지 이어지는 것도 아니라는(不常) 중도적 인과관계인 연기설에 토대를 두고 난문들의 무의미함을 논

---

61) "此因緣十二支法 互相為因 互相為緣 非常 非無常 非有為 非無為 非無因 非無緣 非有受 非盡法 非壞法 非滅法 從無始已來 如暴流水而無斷絕."『佛說大乘稻芉經』(대정16), pp.815-816.

62) 第26 觀十二因緣品, 梵頌 第10偈.

63) 같은 품, 梵頌 第12偈.

64) "만일 취(取)하는 자가 취하지 않으면 바로 해탈하여 아무것도 존재하지 않는다." 같은 품, 제5게.

증한다. 그런데 연기의 이러한 중도적 의미를 적극적으로 천명한 게송이 바로 제1 관인연품(觀因緣品)의 귀경게이다.

> 소멸하지도 않고 생겨나지도 않으며, 단절된 것도 아니고 항상되지도 않고, 동일한 의미도 아니고 다른 의미도 아니며, 오는 것도 아니고 가는 것도 아닌 (緣起), 희론을 적멸(寂滅)하며 상서로운 연기(緣起)를 가르쳐 주신 정각자(正覺者), 설법자들 중 제일인 그분께 예배합니다.[65]

이 게송의 산스끄리뜨 원문을 보면 팔불게(八不偈)는 '연기(pratītyasamutpāda)'를 수식하고 있다. 즉 연기의 진정한 의미가 바로 팔부중도라는 것이다. 그런데 용수는 『중론』 전 품에 걸쳐 '가는 놈과 가는 작용'[66], '보는 놈과 보이는 대상'[67], '물질(色)과 물질의 원인(色因)'[68], '허공 그 자체와 허공의 상(相)'[69], '탐욕을 내는 자와 탐욕'[70], '본생(本生)과 생생(生生)'[71], '행위자와 행위'[72], '근본주체와 지각기관'[73], '불과 연료'[74] 등 다양한 인관 쌍(雙)에 대해 이변(二邊)을 떠난 팔부중도적 연기관을 적용하여 논파하고 있다. 즉 무기의 소재가 되는 난문뿐만 아니라 무기설과 관계없는 인간의 모든 분별적 사유에 대해 중도 인과적으로 비판을 가하고 있는 것이다. 따라서 무기(無記)란 정형적 난문에만 적용되는 것이 아니라 연기의 진정한 의미에 대해 무지하여 상견(常見)이나 단견(斷見)을 가지게 된 인간의 모든 언어 행위,

---

65) anirodham anutpādam anucchedam aśāśvatam/ anekārtham anānārtham anāgamam anirgamam// yaḥ pratītyasamutpādaṃ prapañcopaśamam śivam/ deśayāmāsa saṃbuddhastaṃ vande vadatāṃ varam// 제1 관인연품, 제1, 2게.
66) 제2 관거래품.
67) 제3 관육정품.
68) 제4 관오음품.
69) 제5 관육종품.
70) 제6 관염염자품.
71) 제7 관삼상품.
72) 제8 관작작자품.
73) 제9 관본주품.
74) 제10 관연가연품.

사고 행위에까지 확장 적용될 수 있는 것이다.

예를 들어 '불'과 '연료'가 다른 것이라는 견해에 입각하여 "연료가 불탄다."[75] 라는 분별을 내거나 '눈'과 '보이는 대상'이 다른 것이라는 분별을 내어 "눈으로 무엇을 본다."라는 분별을 내면[76] 이는 단견(斷見)에 떨어지는 꼴이 될 것이며, 전생의 '나'가 현생의 '나'와 같은 것이라는 분별의 토대 위에서 윤회를 이해하면[77] 이는 상견(常見)에 떨어지는 꼴이 된다.

이러한 극단적 세계관(邊見)의 치료법으로서 용수는 『중론』을 통해 연기 중도의 논리로 그 분별을 논파하면서 중도로서의 공(空) 사상을 천명하는 것이다. 따라서 인간은 상견이나 단적인 분별을 세척하지 못한 이상 아무리 고매한 의문을 품어도 또 그에 대한 무슨 답변을 하여도 "입만 열면 그르친다."는 덫에 걸리고 만다.

Ⅳ. 결론

제Ⅰ장에서 고찰해 보았듯이 붓다의 무기설은 난문에 대해 침묵으로 그치는 것이 아니라 무기 이후에 연기의 교설을 베풀어 그런 난문이 생기게 한 사고방식을 시정함으로써 난문을 해소시키는 것이라고 볼 수 있다. 즉 난문을 파기하는 '침묵의 단계'에, 난문을 발생시킨 세계관의 치료법으로서 연기설을 교시하는 '치료의 단계'가 추가되어 있다. 따라서 불교의 무기설은 '난문 → 의문의 파기(無記) → 사견(邪見)의 치료(연기설) → 열반'이라는 4중 구조로 이루어져 있다고 볼 수 있다. 즉, 외도(外道)에서 말하는 '의문 - 무기 - 해탈'의 3중 구조에 연기설(緣起說)이라는 사견의 치료 단계가 추가된 것

75) 제10 관연가연품,
76) 제3 관육정품.
77) 제27 관사견품.

이 불교의 특징이라고 볼 수 있다. 다시 말해 불교의 해탈은 궁극적 실재 (Ultimate Reality)와의 합일이라는 추상적 목표 이전에 연기의 자각이라는 실천적 과정이 포함되어 있는 것이다.

그런데 연기의 진정한 의미를 구현한 논서가 바로 용수의 『중론』이다. 『중론』 총27 품 중 원시불교의 정형적 무기설을 다루는 곳이 몇 품 발견된다. 제12 관고품, 제22 관여래품, 제25 관열반품, 제27 관사견품 등이 그것이다. 본고 제Ⅱ장에서는 『중론』의 이런 품들을 통해 정형적 난문에 대해 용수가 어떻게 이해했으며 어떻게 논파했는지 구체적으로 살펴보았다. 특기할 것은 정형적 무기설 중 '세간 변, 무변의 문제'를 용수는 우주의 공간적 한계가 아닌 중생 생존의 시간적 한계의 문제로 보았다는 점이다. 그 이유에 대해 필자는 '공간성(空間性)'이라는 것은 제행무상이라는 법인(法印)의 토대 위에서는 그 의미를 잃어버리기 때문일 것이라고 문제를 제기하였다.

용수는 본고 제2장에서 예로 든 다섯 종류의 난문이 모두 오온 상속 연기관에 토대를 두고 있는 것으로 이해하고 있다. 다섯 종류의 4구분별적 난문이 생기게 한 사고방식을 시정하는 『중론』의 논리는 오온무상이라는 법인의 토대 위에서 '주체(여래나 자아)'와 오온이 불일불이(不一不異)한 중도적 인과관계에 있고,[78] 전 찰나의 오온과 후 찰나의 오온이 불상부단(不常不斷)의 중도적 인과관계에 있다는[79] 팔부중도적 연기관에 토대를 두고 있음을 볼 수 있었다.

이렇게 난문을 논파하는 『중론』의 논리는 십이연기설의 참 뜻, 즉 단견이나 상견의 이변을 떠난 중도 인과관(因果觀)에 입각해 있기에 무기(無記) 이후 '연기의 교설'을 베풀었던 붓다의 의도와 일치한다.

그런데 정형적인 난문을 다룬 제27 관사견품이나 제22 관여래품, 제12 관고품 이외의 다른 품에서도 다양한 소재의 분별에 대해 중도 인과관에 입각해 논파하고 있는 것을 볼 수 있다. 즉, 『중론』 전품의 내용이 귀경게의 팔부

78) 여래 사후의 유(有), 무(無) 문제와 명(命)과 신(身)의 일(一), 이(異) 문제.
79) 세간의 유변, 무변, 상(常), 무상(無常)의 문제와 고의 자작자각, 타작타각의 문제.

중도 연기관을 다양한 인과관계에 적용하여 논의하고 있는 것이라고 볼 수 있다.

이렇게 용수는 원시경전 무기설의 소재가 되는 정형적인 난문뿐만 아니라 중도 연기의 실상에 무지(無知)한 상태에서 발생하는 모든 인간의 사유와 언어 행위에 대해서도 정형적인 난문에 대해 논파할 때와 똑같은 논리를 구사하여 논파하고 있는 것이다.(제3장) 칸트(Kant)적 불가지론의 대상인 형이상학이나 비트겐슈타인(Wittgenstein)의 논리실증주의적 침묵의 대상인 철학적 난문만 무기의 대상이 되는 것이 아니다. 비단 형이상학적 난문에 대해서만이 아니라 인간의 사유와 언어활동 모두에 붓다의 침묵이 적용될 수 있는 것이다.

이렇게 용수는 팔부중도적 연기관(八不中道的 緣起觀)에 입각해 우리 인간이 구사하는 일체의 모든 언어 행위와 분별에 대해 그 모순성을 논리적으로 지적, 논파함으로써 그 논리를 통해 연기의 진정한 의미 즉, 중도연기의 자각에까지 우리를 고양시킨다.

- 『인도철학』, 제3호, 1993년

중관논리란?

Ⅰ. 중관논리의 종교성

논리를 통해 종교적 목표를 성취할 수 있을까? 이 의문에 대한 해답이 중관논리에 있다. 〈중관논리〉, 또는 〈공의 논리〉란, 인간의 논리적 사유의 타당성을 비판하는 〈반논리〉이다. 달리 표현하면 우리가 구사하는 갖가지 개념들의 실체성을 해체시키는 〈열반의 논리〉이다.

우리는 다양한 개념들로 이루어진 생각과 언어를 통해 인생과 세계를 바라보며, 그렇게 해서 형성된 자기 나름대로의 세계이해에 토대를 두고 삶을 영위한다. "나의 영혼은 몸 속 어딘가에 있어서 나를 움직인다." "나는 눈으로 사물을 바라보며, 귀로 소리를 듣는다." "나는 세상 속에서 살고 있다." "죽으면 이 세상 밖 어딘가로 떠나간다." "나와 남은 다르다." "이 세상은 조물주가 만들었다." … 이런 관점들은 은연중에 개개인이 스스로 만들어 낸 것일 수도 있고, 각 시대정신의 교육을 통해 구성된 것일 수도 있으며, 특정 종교에서 주입하는 신화구조에 의해 조작된 것일 수도 있다. 그런 관점들이 누적됨으로써 형성된 한 개인의 인생관이나 세계관[= 見: dṛṣṭi]은 긍정적으로 말하면 그 사람으로 하여금 일생을 살아가게 해 주는 삶의 지침이 되기도 하지만, 부정적으로 보면 다른 인생관이나 세계관을 가진 사람들과 서로 대립하게 만드는 갈등의 원인이 되기도 한다. 더 나아가 그것은 우리를 끝없는 윤회의 부침 속에 얽어매는 속박의 사슬인 것이다.

또, 우리는 언어와 생각을 이용하여 인생에 대한 철학적 고민을 한다. "나는 어째서 이 세상에 태어났을까?" "지금 이렇게 뚜렷하게 나타나 보이는 찬란한 이 삶은 어째서 소멸해 버려야 하는 것일까?" 유사 이래 수많은 종교가와 철학자들은 이런 형이상학적 고민[난문, 難問]에 대해 나름대로의 답을 제시해 왔다. 그러나 그들이 제시한 해답은 각양각색[희론, 戱論]이었으며, 문제를 해결하기보다는 오히려 그런 해답의 차이로 인해 새로운 갈등을 야기한 경우도 많았다.

이렇게 대부분의 갈등은 각 개인들의 세계관의 차이에 기인하는 것이며, 각 세계관들의 〈변증법적 종합〉을 통해 보다 포괄적인 관점을 형성함으로써 해결되기도 한다. 그러나 그런 종합 역시 하나의 관점이라는 점에서, 또다른 갈등의 인자를 배태하고 있는 것이다. 〈중관논리〉에서는, 갈등하는 양측을 위해 제3의 새로운 세계관을 제시하거나, 다양한 철학적 물음에 토대를 두고 그에 대해 어떤 해답을 내려 주지는 않는다. 그런 세계관과 철학적 고민을 만들어 낸 우리의 생각에 내재하는 본질적 모순을 지적해 줌으로써 갈등과 고민 자체의 허구성을 폭로한다. 즉, 제시된 문제에 토대를 두고 그것을 해결해 주는 것이 아니라, 애초의 문제 자체가 거짓되게 구성된 것이었음을 자각케 하여 그 문제 자체를 해소시킨다[희론적멸, 戱論寂滅]. 즉, 해체시켜 열반에 들게 한다. 그리고 이것이야말로 세계관[사견, 邪見]의 갈등과 철학적 고민[난문, 難問]에 대한 진정한 해결법이며, 불교적 방법의 본질이기도 하다.

Ⅱ. 중관논리의 구조

우리는 논리에 의해 사유하며, 논리는 〈개념〉과 〈판단〉과 〈추리〉로 이루어져 있다. 개념이 설정되면, 그런 〈개념〉들을 연결하여, "무엇이 어떠하다."

는 하나의 〈판단〉이 작성되고 그런 판단들을 조리 있게 배열하면, 삼단논법(syllogism)과 같은 〈추리〉가 이루어지는 것이다. 즉, 우리는 논리를 통해 어떤 문제에 대한 합당한 결론이나 이론을 도출해 낸다. 그러나 반(反)-논리인 〈중관논리〉에서는 〈개념〉의 독립적 실재성[= 有自性, 法有]을 비판하고, 그런 개념들을 결합하여 구성해 내는 〈판단〉에 내재하는 본질적 모순[이변, 二邊]을 지적하며, 그런 판단들에 의해 축조된 〈추론〉의 부당성을 역설하고 있다. 그리고 이런 반논리적 비판 과정이 가장 극명하게 표출되어 있는 논서가 바로 용수의 『중론』인 것이다. 『중론』에서는, 특히 아비달마(Abhidharma) 불교의 현학적 철학체계에서 실체시하던 갖가지 개념들[법수, 法數]을 대상으로 삼아 반논리적 비판 작업을 수행한다. 그리고 그런 비판 작업의 토대는 초기불전에 등장하는 연기설이다. 더 엄밀히 말하면, "〈이것〉이 없으면 〈저것〉이 없다."는 공식으로 표현되는 연기설의 환멸문(還滅門)이다. 이를 통해 갖가지 〈개념〉들의 실체성이 해체되기에, 그런 〈개념〉들의 결합에 의해 구성되는 〈판단〉에서 논리적 오류가 도출될 수 있다.

연기공식에서 말하는 〈이것〉과 〈저것〉에는 〈더러운 것〉과 〈깨끗한 것〉과 같은 가치(價値)개념은 물론이고 〈연료〉와 〈불〉과 같은 존재(存在)개념, 〈눈〉과 〈시각대상〉과 같은 인식(認識)개념, 〈주체〉와 〈작용〉과 같은 체용(體用)개념 등 우리가 일상생활에서 사용하는 모든 개념쌍들이 대입될 수 있다. 〈더러운 것〉이 없으면 〈깨끗한 것〉도 없으며, 〈연료〉가 없으면 〈불〉도 없고, 〈눈〉이 없으면 〈시각대상〉도 없으며, 〈주체〉가 없으면 〈작용〉도 없다. 따라서 〈더러운 것〉이나 〈불〉, 〈눈〉, 〈주체〉 등은 결코 독립적으로 실재하지 못한다. 이것이 바로 공의 이치이다. 〈더러운 것〉은 항구 불변하는 실체가 없기에[무자성: niḥsvabhāva] 공(śūnya)하고, 〈불〉도 독립적 실체가 존재하지 않기에 공하며, 〈눈〉도 공하고 〈주체〉도 공하다. 오온이나 육계, 열반과 여래 등 교학적 개념들은 물론이고, 일상생활에서 우리가 사용하는 모든 개념들은 그 독립적 실체[자성, 自性: svabhāva]가 없기에 공하다.

따라서 이런 공한 〈개념〉들을 결합하여 구성하는 갖가지 〈판단〉들 역시 논리적 오류에 빠지지 않을 수 없는 것이다. 비근한 예를 들어보자. “비가 내린다.”는 체용판단의 경우, 〈비(주체)〉가 없으면 〈내림(작용)〉도 없으며, 〈내림〉이 없으면 〈비〉도 없는 것이기에[= 환멸연기적 토대], ‘비’라는 주어와 ‘내린다’는 술어를 분할[분별: vikalpa]하게 되면 논리적 오류에 빠지고 만다. 즉, 〈비〉 속에 〈내림〉이라는 술어의 의미가 들어 있을 수도 없고 들어 있지 않을 수도 없다.

‘비’라는 주어에 ‘내린다’는 술어의 의미가 들어 있다고 보면 “비가 내린다.”는 말은 ‘〈내리는 비〉가 내린다’는 말이 되고 만다. 즉, ‘비’라고 말을 하는 순간 이미 내리고 있는 것인데, 그것에 대해 다시 ‘내린다’는 술어를 부가하여 “비가 내린다.”는 말을 하게 되니, 내리는 것이 두 개인 ‘의미 중복의 오류’에 빠지게 된다[= 제1구적 이해 비판, 인중유과론적(因中有果論的) 상견 비판]. 그렇다고 해서 ‘비’라는 주어에 ‘내린다’는 술어의 의미가 들어 있지 않다고 보게 되면, “〈내리지 않는 비〉가 내린다.”는 말이 되는데, 이 세상 어디에도 내리지 않는 비는 없다. ‘비’라고 말을 하면 내리고 있는 것이어야 한다. 따라서 이 경우에는 ‘사실에 위배되는 오류’에 빠지고 만다[= 제2구적 이해 비판, 인중무과론적(因中無果論的) 단견 비판].

서구논리학에서는 〈개념〉을 연결하여 만들어지는 〈판단〉의 종류를 두 가지로 나눈다. 분석판단과 종합판단이 그것이다. 주어의 의미 속에 술어의 의미가 내포되어 있는 판단이 분석판단이며, 그렇지 않은 판단이 종합판단이다. 그러나 중관논리에서는 판단에 대한 그런 구분의 타당성을 모두 비판한다. “비가 내린다.”는 판단을 분석판단적으로 이해하게 되면 위에서 말했듯이 ‘중복의 오류’에 빠지게 되고, 종합판단적으로 이해하게 되면 ‘사실에 위배되는 오류’에 빠지고 마는 것이다. 따라서 분할 불가능한[불이, 不二] 사태를 두 개의 개념으로 분할한 후, 그 개념쌍을 연결하여 구성되는 인간의 모든 판단들은 필연적으로 논리적 오류에 빠지지 않을 수 없는 것이다. 즉, 우리가 사용하는 모든 판단들의 사실성은 해체된다.

마지막으로 〈추리론〉의 경우, 중관논리에서는 적대자가 추론을 통해 어떤 결론을 내리게 되면, 그와 동등한 타당성을 갖는 상반된 추론식을 제시함으로써 적대자가 구성한 추론의 절대적 타당성을 비판한다. 그렇다고 해서 자신이 내세운 추론식을 신봉하는 것도 아니다. 예를 들어 공사상을 비판하는 적대자가 "모든 것이 공하다면 사성제는 없다."라고 가언추리(假言推理) 형식의 추론을 구성하는 경우, 용수는 "모든 것이 공하지 않다면 사성제는 없다."고 상반된 추론식을 제시함으로써 상대의 주장을 논파한다[『중론』 제24 관사제품].

그러면 중관논리에서 이렇게 〈개념〉의 독립적 실재성과 〈판단〉의 사실적 대응성과 〈추론〉의 절대적 타당성을 비판하는 까닭은 무엇일까? 앞에서 말한 바 있지만, 우리는 언어와 생각에 의해 구성된 자기 나름의 세계관에 토대를 두고 형이상학적 고민을 하며, 우리의 언어와 생각은 〈개념〉과 〈판단〉과 〈추론〉을 이용해 논리적 방식으로 구사된다. 따라서 그런 고민들을 야기한 논리적 방식의 본질적 허구성이 폭로될 수만 있다면 문제는 가장 간단히 풀릴 수 있을 것이다. 즉, 우리의 고민을 야기한 세계관 자체가 허구였음이 판명되면 그로 인해 야기된 형이상학적 고민 역시 허구로 귀결될 것이다. 중관적 反-논리에서는 바로 그런 방식으로 문제를 해소시킨다.

구체적인 예를 들어보자. 앞에서 들었던 철학적 고민들 중, "지금 이렇게 뚜렷하게 나타나 보이는 찬란한 이 삶은 언젠가 소멸해 버리고 말 것이다."라는 판단이 야기하는 비장한 느낌은, 체험할 수도 없고 체험한 적도 없는 사후(死後)의 〈무(無)〉를 임의로 설정함으로써 발생되는 거짓된 실존감일 뿐이며, "나는 이 세상에 태어났다."는 판단은, 인생을 떠나 〈내〉가 실재한다는 착각에 토대를 둔 그릇된 감상이다. 또, "나는 눈으로 사물을 바라본다."는 판단은 〈보이는 대상〉과 관계없이 〈보는 작용〉인 눈이 실재한다는 세계관에 토대를 둔 실재론적 진술인 것이다. 즉, 그런 의문들과 관점들은 사물의 진상에 토대를 두고 구성된 것이 아니라, 우리의 사고가 세계를 제멋대로 재단[=分別]한 후 조작해 낸 허구적 의문이고 관점이라는 말이다. 따라서 그 허구성을 자각하게 되면 문제 자체가 해소된다. 그리고 이것이야말로 문제에 대한 근본적인 해결이다. 그 결과 "현실의 이 삶이 새삼스럽게 찬란할 것도 없고 [∵ 무(無)가 없으면 유(有)도 없기에], 이 세상에 태어날 주체가 따로 있던 것도 아니며[∵ 〈세상〉이 없으면 〈나〉도 없기에], 눈이 따로 있어서 대상을 바라보는 것도 아니다[∵ 〈대상〉이 없으면 〈눈〉도 없기에]."라는 실상을 자각하게 된다. 여기서 말하는 실상은 무상의 실상이다. 무라는 상이 있는 실상이 아니라 상이 무한 실상이란 말이다. 그런 모든 감상과 의문들은 우주와 인생의 정연한 이치인 〈연기실상(緣起實相)〉을 위배하고 우리의 생각에 의해 문제가 되는 사태를 분할[분별]했기 때문에 발생된 거짓 판단들인 것이다. 이 세상 그 어떤 사태건 결코 나누어지지 않는다[不二]. 왜냐하면 '모든 것은 연기적으로 얽혀 있기 때문'이다.

어떤 철학적 고민이나 갈등이 있는 경우, 중관논리적 분석 과정을 통해 그런 고민과 갈등을 야기한 갖가지 세계관을 하나하나 해체함으로써[= 고(苦)의 지멸(止滅), 택멸무위(擇滅無爲)] 우리는 마음의 평안을 얻게 된다. 초기 불전의 〈무기설(無記說)〉의 취지는, 붓다(Buddha)가 14가지(혹은 10가지) 철학적 문제[難問]에 대해 침묵을 한 후, 사제나 오온, 십이연기등을 설시함으로써 애초의 그런 의문을 구성한 사고방식을 치료한다는 데 있다. 아비달마 논서에도 14난문이나 62견 등의 사견을 일으킨 치심에 대한 치료법으로 연기관법이 제시된다. 그리고 사견에 대한 이런 치료 과정을, 붓다의 교법을 대하는 일부 아비달마 논사들의 실재론적 태도에 적용하여 보다 정밀하게 재현해 낸 논서가 바로 용수의 『중론』인 것이다.

Ⅲ. 중관논리의 정당성에 대한 해명 - 『회쟁론』

지금까지 간략히 살펴보았지만, 중관논리에서는 "이것이 없으면 저것이 없다."는 환멸연기에 토대를 두고, 우리의 사유의 도구인 〈개념〉의 실재성과 〈판단〉의 사실성, 〈추리〉의 타당성 모두를 비판하고 있다. 그 결과 "모든 사물은 자성(自性, svabhāva)이 없다."고 말한다. 그러나 자성에 대해 그렇게 비판하기 위해서는, 중관논사 역시 개념을 이용하여 "모든 사물은 자성이 없다."는 판단을 작성해 내야 하고, 어떤 〈이유〉를 들어 그런 판단을 주장하는 추론을 구성해야 하며, 〈언어〉를 통해 이를 표출한 후, 그런 사실을 스스로 〈인식〉해야 할 것이다. 그러나 그러기 위해서는 그런 〈언어〉와 〈이유〉와 〈인식〉의 실재성, 즉 자성은 보장되어야 할 것이다. 그렇다면 "모든 사물은 자성이 없다."는 판단은 진리로서의 보편타당성을 상실하고 마는 것 아닌가? 왜냐하면, 자성이 없는 모든 사물의 범위 중에서 〈언어〉와 〈이유〉와 〈인식〉 등은 제외되어야 하기 때문이다. 『회쟁론』에서 적대자인 실재론자(Realist)는 공사상이 봉착하게 되는, 바로 이러한 자가당착을 지적하고 있다. 실재론자가 제시하는 논박들을 유사한 성격끼리 묶어 요약하면 다음과 같다.

① 모든 것이 공하다면 그 말소리도 공해야 하기에 자가당착에 빠진다(제1, 2송).
② 모든 것이 공하다면 그 사실을 아는 인식은 실재해야 하기에 자가당착에 빠진다(제5, 6송).
③ 모든 것이 공하다면 공이라는 이름은 실재해야 하기에 자가당착에 빠진다(제9송).
④ 모든 것이 공하다면 그 부정의 대상은 존재해야 하기에 자가당착에 빠진다(제11, 12송).
⑤ 모든 것이 공하다면 그에 대한 이유도 공해야 하기에 그런 주장은 부당하다(제17, 18, 19송).

이에 대한 용수의 답변을 통해, 우리는 "자성이 없다."거나 "공하다."는 언명의 진정한 정체를 파악하게 된다. 먼저 용수는 공사상이 봉착하게 되는 역설적 상황을 회피하지 않는다. 적대자가 말하듯이, 용수는 "모든 것이 자성이 없다."는 〈말〉도 자성이 없으며, 〈인식〉이나 〈이름〉, 〈부정의 대상〉, 〈이유〉 모두가 그 자성이 없다는 점을 시인한다.

서구논리학에서도 역설의 발생을 해결하기 위한 노력이 있었다. 럿셀(Russell)의 계형이론(階型理論, Type theory)이나 타르스키(Tarski)의 이종언어론(二種言語論)이 그것이다. 위와 같은 경우 이들은 "모든 것은 자성이 없다."는 말은 제2계의 언어라거나 메타-언어(meta-language)라는 규정을 가함으로써 역설적 상황에서 벗어나려 했을 것이다. 그러나 이는 보편타당성을 상실한 자의적인 해결일 뿐이다. 일상생활에서 만나게 되는 역설적 상황에서, 우리가 언제나 럿셀이나 타르스키와 같은 방식의 대처를 하는 것은 아니기 때문이다. 담벼락에 쓰여진 '낙서금지' 라는 글귀를 예로 들어보자. 이는 역설적 상황이다. 낙서금지라는 낙서를 한 것이기 때문이다. 계형이론이나 이종언어론에서는, '일반적인 낙서'와 '낙서금지라는 낙서' 사이에 선을 그음으로써 역설적 상황에서 벗어나려 할 것이다. 그러나 그렇게 선을 긋는다고 하여 '낙서금지'라는 글씨에 의해 더럽혀진 담벼락이 깨끗해지지는 않을 것이다. 그렇다면 낙서금지라는 말은 결코 쓸 수 없는 것일까? 우리는 낙서금지라는 말이 쓰여지는 두 가지 상황을 가정할 수 있다. 첫째는 깨끗한 담벼락에 그 어느 누구도 낙서를 하지 않은 상황인데 집주인이 다짜고짜 낙서금지라는 글을 큼직하게 써 놓는 경우이고, 둘째는 낙서가 잘못된 것이라는 죄의식 없이 동네 어린 아이들이 낙서를 하는 경우 집주인이 그것을 막기 위해 한 구석에 '낙서금지'라는 글을 써 놓는 경우이다. 전자와 같은 상황이라면 집주인의 행위는 분명 자가당착적 역설에 빠진 웃음거리가 된다. 그러나 후자와 같은 상황이라면 '낙서금지'라는 글귀는 역설에 빠져 있음에도 불구하고 더 이상의 다른 낙서를 억제하는 작용을 할 수가 있기에 그 가치가 인정된다. "모든 사물은 자성이 없다."는 〈공의 교설〉이 빠지게 되는 역설에 대한 『회쟁론』의 해명 역시 그 구조가 이와 동일하다. 환각의 여인을 진짜 여인이라고 착각하는 사람이 있는 경우에 붓다의 신통력으로 만들어진 환각의 사람이 그런 착각을 제거해 주듯이, 또 집에 데와닷따(Devadatta)가 없는데 '있다'고 생각하는 경우 "집에 데와닷따가 없다."고 말해 줌으로써 잘못된 생각을 시정해 주듯이, 모든 사물에는 자성이 없는데도 불구하고 "자성이 있다."고 착각하기에, 공(空)한 〈공의 교설〉을 통해 "모든 사물은 자성이 없다."고 말하여 사물의 진상을 알려 주는 것이다. 즉, 자가당착에 빠질 것을 알면서도, 선행하는 잘못이 있는 경우에 그에 대응하여 발화되는 것이 공사상의 언명이다. 이는 응병여약의 구조이다. 병이라는 선행조건이 있기에 약을 주는 것이다. 성도(成道) 후 범천 권청의 신화가 대변하듯이 붓다의 교설 역시 본질적으로 이와 같은 응병여약적 구조를 갖는다.

용수는 『회쟁론』을 통해 불교적 교설의 응병여약적 성격을 논리적으로 해명하고 있다. "모든 사물은 자성이 없다."는 말이 단순한 주장이라면 이는 역설에 빠진 웃음거리가 될 것이다. 그러나 사물의 진상에 대해 무지한 사람이 "사물에 자성이 있다."고 착각하는 경우, 이를 시정해 주기 위해 그 말이 발화된 것이라면 이는 정당할 수 있다. 마치 죄책감 없이 낙서가 자행되고 있던 담벼락 한 쪽에 쓰여지는 〈낙서금지〉라는 낙서와 같이 ….

- 『회쟁론』(경서원 간), 역자 후기, 1999년

중관논리의 응용

중관적 연기론과 그 응용

Ⅰ. 중관(中觀)이란?

중관학이란 대승불교의 아버지, 또는 제2의 부처라고 칭송되는 용수(龍樹, Nāgārjuna: 150-250 C.E.)의 사상에 연원을 두는 불교학의 한 분야를 가리킨다. 중관이란 술어는 『조론(肇論)』의 저자 승조가 창안한 용어로 용수의 대표적 저술인 『중론』의 '중(中)'자와 『중론』 내 각 장의 명칭에서 사용하는 '관(觀)'자를 조합함으로써 만들어졌다. 동아시아의 중관학인 삼론학(三論學)의 대성자 길장(吉藏, 549-624 C.E.) 역시 이를 수용하여 『중론』에 대한 자신의 주석서를 『중론소』가 아니라 『중관론소(中觀論疏)』라고 명명하였다. 『중론』은 총 27장으로 이루어져 있는데 각 장에서는 독특한 반논리적 논법에 의해 갖가지 '개념(法)'들의 실체성을 비판하고 그런 개념들의 조합에 의해 작성되는 다양한 '판단'의 사실성을 비판하며, 그런 판단의 나열을 통해 도출되는 '추론'의 타당성을 비판한다.

전통적으로 인도의 논서는 열거(列擧, uddeśa)와 정의(定義, lakṣaṇa)와 검토(檢討, parīkṣā)라는 세 단계에 의해 작성되었다. 인도의 논서에서는 먼저 자기 학파의 세계관을 구성하는 데 필수적인 개념들의 명칭을 '열거'하고 그런 갖가지 개념들의 의미에 대해 '정의' 내린 후 마지막으로 그런 정의의 타당성을 문답(問答) 형식을 통해서 '검토'한다. 『니야야수뜨라(Nyāyasūtra)』의 16구의(句義), 『와이셰시까수뜨라(Vaiśeṣikasūtra)』의 6범주(範疇), 『상캬까리까(Sāṃkhyakārika)』의 25제(諦) 모두 '열거'와 '정의'와 '검토'의 과정을 거침으로써 각 학파의 세계관을 구성하는 근본 개념으로 정립되는 것이다. 불교의 경우에도, 구사학에서 말하는 5위75법, 유식학에서 말하는 5위100법 모두 각 교학의 세계관을 구성하기 위해 열거된 근본 개념들이다.

그런데 『중론』을 위시한 중관논서들은 불교 내외의 제 논서에서 흔히 볼 수 없는 독특한 기술 방식을 갖는다. 즉, 열거와 정의와 검토 중 검토(parīkṣā)만으로 이루어진 논서인 것이다. 물론 『중론』 내 각 품에서는 열거와 정의의 문형을 취하고 있는 게송도 다수 발견된다. 그러나 그런 게송들은 중관학적 세계관을 구성하기 위해서가 아니라 비판의 대상으로 도입된 것들이다. 『중론』은 다만 검토만을 목적으로 삼는 논서이다. 그리고 『중론』의 한역자 구마라습(344-413 C.E.)은 이런 검토(parīkṣā)를 관(觀)이라고 번역했던 것이다.

『중론』에서 말하는 관(觀, parīkṣā)이란 지관(止觀, samatha-vipaśyana) 수행에서 말하는 관(觀, vipaśyana)과 그 원어도 다르고 의미도 다르다. 『중론』에서 말하는 '관'이란, 『중론』은 물론 인도 내 제 학파의 논서가 공유하는 기술방식으로 단순한 '논리적 검토'를 의미할 뿐이다. 결코 신비한 용어가 아니다. '곰곰이 논리적으로 따져 보는 것'이 바로 『중론』의 '관'인 것이다. 즉, 비판의 대상에 대해 논리적으로 면밀히 검토해 보는 것이 '관'이다. 예를 들어 『중론』 제1장인 관인연품(觀因緣品, pratyaya-parīkṣā)에서는 연기적 발생에 대한 갖가지 이론들을 검토함으로써 그런 이론들의 부당성을 지적하고 있고, 제2장인 관거래품(觀去來品, gatāgata-parīkṣā)에서는 '감(去: gamana)'과 결부된 갖가지 개념들을 검토함으로써 그런 개념들의 실체성을 비판하고 있다. 십이연기설을 그대로 소개하는 제26장을 제외한 『중론』 전체는 모두 아비달마 교학에서 말하는 갖가지 개념들의 실체성과 그런 개념들이 조합됨으로써 작성된 판단들을 비판적으로 검토하는 데 할애되고 있는 것이다. 그리고 그렇게 검토할 때 비판의 잣대가 되는 것이 바로 연기사상이다. 『중론』에서 용수는 연기의 진정한 의미에 토대를 두고 다양한 개념들의 실체성과 갖가지 판단들의 사실성을 논파한다.

불교의 핵심을 중도(中道)라고 말한다. 수행의 영역에서는 극도의 고행이나 극도의 쾌락을 지양하라는 의미에서 실천적 중도인 고락중도(苦樂中道)를 말하고 사고의 영역에서는 단멸론이나 상주론과 같은 극단적 사고방식(二邊)을 제거하라는 의미에서 사상적 중도인 단상중도(斷常中道), 또는 유무중도(有無中道)를 말한다. 그리고 '연기(緣起)'란 이 두 가지 중도설 중 사상적 중도의 구체적 내용인 것이다. 따라서 길장이 『중론』을 『중관론』이라고 불렀던 것은 『중론』이 '사상적 중도인 연기에 입각하여 검토하는 논서'라는 점을 의미하기 위해서였던 것으로 볼 수 있다.

그러면 『중론』에서는 말하는 사상적 중도로서의 연기란 무엇일까? 앞에서 얘기했듯이 『중론』에서는 적대자의 세계관을 구성하는 개념과 그에 대한 정의의 타당성을 비판할 뿐 자파(自派)의 세계관을 표명하지 않는다. 연기의 경우에도 적극적인 방식으로 정의하지 않는다. 연기를 긍정적으로 정의하기 위해서는 정의에 동원된 개념들의 실재성을 상정해야 하며, 그럴 경우 결국은 중관적 방식에 의해 비판되지 않을 수 없기 때문이다.[1] 그래서 『중론』에서는 우리가 무엇을 분별해 낼 때, 다시 말해 우리의 사고가 이 세계의 실상인 연기성을 위배하고 사물이나 사태를 분할하여 개념을 창출해 낼 때 발생하는 논리적 오류를 지적하는 소극적 방식에 의해 연기의 진정한 의미를 가르친다.

『중론』에서 연기의 진정한 의의를 드러내기 위해 비판의 대상으로 삼았던 것은 불교 내의 사견(邪見), 즉 아비달마(Abhidharma) 교학의 실재론적 세계관이었던 반면, 용수의 직제자 아리야제바(Āryadeva: 170-270 C.E.경)는

---

1) 『중론』 제1 관인연품 제12게에서는 연기공식 중 긍정적으로 표현된 "이것이 있음에 저것이 있다."는 구절조차 다음과 같이 비판한다: '무자성한 존재물들에는 존재성이 없기 때문에 "이것이 있음에 이것이 있다."는 것은 결코 성립하지 않는다'(bhāvānāṃ niḥsvabhāvānāṃ na sattā vidyate yataḥ/ satīdamasmin bhavatītyetannai vopapadyate// 諸法無自性 故無有有相 說有是事故 是事有不然).[이하 『중론』은 *M.K.*로 약칭한다].

시선을 불교 밖으로 돌려 상캬(Sāṃkhya), 와이셰시까(Vaiśeṣika) 등 외도의 세계관을 비판의 대상으로 삼게 된다. 용수와 제바가 연기에 입각해 비판한 것은 당시의 특정한 교파에서 구축한 세계관이었지만, 연기가 이 세계의 실상이라면 현대사회의 제 문제에 대해서도 연기사상에 의거하여 문제점을 지적하고 그 해결점을 모색해 볼 수 있을 것이다. 본고에서는 중관논서를 통해 추출된 연기사상, 즉 중관적 연기론에 의거하여 현대사회의 제 문제를 조망해 보고자 한다.

본고에서는 환경문제(제Ⅲ장 제1절), 사회제도와 규범(제Ⅲ장 제2절), 상담심리(제Ⅲ장 제3절)라는 지극히 이질적인 세 가지 분야에 대해 중관적 연기론을 적용하여 조망해 보았다. 이 세 가지 분야는 서로 무관한 듯이 보이지만 그 모두가 우리 인간에 의해 지어진 것이라는 공통점을 갖는다. 그리고 인간에 의해 지어진 모든 문제의 근저에는, 그것을 야기한 특정한 세계관(사견, 邪見)이 잠재되어 있는 법이기에, 갖가지 세계관(dṛṣṭi: 見)에 대해 분석적으로 접근하는 중관학이 그런 문제들의 해결을 위한 유용한 지적 도구가 될 수 있는 것이다.

그러면 이를 위해서 먼저 중관학에서 말하는 연기의 의미를 현대사회의 제 문제에 적용 가능한 모습으로 재해석해 보기로 하자(제Ⅱ장).

Ⅱ. 중관적 연기론에 대한 재해석

1. 중관적 연기론과 사성제

『중론』에서는 “이것이 있으면 저것이 있고 이것이 없으면 저것이 없다. 이것이 생하면 저것이 생하고 이것이 멸하면 저것이 멸한다.”는 연기공식 중 “이것이 없으면 저것이 없으며, 이것이 멸하면 저것이 멸한다.”는 환멸문만을 논리적 오류가 배제된 명제로 간주한다. 그리고 이 명제에 갖가지 개념쌍들이 대입하여 다음과 같이 게송화 한다.

> **만일 '가는 놈'을 떠난다면 '가는 작용'은 성립되지 않는다. '가는 작용'이 없다면 도대체 어떻게 '가는 놈'이 성립하겠는가?[2)]**

> **'색(色)의 인(因)'이 없으면 '색'은 포착되지 않는다. '색'이 없어도 '색의 인'은 보이지 않는다.[3)]**

> **'허공의 상(相)'이 있기 이전에는 그 어떤 '허공'도 존재하지 못한다. 만일 상이 있기 이전에 [허공이] 존재한다고 한다면 상이 없이 존재한다는 오류에 떨어진다.[4)]**

그런데 문제가 되는 것은 『중론』에 표현된 연기설의 환멸문이 십이연기설의 환멸문과 그 형식이 다르다는 점이다. '가는 놈'과 '가는 작용'과 같이 연기관계에 있는 두 개념 쌍을 A와 B라고 할 때 위에서 보듯이 『중론』에서는 "A가 없으면 B가 없고 B가 없으면 A가 없다."는 식으로 A와 B를 상호의존관계로 표현하는 반면, 초기불전의 십이연기설에서는 식(識)과 명색(名色) 간의 관계를 제외한 십이지 각각의 전후 관계가 "A가 있으면 B가 있고, A가 없으면 B가 없다."는 일방적 의존관계의 형식으로 표현되어 있다는 점이다. 이를 도식적으로 표현하면 다음과 같다.

『중론』의 연기설: A ↔ B

---

2) gantāraṃ cettiraskṛtya gamanaṃ nopapadyate/ gamane 'sati gantātha kuta eva bhaviṣyati// 若離於去者 去法不可得 以無去法故 何得有去者(*M.K.*, 2-7).

3) rūpakāraṇanirmuktaṃ na rūpamupalabhyate/ rūpeṇāpi na nirmuktaṃ dṛśyate rūpakāraṇam// 若離於色因 色則不可得 若當離於色 色因不可得(*M.K.*, 4-1).

4) nākāśaṃ vidyate kiṃ citpūrvamākāśalakṣaṇāt/ alakṣaṇaṃ prasajyeta syātpūrvaṃ yadi lakṣaṇāt// 空相未有時 則無虛空法 若先有虛空 卽爲是無相(*M.K.*, 5-1).

초기불전의 십이연기설: A → B → …

일본의 야스이 고우사이(安井廣濟)는 전자를 상의상대(相依相待, parsaparāpekṣa)적 연기관이라고 부르고 후자를 피연생과(彼緣生果, idampratyayatā)적 연기관이라고 부르며 용수는 연기의 의미를 재해석하였다고 말한다.5) 그렇다면 『중론』에 와서 연기의 의미가 달라진 것일까? 『중론』 청목소에서 말하듯이 용수가 불설(佛說)의 진의(眞意)를 부흥하기 위해 『중론』을 작성한 것이 진실이라면 결코 그럴 수는 없을 것이다. 그러면 어째서 십이연기설의 피연생과의 연기설이 『중론』에서 상의상대적 연기설로 바뀐 것일까? 필자의 졸견으로는, 『중론』에 와서 연기관을 적용하는 대상이 달라졌기 때문인 것으로 생각된다. 즉, 십이연기설에서는 자아의 실체성을 비판하기 위해 과거, 현재, 미래에 걸쳐 불가역적으로 살아가는 유정류(有情類)의 삶에 연기관을 적용하였기에 12지(支) 각 지분의 관계에 대해 불가역적인 피연생과의 형태로 표현하지 않을 수 없었던 반면6) 『중론』은 '가는 자'와 '가는 작용', '색(色)'과 '색인(色因)' 또는 '눈(能見)'과 '시각대상(所見)', '불'과 '연료' 등 동시 공존적인 법의 실체성을 비판하는 목적으로 작성된 것이기에 각 법들의 관계를 가역적인 상의상대의 형태로 표현하였던 것으로 볼 수 있다. 전통적 교학에서 말하듯이 십이연기설은 주로 아공을 가르치기 위해 설시되었고 『중론』은 법공을 가르치기 위해 작성된 것이기 때문이다. 다시 말해 『중론』에

5) 安井廣濟, 金成煥 譯, 『中觀思想研究』, 弘法院, 1989, pp.21-117.

6) 물론 상의상대적으로 관계하는 제3의 識지분과 제4의 名色지분은 예외이다. 이는 中陰身(gandharva)으로서의 識이 入胎하며 자신의 業에 맞는 수정란에 반영되는 과정에서 수정란과 상호작용하기 때문인 것으로 생각된다. 『아비달마대비바사론』에서는 이에 대해 다음과 같이 설명한다: 問此經中說 識緣名色 餘處復說名色緣識 此二種何差別 答 識緣名色顯識作用 名色緣識 顯名色作用 復次識與名色更互爲緣如二束蘆相依而住 如象馬船與乘御者展轉相依得有所至 識與名色亦復如是 識爲緣故名色 續生名色爲緣識得安住故說此二更互爲緣 復次識緣名色說初續生時名色緣識說續生後位 復次識緣名色說續生時識能生名色 名色緣識說續生後識依名色住 復次識緣名色說所生名色名色緣識說能生名色 復次識緣名色依前後說 名色緣識依同時說(『阿毘達磨大毘婆舍論』, 大正藏27, p.120a).

이르러 연기의 의미가 변한 것이 아니라 연기를 적용하는 대상이 '자아(自我)'에서 '법(法)'으로 바뀐 것일 뿐이다. 중관학과 십이연기설에서 말하는 연기의 본질적 의미는 결코 다르지 않다.

이는 사성제의 교설의 경우도 마찬가지다. 사성제의 교설을 연기공식에 대입하면 "집(集)이 있기에 고(苦)가 있고 집이 없으면 고가 없다. 집이 생하기에 고가 생하고 집이 멸하면 고가 멸한다."는 형식의 문장이 될 것이다. 그런데 초기불전의 경우 도처에서 집이란 갈애를 의미한다고 말한다.7) 갈애가 있기에 우리가 체험하는 오음이 치성(熾盛)한 고통(五陰盛苦)이 발생했으며 갈애를 멸하면 오음성고 역시 사라진다는 말이다. 즉, 주로 아공을 설하기 위해 교시된 것이 초기불전의 사제설이었다.8) 그런데 『중론』에서는 사성제의 논리구조 역시 법공을 설하기 위해 응용되고 있다.

앞에서 인용했던 『중론』의 게송에서 '가는 놈'이 집(集)이라면 '가는 작용'은 고(苦)에 해당된다. 따라서 '가는 놈'이 존재한다면 '가는 작용'이 있겠지만 '가는 놈'의 실체가 존재하지 않기에(집의 소멸) '가는 작용' 역시 있을

7) 云何苦習諦 所謂受愛之分 習之不惓 意常貪著 是謂苦習諦(『增一阿含經』, 大正藏2, p.619a). 何等爲賢者苦習 賢者諦 或人賢者六自入身 相愛彼所愛著近往 是爲習 如自身外身亦爾 識更知行哀有 賢者人爲六持愛 一爲地二爲水三爲火四爲風五爲空六爲識 彼所愛著相近往發 是爲習 如是何應 若人在兒子亦妻從使御者田地舍宅坐肆臥具 便息爲愛著近更發往求 當知是愛習爲 苦習賢者諦 過世賢者時亦是愛習 爲苦習賢者習 未來世時亦是愛習 爲苦習賢者習 今現世時亦是愛習 爲苦習賢者習 如是不異如有不倒不惑 眞諦正如有賢者諦 爲賢者諦更見解得 相應如有覺是故 苦習名爲賢者諦(『四諦經』, 大正藏1, p.815c).

8) 물론 사성제(苦·習·滅·道)의 구조를 십이연기의 각 지분인 법과 법 간의 전후 관계에 적용하는 경문 역시 발견된다: 尊者舍梨子復問曰 賢者大拘絺羅 頗更有事因此事比丘成就見 得正見 於法得不壞淨 入正法耶 答曰 有也 尊者舍梨子 謂有比丘死知老死如眞 知老死習 知老死滅 知老死滅道如眞 云何知老 謂彼老耄 … 顏色醜惡是名老也 云何知死 … 是名死也 此說死前說老 是名老死 是謂知老死如眞 云何知老死習如眞 謂因生便有老死 是謂知老死習如眞 云何知老死滅如眞 謂生滅老死便滅 是謂知老死滅如眞 云何知老死滅道如眞 謂八支聖道 正見 乃至正定爲八 是謂知老死滅道如眞 尊者舍梨子 若有比丘如是知老死如眞 知老死習 知老死滅 知老死滅道如眞者 是謂比丘成就見 得正見 於法得不壞淨 入正法中(「舍梨子相應品大拘絺羅經」, 『中阿含經』, 大正藏1, p.462b).

수 없는 것이다(고의 소멸). 즉, 이 게송은 '가는 놈'과 '가는 작용'이라는 법에 대해 사성제의 논리구조를 적용하여 작성된 것으로 볼 수 있다.

모든 것은 연기적이다. 예를 들어, 긴 것은 본래 그 실체가 있는 것이 아니다. 짧은 것에 의존하여 존재한다.9) 더러운 것도 마찬가지이다. 깨끗한 어떤 것이 있다고 생각하기에 다른 무엇을 더럽다고 보게 되는 것이다. 이를 사성제의 교리에 대입하면 '더러운 것이 있다는 분별'은 '고(苦, duḥkha)'에 해당되고 '깨끗한 것이 있다는 분별'은 '집(集, samudaya)'에 해당된다. 집이 있기에 고가 발생하고 집을 제거하면 고가 소멸한다. 즉, 인연이 있기에 문제가 발생하고 인연이 멸하면 그 문제 역시 소멸한다. 또, 긴 것과 짧은 것의 관계를 예로 들면, 긴 것은 '고'에 해당되고 짧은 것은 '집'에 해당된다. 짧은 것에 대비하기에(집) 그 어떤 것에 대해 긴 것이라는 판단이 발생하게 되며(고), 대비시켰던 짧은 것이 없어지면 긴 것이라는 판단 역시 무의미해진다(멸). 따라서, '더러운 것'도 본래 그 실체가 없어 공하고 '긴 것' 역시 그 실체가 없어 공하다. 이것이 중관학에서 말하는 연기와 사제 그리고 공의 의미이다.

2. 분별의 발생과 소멸

모든 법은 공하다. 즉, 모든 존재는 그 자성이 없다. 그 어떤 사태든 그 어떤 개념이든 독립적 실체가 없다. 예를 들어 이 세상에 '불'은 홀로 존재하지 않는다. 불이 존재하기 위해서는 반드시 연료가 필요하다. 연료가 개재되지 않은 불은 결코 없다. 이를 『중론』 제10장 관연가연품(觀燃可燃品)에서는 다음과 같이 노래한다.

[만일 불이 독립적으로 존재한다면] 다른 것[= 연료]에 의존하지 않기 때문에

---

9) '이것이 있으면 저것이 있다. 마치 긴 것과 짧은 것과 같이. 이것이 생하기 때문에 저것이 생한다. 마치 등불과 광선과 같이'(若此有彼有 譬如長及短 由此生彼生 譬如燈與光: 龍樹, 『寶行王正論』, 第1 安樂解脫品 第48偈, 大正藏32, p.494b).

> **타오름은 원인 없는 것이 된다. 게다가 항상 탄다면 [점화의] 시작이 헛수고가 되는 과실에 빠진다.**[10]

불뿐만 아니라 연료 역시 마찬가지이다. 헛간에 쌓여 있는 장작도 불이 붙어야 비로소 '장작'이라는 이름이 붙을 수 있는 것이다. 장작으로 쓰기 위해 헛간에 쌓아 놓은 나무토막들을 집을 수리하는 데 쓴다면 그것은 '집 짓는 재료'라는 이름이 붙었어야 하며, 방망이를 만드는 데 쓴다면 그것은 '방망이의 재료'라는 이름이 붙었어야 한다. 따라서 결과가 발생하기 이전의 상태에서는 그 나무토막들을 '장작'이라고 부를 수가 없다. 비단 장작뿐만 아니라 그 어떤 사물이건 그에 대해 고유한 이름을 붙일 수가 없다.

조건과 결과의 관계에서도 결과가 존재하기에 그에 대한 조건이 규정되는 것이다. 아직 결과가 발생하지 않은 상태에서는 그 결과에 대한 조건이라는 말을 붙일 수가 없다. 『중론』 제2장 관인연품에서는 이를 다음과 같이 설명한다.

> **이것들을 연(緣)하여 발생하기에 실로 이것들을 연(緣)들이라고 한다. 이것들이 발생하지 않는 그런 경우에 어떻게 비연(非緣)이 아니겠느냐?**[11]

예를 들어 항아리 공장에 점토가 쌓여 있을 때 우리는 그 점토를 '항아리의 원료'라고 부른다. 여기서 점토는 항아리를 만드는 조건 중 하나인 것이다. 그러나 엄밀히 보면 항아리가 만들어 진 다음에야 우리는 그 점토가 항아리의 원료였다고 말할 수 있는 것이다. 아직 항아리가 만들어지지 않은 상태에서는 항아리 공장에 쌓여 있는 점토라고 하더라도 그에 대해 '항아리의 원료'

---

10) paratra nirapekṣatvādapradīpanahetukaḫ/ punarārambhavaiyarthyaṃ nityadīptaḫ prasajyate// 燃不待可燃 則不從緣生 火若常燃者 人功則應空(*M.K.*, 10-3).

11) utpadyate pratītyemānitīme pratyayāḫ kila/ yāvannotpadyata ime tāvannāpratyayāḫ katham// 因是法生果 是法名爲緣 若是果未生 何不名非緣(*M.K.*, 1-5).

라는 이름을 붙이지 못한다. 그 점토로 만일 기왓장을 만들었다면 이는 '기왓장의 재료'가 되었어야 하고, 벽돌을 만들었다면 이는 '벽돌의 재료'가 되었어야 한다. 아직 결과가 발생하기 전에는 '무엇에 대한 원료나 재료(= 연[緣], 조건)'라고 이름 붙일 수가 없다. 즉, 무명(無名)이다.

모습의 경우도 마찬가지다. 예를 들어 어떤 길이의 막대가 있을 때 우리는 그 막대의 길이에 대해 '길다'거나 '짧다'는 말을 붙이지 못한다. 더 긴 막대에 대비시키는 경우에 그 막대는 '짧은' 막대가 되고, 더 짧은 막대에 대비시키는 경우에 그 막대는 반대로 '긴' 막대가 되고 만다. 동일한 하나의 막대의 길이가 그것에 대비시킨 막대의 길이에 따라 길어지기도 하고 짧아지기고 한다. 길다거나 짧다는 판단은 그와 대비되는 것에 비교해 본 후 연기적으로 발생한다. 따라서 그 막대는 본래적인 길이가 없다. 즉, 길이의 차원에서 무상(無相)이다.

항아리 공장에 쌓여진 '점토'의 경우 결과로서의 항아리에 대비시키면 '항아리의 원료'라는 이름이 붙게 되고 기왓장에 대비시키면 '기왓장의 재료'라는 이름이 붙게 된다. 더 나아가 우리의 시각작용에 대비시키면 '시각대상'으로서의 점토의 모습이 되며 지, 수, 화, 풍의 사대(四大)와 대비시키면 사대가 화합한 '물질'로서의 점토가 된다. 동일한 점토이지만 상황에 따라 이름이 달라진다.

하나의 막대의 길이는 상황에 따라 '긴 것(A)'이라고 불리기도 하고, '짧은 것(=길지 않은 것: ~A)'이라고 불릴 수도 있으며, '길기도 하고 짧기도 하다(A∩~A)'거나 '긴 것도 아니고 짧은 것도 아니다(~A∩~~A)'라고 표현될 수도 있다. 중관학에서는 이런 식으로 정리된 네 가지 판단을 사구(四句)라고 부른다. 이 네 가지 중 어떤 것도 그 막대의 길이에 대한 진정한 묘사가 아니다.

지금까지 간략히 살펴보았듯이 『중론』에서는 모든 사물의 독립적 실재성을 부정하기에 그 어떤 사물이든 그 어떤 사태든 본래 이름도 없고 모양도 없어서 그 어떤 규정도 불허한다.

다른 예를 들어 보자. 내 눈앞에 보이는 하나의 컵은 보는 시점에 따라 그 모양이 달라진다. 위에서 보면 동그랗고 옆에서 보면 네모지며 눈앞으로 가져오면 컴컴한 벽이 되고 멀리 떨어지면 하나의 점이 되며 더 멀리 떨어지면 텅 빈 허공이 된다. 컵의 모습은 그것을 보는 시점에 따라 무수하게 많아진다. 그 모든 모습 중 그 어떤 것도 컵의 본래적인 모습은 아니다. 즉, 컵의 본래적인 모습은 없다. 본래는 아무 이름이 없는 나에게 어떤 하나의 호칭이 부여되는 것은 나와 특정한 관계에 있는 상대방이 존재하기 때문이다. 학생에 대해 나는 선생이 되며, 자식에 대해서는 아버지가 되고 아내에 대해서는 남편이 되는 것이다. 본래는 아무 모양이 없던 하나의 컵, 뒤집어 말하면 상황에 따라 모든 모양이 가능한 하나의 컵에서 어떤 하나의 모양을 파악하는 것은 그 모양을 파악하게 만든 특정한 관점을 취했기 때문이다. 어떤 사물에 대해 부여되는 호칭이나 모양은 본래 그 사물에 내재하는 것이 아니다. 특정한 조건에 의해 연기적으로 발생한 것들이다. 끝없이 변화하는 잡다한 세상만사는 절대부정과 절대긍정의 심연에서 연기적으로 명멸한다. 이것이 우리의 삶의 모습인 것이다.

이 세상 모든 것은 연기적으로 얽혀 있다. 즉, 홀로 존재하는 것은 없으며 항상 그와 대응되는 것을 수반하며 함께 발생한다. 긴 것은 짧은 것과 얽혀 있고 더러운 것은 깨끗한 것과 얽혀 있으며, 눈은 시각대상과 얽혀 있고 불은 연료와 얽혀 있으며, 원인은 결과와 얽혀 있고 주체는 작용과 얽혀 있으며, 나는 남과 얽혀 있고 삶은 죽음과 얽혀 있다.

원래는 긴 것도 없고 더러운 것도 없으며, 눈도 없고 불도 없다. 원인도 없고 주체도 없고 나도 없고 삶과 죽음도 없다. 긴 것이라는 개념을 만들어 내기에 그에 대응한 짧은 것이라는 개념이 발생하고, … 삶이란 개념을 만들어 내기에 그에 대응한 죽음이란 개념이 발생하는 것이다. 엄밀히 말해 지금의 나는 살아 있는 것도 아니다. 따라서 죽음도 존재할 수가 없다.

그러나 연기에는 이렇게 분별을 타파하는 측면만 존재하는 것이 아니다. 모든 것이 연기적이기에 분별이 타파되기도 하지만 모든 것이 연기적이기에 분별이 발생할 수도 있는 것이다. 연기는 연멸(緣滅)과 연생(緣生)의 양 측면을 갖는다. 연멸은 진제를 체득하기 위한 과정에서 소용되는 조망이며 연생은 세속의 발생 원리이다.

3. 순환구조

모든 것은 연기적이다. 즉, 얽혀 있다. 그 어떤 개념이나 사태라고 하더라도 연기의 고리를 절단하는 분별에 의해 발생한 것들이기에 원래 독립된 실체가 있던 것이 아니다. 그러나 우리의 사고는 그런 개념과 사태의 발생 기원을 망각하고 실체시한 후 개념과 사태 간에 갖가지 관계를 설정하거나 그를 소재로 다양한 체계를 구성한다.

여기서 악순환이 발생한다. 인지적인 차원에서 연기의 고리를 절단하여 한 쌍의 개념을 만들어 낸 후 양자를 관계시킬 경우 자가당착(自家撞着)이라는 논리적 오류에 빠지고 정서적인 차원에서 연기의 고리를 절단하여 나와 남을 구분한 후 남에 대해 어떤 행위를 할 경우 자업자득(自業自得)이라는 인과응보가 발생한다. 자가당착이나 자업자득은 모두 그 구조가 순환적이다.

먼저 자가당착적 순환의 예를 들어 보자. 불과 연료는 연기적으로 발생한 사태들이다. 연료가 없으면 불이 있을 수 없고 불이 없으면 연료가 있을 수 없다. 그런데 불이나 연료의 연기적 발생을 망각하고 각각을 실체시한 후 다시 관계시킬 경우 악순환이 발생한다. 『중론』에서는 불과 연료의 관계에서 발생하는 악순환을 다음과 같이 지적한다.

> **만일 불이 연료에 의존해 있고 연료가 불에 의존해 있다면 그 둘 중의 어느 쪽이 미리 성취되어 있어서 불이나 연료가 의존하는 것이겠느냐?**[12)]

---

12) yadīndhanamapekşyāgnirapekşyāgnim̦ yadīndhanam/ kataratpūrvanişpannam̦ yadapekşyāgnirindhanam// 若因可燃燃 因燃有可燃 先定有何法 而有燃可燃 (*M.K.*, 10-8).

만일 불이 연료에 의존한다면 성립된 불이 [또다시] 성립된다. 이와 같은 경우 불 없는 연료 역시 존재하리라.[13)]

불과 연료는 서로를 내함(內含)하고 있다. 불에서 연료를 제거하면 불이 있을 수 없고, 연료에서 불을 제거하여도 연료는 연료라는 규정을 받을 수 없다. 그런데 불과 연료의 이러한 연기관계를 "불은 연료에 의존한다."고 긍정적으로 표현하는 경우 위와 같은 논리적 오류가 발생한다. 지금 어떤 연료가 불타고 있을 때 연료와 불 각각을 따로 떼어 낼 수가 없다. 마치 닭과 달걀의 관계와 같다. 닭의 근거로서 달걀을 말하지만 달걀 역시 그 근거를 닭에 두고 있다. 양자 모두 본래적 존재가 아니다. 긴 것과 짧은 것의 경우도 마찬가지이다. 긴 것과 짧은 것의 연기관계를 "긴 것은 짧은 것에 의존하여 존재한다."고 긍정적으로 표현하는 경우 악순환이 발생한다. 어떤 막대가 '긴 것'이라고 규정되기 위해서는 그 보다 '짧은 것'과의 대조가 필요할 것이다. 그런데 그렇게 대조하기 위해 동원되는 '짧은 것'은 본래 짧은 것이 아니라 다시 '긴 것'에 대조됨으로써 '짧다'는 규정을 받은 것이다. 즉, 긴 것이라는 판단이 실체가 있는 것이 아니라는 점을 표명하기 위해 "긴 것은 짧은 것에 의존한다."는 말을 하지만 이 말에 사용된 그 어떤 개념도 확고한 것들이 아니다. '긴 것'이나 '짧은 것'은 물론이고 '의존' 역시 확고하게 존재하는 것이 아니다.

[무엇인가에] 의존하여 성립되는 그런 존재 그것이 아직 성립하지 않았다면 어떻게 의존하겠는가? 뿐만 아니라 이미 성립된 것이 [다시] 의존한다는 것도 의존에 있어서는 타당하지 않다.[14)]

---

13) yadīndhanamapekṣyāgniragneḥ siddhasya sādhanam/ evaṃ satīndhanaṃ cāpi bhaviṣyati niragnikam// 若因可燃燃 則燃成復成 是謂可燃中 則謂無有燃(*M.K.*, 10-9).

14) yo 'pekṣya sidhyate bhāvaḥ so 'siddho 'pekṣate katham/ athāpyapekṣate siddhastvapekṣāsya na yujyate// 若法有待成 未成云何待 若成已有待 成已何用待(*M.K.*, 10-11).

불을 규정하기 위해 연료의 존재를 동원하지만 그렇게 동원된 연료는 다시 불을 내함해야 한다. 불을 규정하기 위해 다시 불의 존재를 필요로 하게 된다. 악순환이다. 긴 것을 규정하기 위해 짧은 것에 대한 의존을 말하지만 긴 것이 의존해야 하는 짧은 것은 다시 긴 것을 내함해야 한다. 긴 것을 규정하기 위해 다시 긴 것의 존재가 요구되는 것이다. 악순환이다.

이러한 악순환의 대표적인 예가 역설(paradox)이며 역설은 중관학에서 사고의 한계를 지적할 때 애용하는 논법 중 하나이다.[15] 예를 들어 '문자를 세우지 말라(不立文字)'라는 말을 할 경우 '불립문자'라는 말 역시 문자에 속하기에 자가당착에 빠지고 만다. '문자를 세우지 말라'라는 말을 하는 당사자는 '세간에서 세워지는 일반적인 문자'와 '문자를 세우지 말라는 문자'는 다른 것이라는 착각을 하고 있는 것이다. 즉, 문자 전체의 세계에서 '일반적인 문자'와 '불립문자라는 문자'를 구분하여 서로 다른 것으로 간주한 것이다. 그러나 그럴 수는 없다. '불립문자' 역시 엄연한 문자이다. '불립문자'라는 말을 한 당사자는 분할할 수 없는 문자의 세계를 분할해 내어 '일반적인 문자'를 배척한 것이다. 그래서 자가당착에 빠지게 된다.

이렇게 인지의 차원에서 일어나는 분할을 불교용어로 분별(分別, vikalpa)이라고 말한다. 이 세상 모든 것은 연기적이다. 언어와 의미의 세계 역시 예외일 수는 없다. 불과 연료, 긴 것과 짧은 것을 분할하여 각각을 독립적 실재로 간주할 경우 악순환에 빠지듯이 '불립문자'라는 말을 하여 '일반적 문자'를 배척할 경우 자가당착이라는 논리적인 순환이 발생하는 것이다.

이러한 순환은 우리의 정서의 차원에서도 발생한다. 그러나 쉽게 눈에 띄지는 않는다. 남을 미워하는 것이 나에게 해를 끼치는 것이요, 남을 도와주는 것이 나를 돕는 일이라는 인과응보의 법칙은 우리의 정서의 차원에서 발행하는 순환이다. 나와 남을 분할하여 실체시한 후 남에게 대해 행하는 행위는 모두 나에게 되돌아오는 것이 인과응보, 자업자득의 순환이다. 원래 나와 남

15) 金星喆, 「逆說과 中觀論理」, 『伽山學報』 第6輯, 1997, pp.141-142.

은 분할되지 않는다. 왜냐하면, 지금 존재하는 듯이 보이는 그 어떤 것도 나라고 할 만한 것이 없기 때문이다. 육체(色)나, 느낌(受), 사고(想)나 의지(行), 마음(識)의 다섯 가지 중 그 어떤 것도 항구불변한 것은 아니다. 즉, 흔히 자아라고 생각되던 색, 수, 상, 행, 식의 오온 중 그 어떤 것도 자아가 아니다. 그렇다고 해서 이런 오온 이외에 자아가 따로 존재하는 것도 아니다. '나'이기 위해서는 불변의 자기동일성(self-identity)을 가져야 한다. 십 년 전의 내가 지금의 나와 동일해야 한다. 그러나 십 년 전은 고사하고 어제의 오온 중에도 오늘 변하지 않은 것은 전혀 없다. 오온은 모두 찰나 생멸한다. 그래서 나는 없다. 내가 없기에 남이라고 할 만한 것도 없다. 비단 타인뿐만 아니라 이 세상 만물 중 타자는 존재하지 않는다. 다만 나의 업에 의해 현현된 갖가지 요소(法)들이 폭류처럼 흘러갈 뿐이다. 나의 것도 아니고 남의 것도 아닌 요소적인 법들이 부단히 흘러가는 것이 이 세상의 모습인데 이에 대해 무지하여 나와 남을 분할한 후 남에 대해 악업을 짓는 것은 사실은 자신의 마음 밭에 악의 씨앗을 뿌리는 행위일 뿐이다. 그리고 그 씨앗의 결실인 고과(苦果)는 결국 내가 거두게 된다. 선업으로 인한 낙과(樂果)의 획득 역시 그 과정은 마찬가지다. 이는 정서적 차원에서 발생하는 순환이다. 마치 부메랑을 던지듯이 타인을 향해 행한 업은 나를 향해 되돌아온다.

지금까지 고찰해 보았듯이 모든 것이 얽혀 있다는 연기의 실상을 위배할 경우 인지의 차원에서는 자가당착의 순환이 발생하고 정서의 차원에서는 자업자득의 순환이 발생한다. 인간과 인간의 '관계'에 의해 형성되는 '사회'의 제 문제의 해결을 위해 연기론적으로 접근하는 경우, 이와 같은 연기의 순환적 성격이야말로 가장 중요한 패러다임(paradigm)이라고 볼 수 있다.

Ⅲ. 중관적 연기론의 응용

제Ⅱ장에서 중관학적 조망을 통해 추출된 연기론의 패러다임은 다음과 같이 세 가지로 정리될 수 있다. 첫째, 모든 개념(法)은 지적인 분할을 통해 발생한 것으로 실체가 없다. 둘째, 연기는 연생과 연멸의 두 측면을 갖는데 연멸을 통해 분별이 타파되고 연생을 통해 분별이 발생된다. 셋째, 모든 것은 연기적이기에 그 고리를 끊어 버리는 경우 자가당착이나 자업자득의 순환이 발생한다. 그러면 연기론에서 추출된 이와 같은 세 가지 패러다임을 서로 이질적으로 보이는 다음과 같은 문제들에 적용해 보자.

1. 환경문제의 원인과 해결

환경문제의 발생 원인에 대해서는 다양한 조망이 가능하다. 환경문제의 원인으로 서구 산업혁명 이후의 대량생산, 화석연료의 사용, 자연의 무분별한 개발, 자원의 낭비, 인간의 탐욕 등을 꼽는다. 그리고 환경문제를 야기한 가장 근본적인 원인은 이 중 우리 인간의 탐욕일 것이다.

그러면 우리의 탐욕을 잠재우면 환경문제는 해결될 수 있을까? 십이연기설에서 탐욕은 애(愛) 지분에 해당하는 것으로, 애(愛)에는 오욕락에 대한 욕구(欲愛)와 존재하려는 욕구(有愛)와, 자살하려는 욕구(無有愛)의 세 가지가 있는데 이 중 오욕락에 대한 욕구, 즉 욕애가 환경문제의 주범인 것이다. 십이연기에 대한 전통적 해석에서는, 애(愛)란 13-15세 이후에 발생한다고 말한다. 즉, 사춘기 이후 우리가 육체적으로 성숙함에 따라 후손을 번식하고자 하는 음욕과 후손을 양육하기 위한 재물욕이 생기게 된다. 탐욕은 인간을 포함한 모든 동물이 자신의 종을 번식시키기 위해 갖게 되는 자연적인 욕구에서 비롯된 것으로 볼 수 있다. 탐욕을 완전히 잠재운다고 할 경우 엄밀히 말해 우리는 삶을 영위할 수가 없다.

따라서 문제는 탐욕 그 자체에 있는 것이 아니라 우리의 '과도한' 탐욕에 있다고 보아야 할 것이다. 그러나 과도한 탐욕이라고 하는 경우 어느 정도가 과도한 탐욕이란 말인가? 과도하다는 표현은 상대적인 개념이기에 그 범위를 확정할 수 없다. 소박하고 검소한 삶이라고 해도 그 이상의 삶에 대비할 때 그렇다는 말이지 그 이하의 삶을 사는 사람들의 눈에는 풍족하고 화려한 삶으로 비칠 수 있다. 이렇게 탐욕이란 상대적 개념이기에 "탐욕을 억제하고 검소하게 산다."는 슬로건이 환경문제의 해결을 위한 보편적 지침이 되기는 어려울 것이다. 따라서 우리 사회의 구성원들로 하여금 탐욕을 억제하는 것이 아니라 환경문제를 일으키지 않을 만큼 탐욕을 조절할 수 있는 마음자세를 갖추게 해 주는 것이 환경문제의 해결을 위한 보다 현실적인 방안일 것이다. 그리고 탐욕을 조절할 수 있는 인격을 연마하기 위해서는 탐욕의 발생과정에 대한 명확한 이해가 선행되어야 할 것이다.

탐욕은 우리를 윤회의 세계에 얽어매는 삼독심 중 하나이다. 탐심과 진심과 치심을 삼독심이라고 한다. 탐심이란 음욕이나 재물욕과 같은 욕심이며, 진심이란 분노하고 배척하는 마음이다. 탐심이란 어떤 대상에 대해 깨끗하다(淨)는 생각을 품어 자신을 향해 끄는 마음이며, 진심이란 어떤 대상에 대해 더럽다(不淨)는 생각을 품어 바깥을 향해 미는 마음이다. 탐심과 진심은 벡터(Vector)가 서로 반대로 작용한다. 그리고 이런 탐심과 진심의 배후에는 나와 남, 깨끗한 것과 더러운 것을 구분하는 치심이 깔려 있다. 치심은 연기에 대한 무지에 기인한다.[16)]

우리는 깨끗하게 살고자 하기에 쓰레기와 오물을 버린다. 그러나 깨끗한 것이 없다면 더러운 것이 있을 수 없고 더러운 것이 없으면 깨끗한 것 역시 있을 수 없다. 더러움과 깨끗함은 연기적으로 발생한 개념들이다. 『반야심경』에서 노래하듯이 원래 깨끗한 것도 없고 원래 더러운 것도 없다(不垢不淨). 그러나 깨끗함의 연기적 기원을 망각하고 무한히 깨끗하게 살고자 할 경우 그 욕망에 비례하여 쓰레기와 오물의 양은 끝없이 증가한다. 그 결과 환경문제가 발생한다.

물론 깨끗하게 살고자 하는 욕망은 중요하다. 우리는 건강한 삶을 유지하

---

16) 『大智度論』에서는 貪心은 不淨觀으로 대치하고, 嗔心은 慈悲觀, 癡心은 緣起觀으로 對治한다고 말한다(大正藏25, p.60a-b).

기 위해 깨끗한 음식을 섭취해야 하며 깨끗한 물을 마셔야 한다. 그리고 깨끗함, 정결함은 우리의 삶을 건강하고 밝게 만드는 미덕 중의 하나이다. 그런데 깨끗함에의 욕구가 병적으로 과도해질 경우 문제가 발생한다. 패스트푸드점에서 대량 소모되는 일회용 식기들은 쓰레기로 쌓여가고, 보석같이 빛나는 현대식 건물들을 유지하기 위해서는 엄청난 양의 세제가 필요하며, 각 가정을 화려한 인테리어로 장식하기 위해서는 자연의 파괴가 필수적이다. 이제 우리는 이 모든 것들을 '깨끗함을 향한 병적인 욕구'가 만들어낸 죄악으로 볼 줄 알아야 한다. 깨끗함과 더러움이라는 분별의 연기적 기원에 무지하여 절대적 깨끗함을 무한히 추구하고 경쟁적으로 화려함을 지향하게 되는 우리의 마음이 환경문제를 일으킨 주범인 것이다.

그러나 그렇다고 해서 현재의 우리의 삶을 궁핍하고 소박했던 수십 년 전의 과거로 되돌릴 수는 없을 것이다. 궁핍하기에 절약하는 것은 당연한 일이지만, 풍족함에도 불구하고 검소한 생활을 하기는 쉽지 않다. 뿐만 아니라, 현재의 자본주의적 사회체제 하에서 급격하게 모두가 검소하고 절약하는 삶을 사는 경우, 소비가 정체됨에 따라 산업의 각 분야가 마비되어 고용이 감소하고 결국 온 국민이 가난하게 되고 만다. 따라서, 현재의 자본주의적 사회체제 하에서는 검소한 삶과 절약이 환경문제의 해결을 위한 현실적 지침이 될 수는 없을 것이다. 물론 앞으로 수십 년 후면 자연자원의 고갈로 인해 어쩔 수 없이 검소함과 절약은 전 인류가 지향해야 할 공통의 가치가 될 것이다.

그러면 아직은 대량으로 생산하고 대량으로 소비하며 대량으로 쓰레기가 버려지고 있는 현대사회에서 어떻게 하면 환경문제를 해결할 수 있을 것인가? 여기서 앞 장 제3절에서 소개했던 연기의 순환적 성격을 도입해 보자.

모든 것은 연기적이다. 그래서 본래 고요하다. 그러나 생각의 분할에 의해 연기의 고요를 깨뜨리는 경우 갖가지 개념들이 발생된다. 삶과 죽음, 긴 것과 짧은 것, 더러운 것과 깨끗한 것과 같이. 그리고 그렇게 발생된 한 쌍의 개념들 중 어느 하나에 대해 강하게 집착할수록 그와 함께 발생되었던 반대 개념의 의미 역시 극도로 강화된다. 삶이 실재한다는 착각 위에서 삶에 대해 강하게 애착하는 사람일수록 죽음에 대한 공포가 심화되며, 깨끗하게 살고자 하는 욕망이 강할수록 더러운 쓰레기의 양은 많아진다.

그리고 깨끗하게 살기 위해 버려진 쓰레기는 공해가 되어 다시 우리에게 돌아온다. 연기는 순환을 야기한다. 버린다는 행위는 우리 마음 내부의 분할 작용에 기인한다. 우리는 버려진 쓰레기가 영원히 우리의 주변에서 사라지기를 바란다. 그러나 쓰레기를 버린 곳도 역시 우리의 삶의 현장이다. 다만 그 장소가 지금 우리가 살고 있는 곳에서 조금 멀리 떨어져 있을 뿐이다. 따라서 언젠가는 그 쓰레기가 야기한 공해가 우리에게 돌아온다. 즉, 순환한다. 앞장에서 설명했듯이 모든 것이 연기적이기에 밖을 향해 던져진 모든 것은 나에게 회귀한다. 무아, 동체(無我, 同體)의 실상을 망각하고 나와 남을 분할한 후 남을 향해 지은 선업과 악업은 나중에 낙과(樂果)와 고과(苦果)가 되어 나에게 돌아온다. 이를 자업자득, 또는 인과응보라고 말한다. 나의 마음 밭에 뿌린 씨는 내가 거두지 않을 수 없기 때문이다. 이와 마찬가지로 깨끗한 것과 더러운 것을 분할한 후 버려진 쓰레기는 나중에 공해가 되어 나에게 돌아온다. 우리가 쓰레기를 버린 곳 역시 우리의 삶의 현장이기 때문이다.

그렇다고 해서 나와 남, 더러운 것과 깨끗한 것을 분할하지 않고 살아갈 수는 없다. 공해가 문제가 되는 것은 그것이 예기치 못한 과보로 우리에게 다가오기 때문이다. 미처 예기치 못한 과보는 우리를 당황하고 불행하게 만든다. 그러나 "분할 이후 순환이 발생한다."는 연기적 조망 하에 업을 짓는 경우 우리는 차후에 감당할 수 있을 만큼의 과보를 받도록 그 업의 정도를 조절할 수 있을 것이다. 또, 업을 짓고 과보를 받는 전 과정을 통제할 수도 있을 것이다.

연기론적 견지에서 우리가 할 수 있는 일은 뱀의 머리와 꼬리를 맞물리는 일, 즉 사회 제도 전반을 순환의 형식으로 재조직하는 것이다. 쓰레기를 버리긴 하지만 그것이 다시 나에게 돌아올 수 있는 과정을 통해 버리는 것 - 이것이 순환적 삶의 방식이다. 현재 전 세계적으로 벌어지고 있는 재활용운동이 이러한 순환적 삶을 실천하는 한 예이다. 또, 단 한 톨의 음식도 남기지 않는 발우공양 의식은 극도로 단축된 순환적 식사법이다. 인위적 순환운동인 재활용운동은 경험을 통해 귀납(歸納)된 환경운동이다. 그러나 연기론에서는 순환적 삶의 방식을 세계와 인간의 선험적 구조에서 연역(演繹)한다.

2. 사회적 처벌과 규범의 역할

불교에서는 이 세상에는 선인락과(善因樂果) 악인고과(惡因苦果)의 인과응보의 법칙이 작용한다고 말한다. 인과응보는 연기의 순환적 성격이 우리의 인생사에서 작용하는 모습이다. 바깥을 향한 우리의 행위는 다시 나를 향해 되돌아온다. 즉, 순환한다. 달리 표현하면, 우리의 모든 행위는 씨앗으로 결실을 맺어 마음 밭에 심어졌다가 시절 인연이 무르익으면 마음 밭에서 다시 그에 해당하는 싹을 틔우고 꽃을 피운다. 사마천은 『사기(史記)』의 서두에서 수양산에서 굶어죽은 백이와 숙제에 대해 설명하며 다음과 같이 통탄하였다.

> 백이와 숙제와 같은 이는 선인이라고 말할 수 있을 것인가? 그렇지 않은가? 어짊을 쌓고 행동을 깨끗하게 함이 이와 같았건만 그러고도 그들이 굶어 죽다니. … 도척은 날마다 죄 없는 사람을 죽이고 사람의 생간을 회쳐 먹었다. 포악하고 패려하고 방자하여 수천명의 도당을 모아 가지고 다녔으나 마침내 장수하여 목숨대로 살다가 죽었다. 이것은 무슨 덕을 좇아서 그러한 것인가? … 나는 이런 사실에 대해서 미혹하고 있다. 소위 천도란 것은 정말로 이런 것인지 아닌지를.[17]

그러나 인과응보의 이치에 비추어 볼 경우 백이와 숙제가 수양산에서 굶어 죽은 것은 전생의 악업 때문이고, 그들이 현생에 지은 청렴한 선업은 내생에 보상받을 것이다. 도척이가 호의호식한 것은 전생의 선업 때문이고 그가 지은 현생의 도둑질은 내생에 고과(苦果)로 나타날 것이다.

그런데 만일 이러한 인과응보의 법칙이 진실이라면 악인을 제도적으로 처

---

17) 司馬遷, 南晩星 譯, 『史記列傳(上)』, 乙酉文化社, 1987, pp.10-11.

벌하는 것은 무의미한 일이라고 볼 수도 있다. 악한 행동은 현생에서건 내생에서건 반드시 그 과보를 받게 마련이기 때문이다. 그렇다면 법률과 같은 사회규범도 만들지 말아야 하지 않을까? 또, 인과응보의 법칙이 진실이라면 우리 사회의 부조리를 시정하려고 하는 시민단체의 비판과 저항 역시 무의미한 것 아닌가? 이에 대해 불교에서는 어떻게 답해야 할 것인가?

단적으로 말해 법률 제도에 의거한 응징은 순환주기를 단축시켜 준다는 점에서 그 가치가 있다고 볼 수 있다. 인과응보의 법칙에 비추어 볼 때 악업을 지은 자는 내생에 그에 상응하는 고통스러운 과보를 받게 된다. 그러나 "매도 먼저 맞는 것이 낫다."는 속담이 있듯이 현생에서 법에 의해 그를 처벌하고 교화하여 참회케 하는 경우 그 사람이 내생에 받을 고통의 양은 경감될 것이다. 즉 인과응보의 '순환의 주기를 단축시켜 주는 것'이 사회적 처벌과 교화의 역할이다. 그리고 이렇게 정의로운 사회를 만드는 것은 악업을 지은 당사자가 개과천선한 후 지혜를 추구하는 깨달음의 길로 신속히 들어설 수 있도록 도와주는 일이기도 하다.

대중이 모인 자리에서 계경(戒經)을 암송하며 각자 자신의 죄를 고백하고 참회케 하는 포살(布薩)이나 자자(自恣) 의식 역시 인과응보의 순환주기를 단축시키기 위해 제정된 승가의 규범이라고 볼 수 있다.

3. 상담(相談)에 대한 연기론적 조망

이 세상은 고해(苦海)라고 한다. 우리는 살아가면서 갖가지 어려움을 겪는다. 불교에서는 고를 해결하기 위해 두 가지 방향에서 접근한다. 하나는 고를 그와 상반되는 낙(樂)에 의해 상쇄시키는 것이고, 다른 하나는 고의 연기적 성격을 주지시킴으로써 고 그 자체를 해체시키는 것이다. 전자는 복의 길이고 후자는 지혜의 길이다.

먼저, 고를 낙에 의해 상쇄시키는 것은 예를 들어 배가 고플 때 음식을 섭취하는 것, 병이 들었을 때 그것을 치료하는 것 등이다. 그 과정에서 우리는 우리의 노력에 의해 락을 획득함으로써 고를 제거할 수도 있으며, 극한 상황에서는 관세음보살과 같은 절대적 존재에게 기도함으로써 낙의 획득을 도모할 수 있을 것이다. 그러나 이렇게 복의 길에 의해 낙을 추구하는 경우 고의 제거는 일시적이다. 상황이 변하면 언젠가 다시 동일한 고가 찾아오게 된다.

이와 달리 고의 연기적 성격을 자각함으로써 고를 해소시킬 경우 우리는 동일한 상황으로 인해 두 번 다시 괴로움을 겪지 않게 된다. 다음은 고의 연기적 성격을 자각시킴으로써 고를 해소시킨 대표적인 예화이다.

> 사왓티(Sāvatthī) 성에 말라깽이 고따미(Kisā Gotamī)라는 여인이 있었다. 이 여인은 결혼 후 심한 학대를 받으며 생활했는데 아들을 하나 낳은 후 사람들은 이 여인을 칭찬하며 더 이상 학대하지 않게 되었다. 그런데 뛰어 놀 수 있을 만큼 자란 아들이 갑자기 병이 들어 죽었다. 비탄에 잠긴 여인은 죽은 아들을 등에 업고 약을 구하기 위해 여기저기 떠돌아다니다가 부처님을 찾아왔다. 그리곤 아들을 살려 달라고 애원하였다. 그러자 부처님께서는 죽은 사람이 없는 집에서 겨자씨를 얻어 오면 아들을 살려 주겠다고 말씀하셨다. 여인은 온 종일 돌아다니며 겨자씨를 구하려고 했지만 단 한 톨의 겨자씨도 구할 수 없었다. 그 때 여인은 죽음이란 누구에게나 찾아오는 것임을 깨닫게 되고 부처님의 지도를 받아 예류과를 얻게 된다(요약).18)

붓다와 여인의 상담 장면에서 '외아들을 잃은 여인의 슬픔'은 사성제 중 고(苦)에 해당될 것이다. 여기서 붓다는 여인에게 고의 연기적 성격(集)을 자각시킴으로써 고를 해소(滅)시켜 주고 있다. 아들을 잃은 여인의 비탄이 극에 달했던 이유는 "자신만이 그런 고통을 당하고 있다."는 분별(苦)에 기인한다고 볼 수 있다. 즉, '남들은 그런 고통을 느낀 적이 없는데(集) 나만 그런 고통

18) *Therīgāthā* 제213-223송에 대한 Dhammapāla註(*Paramatthadīpanī*): Herman n Oldenberg and Richard Pischel 校訂, *Theragāthā and Therīgāthā*, P.T.S., London, 1883, pp.195-198(英譯: Rhys Davids 譯, *Palms of the Early Buddhist*, P.T.S., London, 1909, pp.106-108).

을 느낀다(苦)'는 착각으로 인해 그 여인의 슬픔이 극심해진 것이다. 여기서 '여인이 느끼는 고통'의 심리(苦)는 '고통이 전혀 없는 남들'이 있다는 여인의 착각(集)으로 인해 연기적으로 발생한 것이다. 그러나 붓다의 지시에 따라 겨자씨를 구하기 위해 여러 집을 다녀 보니(道) '고통이 전혀 없는 남들'은 존재하지 않았다. 따라서 그런 생각에 의존하여 발생했던 '여인만 느끼는 고통' 역시 사라진다(滅).

이상과 같은 상담과정을 "긴 것이 없으면 짧은 것이 없다."는 『중론』적 연기관에 대비시키면 '여인이 느끼는 심리적 고통'은 "짧은 것이 실재한다."는 착각에 대응되며, '고통이 전혀 없는 남이 있다는 착각'은 '긴 것'에 대응된다. 그래서, 긴 것 그 자체가 실재하는 것이 아니기에 짧은 것 역시 실재하는 것이 아님이 드러나게 되듯이, '고통이 전혀 없는 남'이 실재하지 않음을 자각함으로써 '여인이 느끼는 심리적 고통'의 강도는 완화되는 것이다. 우리는 누군가가 심리적 고통을 겪고 있을 때, "너만 그런 것이 아니다."라는 조언을 해 줌으로써 그 사람의 심리적 고통을 완화시켜 줄 수 있다. 그런데 '아들을 잃은 여인 Gotamī의 예화'를 통해 고찰해 보았듯이 이런 식의 조언의 배후에는 분별의 발생과 소멸이라는 연기의 이치가 내재해 있는 것이다. 그리고 이러한 연기적 방법은 내담자의 인지적 괴로움을 해결하고자 하는 다른 모든 상담과정에 원용될 수 있을 것이다.

-『불교문화연구』 제1호, 동국대 경주 불교사회문화연구원, 2000년

용수의 중관학으로 분석한 마음

Ⅰ. 중관학의 탄생 - 소승 아비달마 비판

석가모니 붓다가 열반하고서 5백 여 년이 지난 서력기원 후 2세기 경 인도의 남부지방에서 또 다른 영웅이 나타났다. 제2의 부처라고 불리는 용수(龍樹 150-250 C.E.)였다. 용수의 산스끄리뜨 원명은 나가르주나(Nāgārjuna)인데, 전기에 의하면 아르주나(Arjuna)라는 나무(樹) 아래서 태어났고 용신(龍神)인 나가(Nāga)의 인도로 깨달음을 얻었기에 그런 이름을 갖게 되었다고 한다. 당시에 막 태동하던 대승불교는 용수의 출현으로 비약적인 발전을 이룬다.

붓다의 열반 이후 세월이 흐르면서 가르침인 법(dharma)에 대해(abhi) 체계적으로 해설하는 문헌들이 저술되었는데 이를 아비달마(Abhidharma)라고 부른다. 그 과정에서 이견이 생기면서 학파의 분열이 일어났기에 아비달마불교를 부파(部派)불교라고 부르기도 한다. 그리고 서력기원 전후하여 대승불교가 나타나면서 아비달마불교에 대해서 일방적으로 소승(Hīnayāna)이라고 낮춰 부르기도 했다. 소승이란 '졸렬한(hīna) 수레(yāna)'라는 뜻이다. 대승(Mahāyāna)은 '큰(mahā) 수레'라는 의미인데, 아라한을 목표로 삼는 소승과 달리 무한에 가까운 세월을 윤회하면서 이타의 보살도를 실천한 이후의 성불을 지향하며, 출가한 전문수행자뿐만 아니라 세속의 재가자를 포함하여 모든 생명체가 그 길에 동참할 수 있기에 '큰 수레'라는 것이다.

수행의 목표와 동참자의 범위뿐만 아니라 지혜의 치밀함에서도 대승은 소승을 능가한다. 초기불전의 뗏목 비유에서 보듯이 붓다의 가르침이라고 하더라도 열반이라는 궁극적 목표를 위한 도구일 뿐인데, 아비달마 시대의 각 부파에서는 붓다의 가르침을 교조적으로 신봉하면서 자신들이 정리한 교학체계에 집착하였다. 그러자 대승에서는 반야계 경전을 통해서 붓다의 가르침이 수행의 도구일 뿐이라는 점을 환기시킨다.

초기불전에서는 일체를 오온(五蘊)이나 십이처(十二處) 또는 십팔계(十八界)로 분류하여 무상(無常)과 무아(無我)를 가르쳤고, 생명체가 윤회하는 모습에 대해서는 십이연기(十二緣起)를 통해 설명했으며, 붓다의 모든 가르침을 사성제(四聖諦)로 요약하였는데, 소승의 각 부파에서는 이를 문자 그대로 신봉하면서 번잡할 정도로 정밀한 교학체계를 구성해 내었다. 소승교학에 대한 백과사전적인 해설서인 『아비달마대비바사론(阿毘達磨大毘婆沙論)』에 이들이 고안했던 다양한 이론들과, 이견으로 인한 논쟁들이 자세히 소개되어 있다. 붓다의 가르침을 정교하게 다듬으려는 이들의 노력은 가상했지만, 그 과정에서 부파 간에 의견이 갈리고 이설이 난무하면서 점차 가르침의 원래 목적이 망각되기 시작하였다. 이 때 대승의 반야계 경전들이 출현하면서 불교의 근본 취지를 상기시킨다. 아비달마 교학에서 소재로 삼았던 모든 법들이 공하다는 점을 천명했던 것이다. 예를 들어 『반야심경』에서는 '무(無) …, 무 …, 무 …'라는 표현을 사용하면서 붓다의 가르침에 사용된 법들이 원래 모두 실재하지 않는다고 선언한다. 공의 경지에는 색수상행식(色受想行識)의 오온도 없고, 안이비설신의(眼耳鼻舌身意)와 색성향미촉법(色聲香味觸法)의 십이처도 없고, '안계(眼界)에서 시작해서 의계(意界)에 이르기까지 지각기관 여섯 가지'와 '색(계色界)에서 법계(法界)에 이르기까지 지각대상 여섯 가지' 그리고 '안식계(眼識界)에서 의식계(意識界)에 이르기까지 지각내용 여섯 가지'로 이루어진 십팔계도 없고, 무명(無明)으로 인해서 결국 노사(老死)가 발생하는 십이연기의 유전문(流轉門)과 무명의 소멸로 인해서 노사까지 소멸하는 십이연기의 환멸문(還滅門)도 없고, 고집멸도(苦集滅道)의 사성제도 모두 없다는 것이다. 오온, 십이처, 십팔계, 십이연기, 사성제의 법들은 모두 붓다의 소중한 가르침이긴 하지만 우리를 깨달음의 피안으로 건너게 해 주는 뗏목일 뿐 궁극적으로 실재하는 것이 아니다. 붓다가 가르친 법조차 궁극적으로 공하다. 공의 경지에는 붓다의 법조차 존재하지 않는다. 이를 반야경의 '법공(法空) 사상'이라고 부르는데 이는 몸(身)과, 느낌(受)과, 마음(心)과, 법(法)이 차례대로 부정(不淨)하고, 고(苦)이며, 무상(無常)하고, 무아(無我)라고 관찰하는 초기불전의 사념처(四念處) 수행 가운데 '법의 무아'를 강조한 것에 다름 아니다. 그리고 이를 논증하는 학문이 바로 용수의 중관학(中觀學, Mādhyamika)이며, 그 독특한 논리를 중관논리라고 부른다.

중관학이 용수에 의해서 창안되었지만, 그 사상적 토대는 붓다가 발견한 연기법이었다. 보다 엄밀히 말하면 "이것이 있으면 저것이 있고 이것이 없으면 저것이 없다. 이것이 생하기에 저것이 생하고 이것이 멸하기에 저것이 멸한다."는 연기공식 가운데 "이것이 없으면 저것이 없다."거나 "이것이 멸하기에 저것이 멸한다."고 부정적으로 표현되는 '환멸연기의 후구'였다. 이것과 저것의 연기관계를 긍정적으로 표현하는 전구의 유전연기는 악순환의 오류 등 논리적 문제를 일으키기 때문에 중관논리의 토대가 될 수 없었다. 용수는 환멸의 연기공식에 근거하여 인도의 논리학파의 성전인 『니야야수뜨라(Nyāya Sūtra)』에 실린 자띠(Jāti) 또는 『방편심론(方便心論)』의 상응(相應) 논법 가운데 무인상사(無因相似)나 무궁·반유상사(無窮·反喩相似) 등의 논법을 접목하여 독특한 중관논리를 창안한 후 『중론』, 『회쟁론(廻諍論)』, 『광파론(廣破論)』, 『공칠십론(空七十論)』, 『육십송여리론(六十頌如理論)』 등의 저술을 통해 소승의 아비달마나 니야야(Nyāya)학파와 같은 외도의 교학체계에서 논리적 모순을 지적해 냄으로써 반야계 경전에서 토로하는 법공사상을 논증하였다. 인도불교사상사에서 중관학이 담당했던 특수한 역할이었다.

Ⅱ. 보편학문으로서의 중관학 - 반논리학

중관학에 대해 두 가지 방향의 접근이 가능하다. 하나는 특수학문으로 간주하면서 그 기원과 내용, 문헌과 분파와 영향 등에 대해서 조명하는 것이고, 다른 하나는 중관논리를 완전히 이해하고, 훈련한 다음에 보편학문으로서 응용하는 것이다. 비유한다면 수학의 미적분에 대해 연구할 때 역사적인 연구는 전자에 비교되고, 미적분을 이용하여 물리현상을 연구하고 산업에 응용하는 것은 후자에 해당할 것이다. 불교학의 다양한 분야 가운데 중관학은 마치 수학의 미적분학과 같이 시공을 초월하여 다양한 분야에 응용 가능한 '보편학문'의 성격이 강하다는 점에 그 묘미가 있다.

앞 절에서 용수의 저술 가운데 중관논리가 극명하게 드러난 문헌으로 『중론』, 『회쟁론』 등 다섯 문헌을 거론한 바 있다. 이들 문헌들은 '다섯 가지 논리적인 문헌'이라는 의미에서 '오여리론(五如理論)'이라고 묶어 부르기도 한다. 그런데 이들 논서는 체계적인 저술이 아니다. 문답 형식을 통해서 불교 내외의 교학체계를 비판하면서 중관논리가 구사되기는 하지만, 그 논리를 일목요연하게 드러내고 있지는 않다. 그러나 중관학이 '논리적 사유에 대한 비판'이라는 점에 착안하여 전통적인 논리학 체계와 대조할 때 중관논리의 특성이 명료하게 드러난다. 러시아의 불교학자 체르밧스키(Stcherbatsky)는 중관논리를 '대항논리(Counter Logic)'라고 명명하였고, 일본의 카지야마유이치(梶山雄一)는 '반(反)논리'라고 불렀는데, 반논리라는 말을 차용하여 중관학과 일반논리학을 비교하면 다음과 같다.

	논리학	반논리학
개념론	어떤 개념은 실체를 갖는다.	어떤 개념이든 연기한 것이기에 공하다.
판단론	어떤 판단은 사실과 일치한다.	4구 각각은 증익, 손감, 상위, 희론의 오류에 빠진다.
추리론	어떤 추론은 타당하다.	어떤 추론이든 상반된 추론이 가능하다.

논리학에 의하면 우리의 생각은 '개념 → 판단 → 추리'의 3단계에 의해 작동한다. 개념은 '바람, 나무, 삶, 죽음, 인생, 우주, 철학, 기쁨'과 같이 하나의 단어에 의해서 표출되며, 판단은 "비가 내린다.", "사람은 죽는다.", "여기에 컵이 있다.", "나는 밥을 맛있게 먹는다."와 같이 두 개 이상의 개념이 모여서 작성된다. "비가 내린다."는 판단의 경우 '비'와 '내림'이라는 두 개의 개념으로 이루어져 있고, "나는 밥을 맛있게 먹는다."는 판단은 '나', '밥', '맛있음', '먹음'이라는 네 개의 개념으로 이루어져 있다. 그리고 "모든 사람은 죽는다. 소크라테스는 사람이다. 그러므로 소크라테스는 죽는다."는 삼단논법에서 보듯이 세 개의 판단이 모이면 하나의 삼단논법의 추리가 작성된다. 그런데 반논리학인 중관학에서는 이렇게 우리가 생각을 축조하는데 사용하는 '개념'과 '판단'과 '추리'가 모두 근거 없는 것이라는 점을 폭로한다. 그 어떤 개념도 실체가 없으며, 모든 판단은 사실에 부합하지 않고, 어떤 추론이든 그와 상반된 추론이 가능하다.

'개념'의 실체성을 비판할 때 그 근거가 되는 것은 연기의 법칙인데, 그 가운데 "이것이 없으면 저것이 없다."는 문장으로 표현되는 환멸연기다. 『중론』 제3장 관육정품(觀六情品) 제2게의 예를 들어 이에 대해 설명해 보겠다. 우리는 "눈으로 사물을 본다."고 생각하지만, 그 때 '눈'도 실재하지 않고, 시각대상인 '사물'도 실재하지 않고 보는 '행위'도 실재하지 않는다. 용수는 이를 다음과 같이 노래한다.

> "눈은 자기자체를 볼 수 없다. 자체를 보지 못하는 것이 어떻게 다른 것을 보겠는가?"(『중론』, 3-2)

내 눈으로 아무리 내 눈을 보려고 해도 볼 수가 없다. 칼날로 그 칼날을 자를 수 없고, 손가락으로 그 손가락 자체를 가리킬 수 없는 것과 같다. 눈으로 내 눈의 실재를 확인하려고 해도 확인되지 않는다. 그러므로 눈은 실재하는 것이 아니다. 눈을 '저것', 시각대상을 '이것'이라고 할 때 눈이 눈 자체를 보려고 한다는 것은 '이것'인 시각대상을 배제하고 '저것'인 눈의 존재를 확인하려는 행위다. 그러나 '이것'을 배제하면, '저것'도 사라진다. "이것이 없으면 저것이 없다." 환멸연기에 다름 아니다. '시각대상'이 없으면 '눈'도 증발한다. 눈이 눈을 보려고 할 때 눈이 보이지 않는 이유가 이에 있다. 눈의 실체가 없다. 눈이 공(空)하다. 또 눈이 사라지기에 시각대상 역시 무의미해진다. 아무것도 안 보인다는 것이 아니라 시각대상이 대상성을 상실한다. 중관논리의 세척을 거치기 전까지는 시각대상이라고 생각했던 풍경이 '대상성'을 상실한다. "시각대상이랄 것도 없다."는 말이다. 그리고 '눈'도 실재하지 않고, '시각대상'도 실재하는 것이 아니기에 그 양자의 관계인 '봄'도 실재하지 않는다. '눈'도 공(空)하고, '시각대상'도 공하고, '봄'도 공하다.

또 강우(降雨)에 대해 "비가 내린다."라고 표현할 경우, 하나의 사건을 '비'와 '내림'으로 분할하게 되는데, 여기에도 환멸연기가 적용된다. "'비'가 없으면 '내림'이 없고, '내림'이 없으면 '비'가 없기"때문이다. '비'는 '내림'과 무관하게 홀로 존재하는 것이 아니며, '내림' 역시 '비'와 무관하게 홀로 존재하는 것이 아니다. 주어로 사용된 '비'라는 개념이나 술어로 사용된 '내림'이라는 개념 모두 실체가 있는 것이 아니다. '비'도 공하고, '내림'도 공하다.

'판단 비판' 방식은 다음과 같다. 중관학에서는 우리의 생각이 작성할 수 있는 판단의 종류를 네 가지로 구분한다. 이를 '사구(四句)'라고 부르는데 이를 단순화 하여 정리하면 다음과 같다.

제1구: A가 있다(有).
제2구: A가 없다(無).
제3구: A가 있으면서 없다(亦有亦無).
제4구: A가 있지도 않고 없지도 않다(非有非無).

예를 들어서 "비가 내린다."는 판단에 대해서 다음과 같은 네 가지 종류의 이론 구성이 가능하다.

제1구: '내림을 갖는 비'가 내린다.

제2구: '내림을 갖지 않는 비'가 내린다.

제3구: '내림을 가지면서 갖지 않는 비'가 내린다.

제4구: '내림을 갖지도 않고 갖지 않는 것도 아닌 비'가 내린다.

그러나 이 모두 오류에 빠진다. "비가 내린다."고 할 때, 주어로 사용된 '비'는 '내리는 비'이다. '내림을 갖는 비'라는 말이다. 그런데 술어에서 다시 '내린다'는 표현을 씀으로써 '내림'의 의미가 중복된다. '역전앞'이나 '처가집'이라는 말에서 중복이 일어나는 것과 유사하다. 제1구적인 사고방식이 비판되는 이유다. 이와 반대로 하늘 위 어딘가에 '내림을 갖지 않는 비'가 있어서 그것이 내린다고 생각할 수도 있겠지만, '내림을 갖지 않는 비'는 이 세상 어디에도 없다. 사실에 위배되는 생각이기에 제2구적인 사고방식 역시 옳지 않다. '내림을 가지면서 내림을 갖지 않는 비'는 상호모순이기에 이 세상에 존재할 수가 없고, '내리는 것도 아니고 내리지 않는 것도 아닌 비'는 우리의 생각에 들어올 수 없고 말만 되는 엉터리 판단이다. 제3구, 제4구 판단이 오류에 빠지는 이유가 이에 있다. "비가 내린다."는 판단에 대해서 그 어떤 이론을 구성해도 이와 같이 오류에 빠진다. "바람이 분다."거나 "꽃이 핀다."거나, "꿈을 꾼다."는 판단 모두 이와 동일한 방식으로 비판된다. 세친의 『섭대승론석(攝大乘論釋)』에서는 제1구의 '의미중복의 오류'는 증익방(增益謗), 제2구의 '사실 위배의 오류'는 손감방(損減謗), 제3구의 '상호모순의 오류'는 상위방(相違謗), 제4구의 '엉터리 판단'은 희론방(戱論謗)이라고 부른다.

'추론 비판'의 경우 논적이 어떤 근거를 대가면서 자신의 주장을 개진할 때, 용수는 논적과 동일한 주장을 담고 있지만 근거는 상반된 추론을 제시한다. 여기서 용수는 자신의 추론을 인정하는 것이 아니다. 논적이 자신의 추론이 타당하다고 고집한다면, 그와 똑같은 타당성을 갖는 상반된 추론을 제시할 수 있다는 점을 보여줄 뿐이다. 이를 보고서 상대가 자신이 구성한 추론을 폐기하면 용수 역시 자신이 고안한 추론을 파기한다. 어떤 추론을 내세우면서 상대를 비판하는 것이 아니라, 상대의 추론을 반박하기 위한 '방편'으로 상반된 의미를 담은 추론을 제시하는 것일 뿐이다. 『중론』의 제24장 관사제품(觀四諦品)에 실린 문답이 중관논리적인 추론비판의 대표적인 예이다.

Ⅲ. '마음'을 분석하기 위한 준비 - '짝 개념' 찾기

불교학의 제 분야 가운데 중관학은 보편학문의 성격이 강하다. '개념'이 아니라 '논법'에 의해서 불교의 핵심인 연기와 공성을 드러내기 때문에 근 2천 년이 지난 현대에도 그 취지를 그대로 재현할 수 있다. 만일 용수가 지금 이 자리에 있다면 우리가 생각하는 '마음'에 대해서 어떻게 분석할까? 『중론』의 논의 방식을 준거로 삼아서 추정해 보기로 하자.

어떤 '개념'에 대해서 중관논리적으로 분석하기 위해서 먼저 해야 할 작업은 '연기적으로 그와 짝을 이루는 개념'을 찾아내는 일이다. '개념'의 속박을 풀려면 먼저 그것이 무엇에 묶여 있는지 매듭을 찾아야 한다. 『중론』에서는 '행위'를 분석할 때는 '행위자'를 도입하고[제8장], '불'을 분석할 때는 '연료'를 도입하며[제10장], '생'을 분석할 때는 '노사(老死)'를 도입한다[제11장]. 용수는 먼저 이런 '개념 쌍'들이 이 세상에 원래 존재하는 것이 아니라 연기한 것이라는 점을 명시한 후, 이들을 조합하여 작성한 판단에서 논리적 오류를 드러낸다.

'생각의 기초 재료'인 '개념'들은 실재하는 것이 아니라 모두 연기한 것들이다. 어떤 방을 보고서 '큰 방'이라는 생각이 떠올랐을 때, 그런 생각이 홀로 떠오르는 것이 아니다. '작은 방'을 염두에 두어야 '큰 방'이라는 생각이 떠오른다. 앞 절에서 거론했던 '시각작용과 시각대상'은 물론이고, '예쁨과 추함', '잘남과 못남', '부유와 빈곤', '삶과 죽음' 등의 개념들은 모두 서로 의존하여 함께 떠오르는 것들이다. 어떤 한 개념을 생각에 떠올리려면 그와 대립되는 개념을 염두에 두어야 한다. "나는 살아있다."는 생각이 들려면 '죽음'을 염두에 두어야 하고, "나는 못났다."는 생각을 하려면, '잘난 누군가'를 염두에 두어야 한다.

따라서 '마음'에 대해 중관학적으로 분석하기 위해서는 먼저 '마음'이라는 개념을 성립시킨 대립개념을 찾아내야 한다. 어떤 개념이 있을 때 그에 대해서 연기적으로 대립하는 개념이 한 가지만 있는 것이 아니다. 예를 들어 누군가가 '나'라는 말을 할 때 염두에 두고 있는 대립개념은 '남'일 수도 있고, '세상'일 수도 있고, '나의 구성요소'일 수도 있다. 이타심과 이기심에 대해 논의하면서 '나'라는 말을 쓰는 사람은 '남'을 염두에 두고 있을 것이다. 삶과 죽음과 인생에 대해 토로하면서 사용하는 '나'라는 말은 '세상'이라는 생각에 의존할 것이다. 『밀린다왕문경』에서 바퀴와 굴대와 손잡이 등으로 이루어진 마차의 예를 들어서 '나'의 실체를 해체할 때에는 '나의 구성요소'가 대립개념이 된다. "어떤 의미에서 '나'라는 말을 사용하는가?"에 따라서 그에 대한 대립개념이 달라진다. 따라서 우리가 '마음'에 대해 분석하고자 할 때, 선행되어야 하는 것은 우리가 '마음'이라는 말을 사용하는 '맥락'을 살피는 일이다. 우리말의 "마음이 넓다.", "마음에 들다.", "마음먹다." 는 말이나 영어의 "It comes to mind. (memory)", "I have a mind to go. (desire)", "Keep your mind on your work. (attention)" 등의 문장에서 보듯이 '마음'은 다양한 의미를 갖는다. 그런데 '마음'에 대해 철학적으로 성찰할 때 문제가 되는 것은 '물질'과 구분되는 '마음'일 것이다. 특히 유물론의 기미가 짙은 뇌과학의 연구결과가 알려지면서 '마음'의 정체는 더욱 모호해지고 그 입지는 점점 좁아지고 있기에 '물질'과 대립하는 '마음'을 철학적으로 새롭게 정립하는 일이 시급하다. '마음'과 연기적 매듭을 짓는 개념은 '물질'이다. 구체적으로는 '물질' 가운데 우리의 '몸'이다. 세밀하게 말하면 '몸' 가운데 '뇌', 더 나아가 '뇌신경'이다.

Ⅳ. '물질' 없이 '마음' 없고, '마음' 없이 '물질' 없다.'

어떤 개념에 대해 중관논리적으로 분석할 때, 서로 의존하는 대립개념이 선택되면 그 다음 작업은 이를 환멸연기 공식에 대입하여 표현하는 것이다. 예를 들어 『중론』 제2장 관거래품(觀去來品)에서는 '가는 자'와 '가는 작용'의 실체를 비판할 때 먼저 "만일 '가는 자'를 떠난다면 '가는 작용'은 성립되지 않는다. '가는 작용'이 없다면 도대체 어떻게 '가는 놈'이 성립하겠는가?"(『중론』, 2-7)라고 표현하는데 이는 "가는 자가 없다면 가는 작용이 없고, 가는 작용이 없다면 가는 자가 없다."는 환멸연기의 변형이다. 또 "'색인(色因)'이 없으면 '색(色)'은 포착되지 않는다. '색'이 없어도 '색인'은 보이지 않는다."(『중론』, 4-1)는 '제4장 관오음품'의 게송이나 "'능상(能相)'이 나타나지 않는다면 '소상(所相)'은 성립하지 않는다. 소상이 발생하지 않을 때에는 능상도 생하지 않는다."(『중론』, 5-4)는 제5 관육종품의 게송 모두 '서로 대립하는 개념 쌍'의 의존관계를 환멸연기로 표현한 것에 다름 아니다.

그리고 이런 환멸연기 관계는 체험적으로 또는 논리적으로 확인된다. 앞에서 설명했던 『중론』 제3장 관육정품의 소재인 '시각작용'과 '시각대상'의 경우 양자의 환멸연기 관계를 "시각대상이 없으면 시각작용이 있을 수 없고, 시각작용이 없으면 시각대상이 있을 수 없다."고 표현한다. 빛이 전혀 없는 컴컴한 방에서 시각대상이 모두 사라지면 "무엇을 본다."는 시각작용이 무의미해지듯이 "시각대상이 없으면 시각작용이 없다." 또 맹인에게 시각대상이 무의미하듯이 "시각작용이 없으면 시각대상도 없다."

'불이나 연료', '삶이나 죽음' 역시 원래 실재하는 것이 아니라 서로 의존하여 발생한 개념들이다. '연료(可燃)'가 없으면 '불(燃)'이 없고 '불'이 없으면 '연료'도 없다. 장작이나, 성냥개비나, 액화가스와 같은 연료가 없으면 불이 존재할 수 없다. 바람에 날려서 허공을 떠가는 불꽃이라고 하더라도, 순수하게 불만 있는 것이 아니다. 숯과 같이 붉게 달궈진 '탄소(C) 알갱이'들이 연료의 역할을 한다. 그것이 더 산화 되면 무색투명한 CO 또는 CO_2가 되어 불꽃의 윤곽을 형성한다. 아무리 세밀하게 분석해 보아도 "연료가 없으면 불이 없다." 이와 반대로 "불이 없으면 연료가 없다." 헛간에 쌓아 놓은 장작이라고 하더라도 불이 붙기 전에는 연료가 아니다. 나중에 울타리용 말뚝으로 사용할 수도 있고, 한옥의 서까래가 될 수도 있고, 목침으로 변신할 수도 있다. 원인 때문에 결과가 발생하지만, 거꾸로 결과가 발생해야 원인의 정체가 확정되는 법이다. 그것이 헛간의 장작이든 라이터 속의 액화가스든 그 무엇이든 불이 붙지 않으면 연료라고 이름 붙일 수 없다. 또, 삶이 없으면 죽음이 없고 죽음이 없으면 삶이 없다. 죽음을 염두에 두지 않으면 "살아 있다."는 생각을 할 수 없기에 "죽음이 없으면 삶이 없고", 삶을 전제로 하지 않으면 죽음을 떠올릴 수 없기에 "삶이 없으면 죽음이 없다." 따라서 우리의 삶도 원래는 삶이랄 것도 없고, 죽음 그 자체도 원래 있는 것이 아니다. 선객(禪客)들이 "삶도 없고 죽음도 없다."고 포효하는 이유가 이에 있다.

어떤 방을 보고서 '큰 방'이라는 생각이 떠오르려면 '작은 방'을 염두에 두어야 하듯이, 우리가 '마음'에 대해 논의할 때 그 대립개념으로 '물질'을 염두에 두어야 한다. 그 역(逆)도 마찬가지다. 따라서 "물질이 없으면 마음이 없고, 마음이 없으면 물질이 없다." '마음'의 분석을 위해서 '물질'이라는 대립개념을 도입한 용수는 양자의 환멸연기적인 관계를 다음과 같이 표현할 것이다.

물질을 떠나서 외따로 마음이 있다는 것은 옳지 않고, 마음을 떠나서 외따로 물질이 있다는 것도 옳지 않다. 離物別有心 是事則不然 離心別有物 是事亦不然

V. '마음'이랄 것도 없고 '물질'이랄 것도 없다.

초기불전 도처에서 붓다는 모든 것에 대해 여실지견(如實知見)할 것을 역설한다. 여실지견이란 '있는 그대로(yathābhūtam) 통찰함(pajānati)'을 의미한다. 중관학으로 어떤 사태나 사건을 검토하는 경우도 이는 마찬가지다. '물질'이 없는데도 '마음'만 있는 것이 확인되고, '마음'이 없는데도 '물질'만 있는 것이 체험된다면 "물질이 없으면 마음이 없고, 마음이 없으면 물질이 없다."는 '물질'과 '마음'의 환멸연기 관계는 진실이 아닐 것이다. 그러면 '물질'과 무관하게 '마음'만 존재하거나 '마음'과 무관한 '물질'만 존재하는 경우가 체험되는지 보자!

색, 수, 상, 행, 식의 오온설(五蘊說)은 불교에서 일체를 분류하는 방식 가운데 하나인데 '색'이 '물질'에 해당하고, '수, 상, 행, 식'이 '마음'이다. 『구사론』에서는 오온의 의미에 대해 설명하면서 '음식을 요리해서 먹는 과정'에 비유하는데 색(色)은 그릇이고, 재료는 수(受), 양념은 상(想)에 해당하며, 행(行)은 요리사, 식(識)은 그 요리를 먹는 자와 같다고 한다. 무엇을 인식할 때 '색'은 물질이나 형상을 의미하고, '수'는 그에 대한 느낌, '상'은 그것을 보고 떠오른 생각, '행'은 그에 대한 '감정'이나 '의욕'이고 '식'은 이를 모두 파악하는 '인식'이다.

그런데 우리에게 체험되는 모든 현상은 이들 오온을 다 갖추고 있다. 예를 들어 '내 앞에 놓인 꽃 한 송이'를 보고 있을 때 꽃 그 자체는 '색'이고, 그것을 보고서 느껴지는 즐겁거나 괴로운 느낌은 '수', 그것을 어떤 꽃이라고 아는 것은 '상', 그 꽃을 대하면서 솟아나는 호불호의 감정은 '행', 이를 모두 파악하는 것은 '식'이다. 그런데 이 가운데 '수, 상, 행, 식'이 '마음'에 해당하고 '색'이 '물질'에 해당한다. 그 꽃의 '색'은 남과 공유하지만, 그 꽃을 보고서 나에게 떠오른 '수, 상, 행, 식'은 남과 공유하지 못한다. 남과 공유하지 못하는 '마음'을 '주관'이라고 부르고, 남과 공유하는 '물질'을 '객관대상'이라고 부르기도 한다. 그러나 엄밀히 분석해 보면 순수하게 '물질'뿐인 것도 없고 순수하게 '마음'뿐인 것도 없다. '물질'과 무관하게 '마음'만 존재하거나 '마음'과 무관한 '물질'만 존재하는 경우는 체험되지 않는다는 말이다. '마음'에 해당하는 '수, 상, 행, 식'의 경우도, '물질'인 '색'에 속하는 뇌신경의 전기화학적인 변화와 함께 한다. 이와 반대로 '수, 상, 행, 식'을 배제한 순수한 '색'은 어느 누구에게도 파악될 수 없다. 우리의 '마음'이 관여하지 않으면 '물질'을 결코 체험할 수 없다는 말이다. 형상이든 소리든 냄새든 맛이든 모든 '물질'에 대한 체험은 항상 우리의 '마음'과 함께 한다.

우리가 체험하고 있는 모든 것, 지금 이 순간에 우리에게 확인되는 모든 것들 가운데 '물질'과 무관하게 '마음'으로만 이루어진 것도 없고 '마음'과 무관하게 '물질'만 존재하는 것도 없다. 다시 말해 순수하게 객관적인 사건이나 순수하게 주관적인 현상은 결코 체험한 적도 없고 체험할 수도 없다. 내 앞에 놓인 꽃은 그에 대한 인식을 남과 공유할 수 있는 '객관대상'이지만, 그것을 보고서 나에게 떠오른 느낌과 생각 등은 '주관적 체험'이며, 그런 주관적 체험에 수반하여 일어나는 뇌신경의 물리화학적 변화는 객관적 사건이다. 또 내가 백일몽을 꾸면서 어제 감상했던 베토벤의 음악을 회상할 때, 그런 생각과 느낌은 남에게 포착되지 않는 '주관적 체험'이지만, 그에 수반하여 뇌에서 일어나는 전기화학적 변화는 '객관적인 사건'이다. 순수하게 객관적 물질인 줄 알았던 '꽃'을 볼 때에도 주관적 체험이 일어나고, 순수하게 주관적 체험인 줄 알았던 '꽃에 대한 느낌'이나 '백일몽'에서도 뇌신경의 객관적 변화가 수반된다. 최근에는 fMRI(기능성 자기공명 영상장치)로 뇌 내부에서 일어나는 이런 변화를 역동적인 영상으로 기록하기도 한다.

따라서 '물질'과 무관한 '마음'은 존재하지 않고, '마음'과 무관한 '물질' 역시 체험되지 않는다. '마음' 속에서 일어나는 모든 일들은 뇌신경에서 전기화학적 '물질'의 변화로 나타나고, 그 어떤 '물질'이라고 하더라도 우리의 '마음'에 반영되지 않으면 무의미하다. 이는 '연료'와 무관한 '불'이 존재할 수 없고,

'불'이 붙지 않은 '연료'는 진정한 연료일 수 없는 것과 마찬가지다. 불이나 연료가 독립된 실체를 갖지 않듯이 '마음'이나 '물질' 역시 독립된 실체가 아니다. 연소에서 '불'과 '연료'를 분할할 수 없듯이 우리가 체험하는 모든 현상에 대해 '마음'이라든지 '물질'이라고 '분별'할 수 없다. 그 어떤 사건이든, '마음'이랄 것도 없고, '물질'이랄 것도 없다. 달리 표현하면 우리가 체험하는 모든 것은 '마음'이기도 하고 '물질'이기도 하다.

우리가 눈으로 무엇을 볼 때, 또는 우리의 눈에 무엇이 보일 때, 보다 더 정확하게 표현하면 우리가 '시각체험'을 할 때 실제로 체험되는 것은 '울긋불긋한 한 덩어리의 시각사건'일 뿐이다. 그런데 우리의 생각은 이 한 덩어리의 사건을 '시각작용'과 '시각대상'과 '시각내용'이라는 세 가지의 개념으로 분할한다. 그리곤 '시각작용'을 '눈', '시각대상'을 '사물', '시각내용'을 '보인 것'이라고 명명한 후 "눈에 사물이 보인다."고 표현한다. 한 덩어리의 '시각체험'인데 시각작용인 '눈'과 시각대상인 '사물'과 시각내용인 '보임'의 세 가지 개념으로 분할하는 것이다. 그러나 이 세 가지 모두 독립적으로 존재하는 것이 아니라 연기한 것들이다. 원래는 실재하지 않는데 '생각의 가위'로 '시각체험'을 오림으로써 만들어진 '분별'들이다. '연소(燃燒)'가 일어날 때 '불'이 별도로 있고 '연료'가 따로 존재하는 것이 아니다. 그러나 '생각의 가위'는 '연소'라는 하나의 사건을 '불'과 '연료'와 '태움'의 세 가지 요소로 잘라내어 "불이 연료를 태운다."고 분별한다.

이와 마찬가지로 원래 '물질'이랄 것도 없고 '마음'이랄 것도 없는데, 내가 체험하는 모든 것들을 '남과 공유하는 객관적 사건'과 '남과 공유하지 못하는 주관적 사건'으로 구분한 후 전자를 '물질', 후자를 '마음'이라고 부른다. 그러나 전적으로 물질이기만 한 것은 없고, 전적으로 마음이기만 한 것은 없다. 모든 물질을 순수한 객관으로 알았는데, 그것에 언제나 주관이 관여하고, 우리의 마음을 순수한 주관으로 보았는데 fMRI 등을 통해서 그 객관적 측면이 관찰된다. 강우에서 '비'가 별도로 존재해서 '내리는 작용'을 하는 것이 아니며, 연소에서 '불'이 별도로 있어서 '연료'를 태우는 것이 아니듯이, '마음'이

별도로 존재해서 '물질인 우리의 몸'에 관여하는 것이 아니다. 우리가 체험하는 모든 것은 '원래' 물질도 아니고 '마음'도 아니다. '물질'을 가정하기에 '마음'이라는 개념이 발생하고, '마음'을 가정하기에 '물질'이라는 개념이 탄생한다. '물질'을 설정하지 않으면 '마음'이라는 생각을 떠올릴 수 없고, '마음'을 설정하지 않으면 '물질'이라는 생각을 떠올릴 수 없다. "'물질' 없이 '마음' 없고, '마음' 없이 '물질' 없다." '마음'이나 '물질'은 우리의 체험을 '생각의 가위'로 오려냄으로써 만들어진 개념이지 실재하는 것이 아니다. 원래 물질이랄 것도 없고, 마음이랄 것도 없다.

Ⅵ. '마음'과 '몸'의 관계에 대한 중관논리적 분석

중관학의 방식으로 '마음'의 정체를 구명하기 위해서 우리는 '마음'이라는 개념의 연기적 대립개념으로 '물질'을 설정한 후 "물질이 없으면 마음이 없고, 마음이 없으면 물질이 없다."는 환멸연기 관계의 진실성에 대해 검토해 보았다. 그런데 여기서 '마음'의 작용 범위를 '생명체'로 국한할 경우 그 연기적 대립개념은 '몸'이 될 것이고, 양자의 환멸연기 관계는 "몸이 없으면 마음이 없고, 마음이 없으면 몸이 없다."는 문장으로 표현될 것이다. '몸'과 '마음'에는 실체가 없으며, 양자는 연기한 것이다. 이런 통찰을 바탕으로 몸과 마음의 관계에 대해 검토해 보자.

초기불전을 보면 붓다가 답하지 않은 물음들이 몇 가지 있다. "세간(Loka)과 자아(Ātman)가 상주하는지 아닌지?", "세간과 자아에 끝이 있는지 없는지?", "여래(Tathāgata)가 사후에도 존재하는지 아닌지?", "영혼(Jīva, 命)과 몸(Śarīra, 身)이 같은지, 다른지?" 등에 대한 물음이었다. 이런 물음을 난문(難問)이라고 부르며 이에 대해서 붓다는 설명하지 않았는데(avyākṛta) '침묵의 설법'이라는 의미에서 이를 '무기설(無記說)'이라고 부른다. 『전유경(箭喩經)』에서는 이런 의문에 집착하는 사람은 독화살을 맞고서 "이 화살을 쏜 사람의 이름이 무엇인지, 어떻게 생겼는지, 출신계급은 어떠한지, 어느 방향에서 쏘았는지, 화살이 무슨 나무로 만들어졌는지 … 화살촉을 만든 사람의 출신계급은 무엇인지, 어디에 사는지 알기 전에는 이 화살을 뽑지 않겠다."고 생각하는 사람과 같으며 이에 대해 설명하지 않는 이유는 "이런 의문들이 무익하고, 진리에서 벗어나 있으며, 신통력을 주지도 않고, 정각에 이르게 하는 것도 아니며, 청정행과 무관하기 때문이다."라고 쓰고 있다. 수행과 깨달음이라는 불교의 본질에서 벗어난 희론이기에 이에 대해 설명하지 않았다는 것이다. 그리고 사성제(四聖諦)에 대한 설명으로 경전을 마무리한다. 용수는 『대지도론(大智度論)』에서 붓다가 이런 난문들에 대해서 침묵한 이유는 이런 물음들이 "석녀(石女)나 황문(黃門)의 아이의 키가 클까, 작을까? 피부가 흴까, 검을까?"라든지 "소의 뿔에서 우유가 몇 말이 나올까?"와 같이 잘못된 물음이기 때문이라고 해설한다.

그런데 이런 난문들 가운데 "영혼(Jīva, 命)과 몸(Śarīra, 身)이 같은지, 다른지?"라는 물음은 본질적으로 "마음과 몸이 같은지, 다른지?"라는 물음과 다를 게 없다. 따라서 '마음'과 '몸'의 관계에 대한 철학적 물음은 『전유경』에서 말하듯이 '실천, 수행과 무관한 무익한 물음'이며 용수가 풀이하듯이 '우리의 생각이 만들어낸 허구의 물음'일 수 있다. '몸'을 작동하는 것이 '마음'이라고 하지만 비가 내릴 때, '비'와 '내림'이 분리되지 않듯이, '몸'과 '마음'은 분리되지 않는다. '비'와 '내림'이 같은 것일 수 없듯이 '몸'과 '마음' 역시 같은 것일 수 없다. 또 '비'와 '내림'이 전혀 다른 것일 수 없듯이, '몸'과 '마음' 역시 다른 것일 수도 없다. 소위 '몸'과 '마음'의 관계는 불일불이(不一不異)하다. 원래는 '비'도 없고, '내림'도 없는데 우리의 생각에 의해서 '비'와 '내림'이라는 말이 연기(緣起)하듯이, 원래는 '몸'도 없고, '마음'도 없는데 우리의 생각을 통해서 '몸'과 '마음'이라는 개념이 연기한 것이다.

용수는 『중론』 도처에서 '없는 것'을 '있다'고 상정한 후 고안한 이론들이 범하는 논리적 오류를 드러낸다. 그러면 이러한 중관논리를 원용하여 현대의 심리철학에서 난제로 삼는 '심적 인과의 문제(Problem of mental causation)'에 대해 검토해 보자. '설(John R. Searle)'은 이를 다음과 같이 표현한다.

> 어떻게 실체가 없으며 주관적이고 비물리적인 심적 의식 상태가 물리적 세계 속에서 무엇인가를 일으킬 수 있는가? 우리의 의도라고 하는 것은 물리적 세계에 속하지 않는데, 어떻게 그것이 팔 운동을 일으키는 원인이 될 수 있는가?(존 R. 설, 정승현 옮김, 『마인드』, 서울, 까치, 12쪽)

우리의 '마음'이 의존하는 곳은 '몸' 가운데 구체적으로 '뇌'가 될 것이고, 더 세밀하게 지적하면 우리 '마음'의 변화에 따라서 활성화 되는 해당부위의 '뇌신경'일 것이다. 그런데 우리의 마음이 어떻게 운동중추와 같은 뇌신경을 전기화학적으로 발화시키는지 문제가 된다. 원인은 '마음'인데 결과는 '몸'에 나타나는 일이 어떻게 가능할까? 참으로 궁금하다. '심적 인과의 문제'다. 그러나 중관논리로 분석할 경우 이는 '잘못 구성된 의문'임을 알게 된다. 이 때 지침으로 삼을 수 있는 게송은 『중론』 제10장 관연가연품의 다음과 같은 두 게송이다.

> ⓐ 만일 불이 연료에 의존해 있고 연료가 불에 의존해 있다면 그 둘 가운데 어느 쪽이 미리 성취되어 있어서 불이나 연료가 의존하게 되겠느냐?(『중론』, 10-8)

> ⓑ 만일 불이 연료에 의존한다면 성립된 불이 [또다시] 성립[되는 꼴이] 된다. 이와 같은 존재라면 불 없는 연료 역시 존재하리라.(『중론』, 10-9)

불이 연료를 태울 때 "불은 연료에 의존해 있고, 연료는 불에 의존해 있다." 연료가 있어야 불이 탈 수 있고, 불이 붙어 있어야 연료라는 이름을 붙일 수 있기 때문이다. 그런데 용수는 이 두 게송을 통해서 "불이 연료에 의존한다.”거나 “연료가 불에 의존한다.”는 판단 모두 논리적 오류를 범한다고 지적한다. “불은 연료에 의존하여 존재한다.”고 말하지만 ‘연소(燃燒)’가 발생하기 이전에는 불이 미리 존재할 수 없기에 연료에 의존할 수조차 없다[ⓐ]. 이와 반대로 ‘연소’이전에 불이 미리 존재한다면 굳이 연료에 의존하여 존재할 필요가 없을 것이다[ⓑ]. “불이 연료를 태운다.”고 하지만, 연료가 타기 이전에는 불이 아예 존재할 수 없기에 연료를 태울 수 없고[ⓐ], 연료가 타고 난 다음에는 이미 타고 있기에 불이 존재할 필요가 없다[ⓑ].

여기서 ‘불’을 ‘마음’, ‘연료’를 ‘몸’으로 대체해도 그 논리는 똑같이 적용된다. ‘심적 인과의 문제’는 “마음의s 변화가 몸의 변화를 일으킨다.”는 생각의 토대 위에서 제기된 것으로 “불이 연료를 태운다.”는 판단과 그 골격이 같은데, 이런 생각의 전제 조건은 ‘마음’과 ‘몸’을 구분하는 일이다. ‘몸’과 무관하게 ‘마음’이 있을 수 있고, ‘마음’과 무관하게 ‘몸’이 있을 수 있어서, 그런 ‘마음’이 ‘몸’을 움직인다는 생각이다. 그러나 ‘마음’과 ‘몸’의 환멸연기 관계에서 보듯이 “‘몸’이 없으면 ‘마음’이 있을 수 없다.” 다시 말해서 [발화된] ‘뇌신경’이 없으면 ‘마음’이 있을 수 없다. 그와 반대로 ‘마음’이 없으면 [발화 안 된] ‘뇌신경’ 역시 ‘진정한 몸’이 아니라 ‘자극-반사’ 과정을 충실히 이행하는 ‘단백질 자동기계(Auto machine)’일 뿐이다. “불이 없으면 [진정한] 연료가 없으며, 연료가 없으면 불이 있을 수 없”듯이, “마음이 없으면 [진정한] 뇌신경이 없으며, 뇌신경이 없으면 마음이 없다.” 따라서 뇌신경의 발화 이전에는 ‘마음’이 존재할 수 없기에 뇌신경을 발화시킬 수 없고[ⓐ], 미리 ‘마음’이 존재한다면 뇌신경이 이미 발화된 상태이기에 굳이 다시 뇌신경을 발화시킬 필요가 없다[ⓑ].

‘심적 인과의 문제’는 “‘마음’의 변화가 어떻게 ‘물질’을 변화시킬 있는가?”라는 의문에서 제기된 것이었는데, 지금까지 보았듯이 이는 ‘마음’과 ‘물질’을 별개의 것으로 간주한 후 제기된 허구의 의문이었다. 그렇다고 해서 ‘마음’과 ‘물질’이 같은 것도 아니다. 연소에서 ‘불’과 ‘연료’가 같을 수 없고, 강우에서 ‘비’와 ‘내림’이 같을 수 없듯이 ….

원래 '마음'도 없고, '물질'도 없다. '마음'과 '물질' 모두 우리의 생각이 만들어낸 '연기한 개념'들이다. 따라서 '마음'과 '물질' 사이에 영향이나 작용이나 관계도 있을 수 없다. '마음'이든 '물질'이든 원래 존재하지 않기 때문이다. 그 실체가 공하기 때문이다. '마음'에 대한 중관학의 통찰이다.

- 마음에 대한 철학적 성찰, 서울대 철학사상연구소, 2011년

찾아보기

(ㅈ)

Peterburg 102
Poussin 101
Prasannapadā 139
pratītyasamutpāda 76
Pythagoras 140
Pāli Nikāya 197

(R)
Robert Brumbaugh 140
Robinson 103

(S)
saccidānanda 193
Samavāya(내속, 內屬) 170
Sāṃkhya 147, 170
shadow boxing 60, 71
Schliermacher 116
Stcherbatsky 99, 143
Streng 103
svabhāva 59, 60
S자 곡선 139
Śāntarakṣita 180

(T)
tad eva tat 62
tattva 59, 66, 69
Thurman 103
Tuck 117

(U)
Universal Flux 185

(V)
Vaiśeṣika 147, 170
Vasubandhu 179
Vostrikov 102

(Z)
Zeno 140, 142, 145, 185
Zeno의 역리 140, 176

공과 윤리 - 반야중관에 대한 오해와 이해 -

초 판 2021년 4월 29일
개정판 2021년 10월 15일

지은이 김성철
펴낸이 김용범
펴낸곳 도서출판 오타쿠

주소 (우)04374 서울특별시 용산구 이촌로 18길 21-6 이촌상가 2층 203호
전화번호 02-6339-5050 otakubook@naver.com www.otakubook.org

출판등록 2018.11.1 등록번호 2018-000093
ISBN 979-11-972321-9-0 (93220)

가격 20,000원 [eBook(가격: 12,000원)으로도 판매합니다]

이 도서의 국립중앙도서관 출판예정도서목록(CIP)은 서지정보유통지원시스템 홈페이지(http://seoji.nl.go.kr)와 국가자료종합목록 구축시스템(http://kolis-net.nl.go.kr)에서 이용하실 수 있습니다.

※ 이 책에는 네이버 글꼴이 적용되어 있습니다.